编 委 会

主　编：何立峰
副主编：林念修
编　委：任志武　伍　浩　孙　伟　刘　多　余晓晖　王志勤

编 写 组

组　长：任志武　伍　浩　孙　伟　刘　多
副组长：张志华　鲁春丛　辛勇飞　何　伟
成　员：（按照姓氏笔画排序）

马原野　尹晓倩　方　禹　王　峰　王　晶　王心焕
王欣怡　王甜甜　王超贤　韦柳融　左凯瑞　田维军
刘　悦　刘小林　刘光浩　宋　菲　张　巾　张　倩
张　琳　张　群　张伟东　张春飞　张黎明　李　浩
李强治　杜　娟　杨　帅　沈　玲　肖荣美　岳云嵩
姚文静　姚财福　姜　涵　徐　丰　秦　业　高雨晨
高艳丽　屠晓杰　黄　金　龚达宁　彭征波　程先柱
魏　翔

中国"互联网+"行动发展报告

国家发展和改革委员会

人民出版社

序　言

实施"互联网+"行动,是党中央、国务院全面研判世界科技创新和产业变革大势,主动适应、把握、引领经济发展新常态,着力推进供给侧结构性改革作出的重大决策部署。习近平总书记指出,互联网日益成为创新驱动发展的先导力量,深刻改变着人们的生产生活,有力推动着社会发展,要大力实施"互联网+"行动计划,着力推动互联网和实体经济深度融合发展。李克强总理强调,"互联网+"未知远大于已知,未来空间无限,每一点探索积水成渊,势必深刻影响重塑传统产业行业格局。

2015年7月,《关于积极推进"互联网+"行动的指导意见》(国发〔2015〕40号)印发实施,系统部署了推进"互联网+"行动相关工作。三年以来,各部门主动作为,加强引导,围绕11个重点行动,部署实施"互联网+"重大工程、推进电子商务发展等重点任务,制定出台140余份政策文件,形成了较为完善的"互联网+"政策体系。各地方务实推进,积极响应31个省(区、市)结合本地发展实际,制定发布行动计划或实施方案,营造了"互联网+"融合发展的良好环境。各行业大胆探索,创新实践,特别是传统行业企业积极拥抱"互联网+",实现了管理创新、成本下降、效率提升,焕发出新的生机和活力。

随着"互联网+"行动的深入实施,我国创新体系加速重塑,创新活力不断激发,新兴业态加快培育,数字经济蓬勃发展,互联网规模优势和应用优势逐步凸显,"互联网+"对驱动经济发展质量变革、效率变革、动力变革的作用日益突出,已经成为我国增强经济创新力和竞争力的重大理论创新和实践创新。在生产制造领域,互联网与生产制造交叉融合,催生出众包研发、协同制造等一批新模式,传统行业转型升级效果显著。抽样评估显示,超过92.9%的企业在实施"互联网+"后利润率得到提升,28.9%的企业利润水平提升幅度超过10%。在信息消费领域,信息产品和信息服务层出不穷,新业态、新模式不断涌现,成为我国经济发展的重要生力军。共享经济快速发展,培育出20余家"独角兽"企业,约占全球三分之一。移动支付规模快速增长,2017年银行业金融机构移动支付业务量达202.93万亿元。新型电商加快发展,2017年全年网上零售额近7.2万亿元,我国已成为全球最大的网上零售市场。在公共服务领域,"互联网+政务服务"不断推进,服务渠道和服务模式不断创新,公共服务供给能力和服务质量显著提升。投资项目在线审批监管、信用信息共享、公共资源交易、12358价格监管等"互联网+"平台功能不断完善,实现了线上办理实时公开,为优化服务和强化事中事后监管提供了重要抓手。

党的十九大提出,推动互联网、大数据、人工智能和实体经济深度融合。中央经济会议和《政府工作报告》明确,要在医疗、养老、教育、文化、体育等多领域推进"互联网+"。做好下一步推进"互联网+"行动相关工作,要深入学习贯彻习近平新时代中国特色社会主义思想和党的十九大精神,按照中央经济工作会议部署和《政府工作报告》要求,坚持新发展理念,坚持以供给侧结构性改革为主线,强化基础支撑,完善政策环境,优化治理机制,提升产业能力,着力推动互联网广泛深度融合,推动经济发展质量变革、效率变革、动力变革,为建设现代化经济体系、实现高质量发展提供有力支撑。

《中国"互联网+"行动发展报告》是国家发展改革委继《大融合大变革》《中国"互联网+"行动百佳实践》之后再次组织编写的反映我国"互联网+"行动发展情况的总体报告,有关部门、地方和企业为本书的撰写提供了宝贵的材料。本报告系统总结了我国"互联网+"行动发展的时代背景、发展环境、取得成效以及务实举措,汇总梳理了"互联网+"在驱动转型升级、催生新兴业态、助力普惠民生、重筑发展基础等方面的发展实践,研究提出了新要求、新机遇下"互联网+"发展的新思路,供大家借鉴交流。

目　录

总论 "互联网+"构筑经济发展新动能

党中央、国务院高度重视推进"互联网+"行动相关工作。党的十九大报告明确提出,推动互联网、大数据、人工智能和实体经济深度融合。习近平总书记多次作出重要指示,要求大力实施"互联网+"行动计划,着力推动互联网和实体经济深度融合发展。李克强总理指出,"互联网+"具有广阔前景和无限潜力,对提升产业乃至国家综合竞争力将发挥关键作用。当前,全球新一轮科技革命和产业变革孕育兴起,以移动互联网、云计算、大数据、人工智能等为代表的新一代信息技术快速发展,正在引发传统生产分工、产业形态、组织管理等的深刻变革,对全球经济政治格局与国家竞争态势带来深远影响。

2015年7月,国务院印发《关于积极推进"互联网+"行动的指导意见》(国发〔2015〕40号,以下简称"国发〔2015〕40号文")。三年以来,随着"互联网+"行动深入推进,政策环境持续完善,各部门、各地方积极推动,社会各界广泛参与,各领域各行业成功实践不断涌现,我国互联网规模优势和应用优势逐步凸显,"互联网+"正加快推动经济发展质量变革、效率变革和动力变革,不断增强我国经济创新力和竞争力,加速构筑经济发展新动能。

一、"互联网+"发展环境逐步完善

"互联网+"行动部署实施以来,各部门、各地区适应并引领经济

1

社会各领域数字化、网络化、智能化发展趋势,着力推进"互联网+"顶层设计、环境营造、领域布局和工程建设,积极构建并不断完善政策支撑体系和制度环境。

政策体系渐趋完备。国发〔2015〕40号文对"互联网+"行动作出了总体部署,明确了新常态下推动互联网与经济社会各领域深度融合的行动纲领。作为配套和实施性举措,国务院已经出台60余项"互联网+"相关政策文件,覆盖11个重点领域。中央各部门积极推动各领域政策的制定与完善,围绕11个重点领域出台相关政策文件超过140项,分领域"互联网+"政策日益完善。全国各地深入贯彻落实党中央、国务院,以及相关部门政策精神,研究出台省级"互联网+"相关政策近300份,不仅覆盖11个重点领域,还延伸到法律、税务、气象、招标、地理信息等诸多领域,与国家和部门有关政策对接,形成了上下贯通、完整覆盖的"互联网+"政策体系。

制度环境显著优化。围绕"互联网+"行动的一系列制度体系日趋健全。权责清单制度逐步建立健全,全国31个省份均已公布省级政府部门权责清单,省级网上政务服务平台已发布近4.5万项各类行政权力和公共服务类事项的办事指南。部门间、央地间、政企间协同监管体系已初步建立。全国信用信息共享平台已联通44个部委和所有省市,归集各类信用信息总量突破132亿条,"信用中国"网站累计向社会发布各类信用信息1.5亿条,访问总量突破15亿次。国家企业信用信息公示系统全面建成,归集公示各级政府部门涉企信息5.59亿条,累计访问量达到391.76亿人次。各类公共信息资源开放稳步推进,如中国裁判文书网公布文书量超过2000万份,访问总量超过50亿次。"互联网+"立法不断丰富,网络空间日益清朗,依法治网的指导思想日渐清晰,互联网领域法律体系顶层设计不断完善。

二、"互联网+"传统产业优化升级

"互联网+"在促进传统产业优化升级、降本增效、智能转型等方面的优势逐步发挥,交叉融合创造出大量新技术新产业新业态新模式,持续激发传统行业发展活力。

生产运营成本降低。"互联网+"已渗透到企业的研发设计、原料采购、库存仓储、物流配送及运营管理等各环节,有效降低生产运营成本。调查显示,72%以上的企业进行了不同程度的在线研发、生产协同创新。石化、机械等传统制造企业逐步实现与上游供应商的无缝对接,有效降低企业采购成本。工业互联网应用到航空航天、装备制造、家电、服装等传统领域,实现大数据驱动的智能工厂、智能生产、智能调度,有效降低库存水平,大幅节约库存成本。企业利用大数据、物联网建设智能信息系统,实现物料配送的系统化、流程化,降低物流成本和能耗,提高供应链的运行效率。互联网加速消除服装、家电等传统产业企业组织的中间层级,缩短决策半径,提升管理效率。

生产方式加速智能升级。在"互联网+"模式下,大数据、云计算、人工智能等新一代信息技术正有力推动传统产业的智能化改造升级。据统计,截至 2017 年 10 月,31.2%的制造业企业实现了网络化协同,24.3%的企业开展了服务型制造,生产设备数字化率和关键工序数控化率分别达到 44.8%和 46.4%。一批传统企业借助物联网、人工智能、人机交互等技术,实现了机器设备的自诊断、自适应、自学习;通过对生产设备的智能化改造,逐步具备了开展自组织生产等高度智能化生产的能力;借助二维码、APP、移动 O2O、3D 体验等新手段,构建起线上线下结合、虚拟与现实互通的新型用户体验方式;通过添加智能和通信模块,为用户提供设备定位、远程故障预警和诊断、智能调度和智能决策等服务。

产品服务创新加速推进。"互联网+"借助互联网技术的快速融合应用,加速传统产业产品及服务的创新步伐。传统家电、电子制造等行业企业积极推出智能产品,加快打造以自身业务为核心的智能硬件生态。服装、家居、家电等领域传统企业通过互联网汇集分析海量数据,实现精准市场定位,为消费者提供定制化服务。机械装备行业传统企业普遍借助智能传感、大数据分析等技术,将过去定期被动维护转变为按需提供主动服务,有效节约运维成本,降低用户损失。一批有能力的传统工业企业还通过搭建云平台、部署定制化的工业APP应用、提供大数据分析支撑等方式,拓展增值服务,探索从设备制造商向综合服务商转变。

三、"互联网+"新兴业态蓬勃发展

"互联网+"持续深入推进,催生出共享经济、数字支付、跨界电商等新兴业态,并迅速成长为新兴经济增长点,为经济结构优化与新旧动能接续转换注入强劲动力。

共享经济异军突起。共享经济市场规模快速增长,2017年国内共享经济参与者人数预计超过7亿人,比上年增加1亿人左右,市场交易额超过4.9万亿元,同比增速高达47.2%,成为我国经济发展的新动力之一。共享经济应用正从汽车、单车、住房等先发领域,逐渐向生产制造、知识内容、科研资源等更广阔的范围拓展。2017年我国汽车分享市场规模超2000亿元,用户规模超4亿人;知识内容分享领域市场交易额达1382亿元,同比增长126%,消费者人数达3亿人。共享经济已在多个领域孕育出超过20家独角兽企业,估值总额近1000亿美元。共享经济就业空间持续扩大,2017年我国共享经济参与提供服务者人数达到约7000万人,比上年增加1000万人,就业带动效应进一步凸显。

生产服务新业态加快发展。金融科技引领金融产业创新发展,

4

移动支付规模快速增长,智能投顾相关平台也进入快速发展期,用户规模不断扩张、产品种类持续丰富。新型电商拓展零售业发展新空间,传统电商与移动、社交、新技术结合,催生出直播、生鲜、二手车等一批电商新模式。智能化物流仓储蓬勃发展,末端配送新模式加速部署。人工智能技术应用步伐加快,智能客服极大提升服务效率,智能营销充分实现定向精准推广,当前我国在线广告收入规模已超过2500亿元,增速保持在30%以上。

信息消费迅猛增长。信息消费成为增长最快的新兴消费领域,移动用户每月使用流量已超2.7G,每18个月翻番,流量消费占居民通信支出的比重由2013年的30%提高到2017年的59%。信息消费供给市场形成引领优势,2017年,网络零售额约7.2万亿,同比增长32.2%;在线教育用户呈两位数高速增长,规模超过1.6亿。信息消费对经济的带动作用日益凸显,2013—2017年信息消费年均增幅高达20%,占最终消费支出的比重提高到10%,对GDP增长贡献达到0.28个百分点,已成为扩大内需、推动经济增长的重要力量之一。

四、"互联网+"创新创业活力强劲

在"互联网+"行动与"双创"战略的协同推进下,"互联网+"创新创业平台,成为集聚海内外技术、人才、资金、渠道等资源的重要载体,激发大众创业万众创新热情和活力,正在加快形成经济发展的新引擎。

"互联网+"创新创业平台不断涌现。全国已经建成一批支撑创新创业的公共服务平台。发展改革委先后发布两批120个大众创业万众创新示范基地;工业和信息化部最新审核公布了188家国家中小企业公共服务示范平台,已认定并发布三批累计297家小微企业双创示范基地;全国各地已经支持和完善了1万多家中小企业公共服务平台,培育和支持创业基地4000余个。我国已经建成全球规模

最为庞大的科技孵化器、众创空间等创新创业支撑平台体系，截至2017年底，全国纳入火炬计划统计的众创空间有5500家、科技企业孵化器超过4000家、创业孵化平台当年孵化团队和企业超过50万，数量和规模均跃居世界首位。

海量双创资源集聚开放。"互联网+"平台日益成为创新创业资源的聚集地，为创新创业项目提供了海量资金、人才、渠道、数据等资源。在政策鼓励与大规模创业投资引导基金支持下，社会资本广泛进入创业投资领域，极大改善了创新创业的资金环境。截至2017年底，已设立政府引导基金1694支，总目标规模达9.6万亿元。"互联网+"创新创业载体连接大量营销渠道与服务，显著拓宽了创新创业产品和服务销售渠道，加速了初创企业的成长步伐。众多"互联网+"创新创业平台对入驻企业分享数据资源，数据已经成为创新创业项目最为核心的投入要素，显著提升了大量初创企业的数据利用和挖掘能力。

为经济发展注入新活力。创新创业催生海量市场主体，2017年前三季度全国新登记市场主体达到1414.6万户，日均新登记5.2万户，其中日均新登记企业1.65万户，比2016年全年平均日新增数高0.14万户。新生创业企业快速成长，独角兽企业数量不断增多、估值屡创新高，我国独角兽企业达到55家，比2016年新增14家，平均44.9亿美元的估值大幅领先其他国家。创新创业加速新旧动能接续转换，给经济增长注入新活力。2017年，我国高技术产业增加值同比增长13.4%，比规上工业增加值增速高6.8个百分点，我国战略性新兴产业同比增长11%，增速高于规模以上工业4.4个百分点，科技进步对经济增长的贡献率从51%提高到56%以上。

五、"互联网+"公共服务提质增效

在全面深化改革总体部署下，"互联网+"与公共服务各领域相互碰撞,催生"多证合一"、智慧医疗、在线教育等公共服务新模式,显著提升公共服务供给能力和质量。

电子政务大幅提升政务效率。"互联网+政务服务"深入推进,部分沿海省份以及80个信息惠民试点城市先后启动"互联网+政务服务"体系改革工作,并取得良好示范效果。互联网企业积极进军政务服务领域,推动政务服务模式更加多样高效,目前我国在线政务服务用户规模已达2.39亿,占全体网民规模的32.7%。政务微信公众号覆盖68座城市和2亿人口,提供出入境、交通、税务等800余项服务。各地方积极引入新一代信息技术,深度优化公共服务流程,一号申请、一网通办、一窗办理等逐步成为电子政务标准流程,真正实现了让信息多跑路、群众少跑腿。

公共服务创新模式大量涌现。全国已建成广域覆盖、国家地方多层互联的教育信息化系统,中小学互联网接入率达到92%,优质网络教育资源覆盖全国6.4万个教学点。全国就业信息监测平台建设加快,已覆盖30个省(自治区、直辖市)和新疆生产建设兵团的4.6亿劳动者。社保服务向全域一体、网络化、数字化转变,全国所有省份实现了省内、跨省异地就医住院费用持卡结算,社会保障卡持卡人员已达10.88亿人。27个省建立了省级人口健康信息平台,连同44家委属管医院分别接入国家平台。建成"慈善中国"信息公共平台,实现全国慈善信息的互联互通。搭建完成国家食品安全追溯平台,汇聚了全国31个省级平台上传的质量监管与追溯数据。建成12315互联网平台,截至2017年12月底共受理消费者投诉举报43.5万件。

第一章　步入"互联网+"时代

　　"互联网+"是党中央、国务院为主动适应、把握、引领经济发展新常态、培育经济发展新动能作出的重大战略决策,是重大的理论创新和实践创新。当前,"互联网+"已全面融入经济社会各领域,深刻改变行业发展形态和全球发展格局,驱动经济发展质量变革、效率变革和动力变革,推动我国经济社会发展步入跨界融合、加速创新的"互联网+"新时代。

第一节　"互联网+"的内涵与特征

　　"互联网+"是把互联网的创新成果与经济社会各领域深度融合创新,推动促进技术进步、效率提升和组织变革,提升实体经济创新力和生产力,形成更广泛的以互联网为基础设施和创新要素的经济社会发展新形态。"互联网+"具有以下特征。

一、万物互联

　　"互联网+"以网络为基础,推动万物泛在连接是其基本属性。互联网的即时性和同步性打破时空界限,大幅提升连接效率;互联网的通用性使人、财、物均可连接入网,不断扩大连接范围;互联网的开放性使其能够纳入无数节点,无限延伸连接规模。"互联网+"正是以连接为起点,从连接人到连接万物,在拓展连接范围的同时,放大网络效应,激发各种创新潜能。

网络日益将人类连接在一起,逐步形成"地球村"。2000年,我国网民数量仅2250万,2010年时就已经增长到4.2亿,2017年底我国网民数已经达到7.72亿。在全球范围内,连接入网的人数则从2000年7月的近7亿,迅猛增长至2017年的40亿。依托互联网,信息在人与人之间高效交互,"地球村"逐渐成为现实。

网络向物理世界深度拓展,打造万物互联新世界。目前,全球每天约有550万新设备连接入网。根据Gartner统计,2016年全球物联网设备连接数已达64亿,比上年增长30%。根据全球各大机构预测,到2020年全球联网设备总量将达到200—500亿,远超全球人口规模,到2030年时联网设备总量将破1000亿。随着"互联网+"的深入推进,万物互联时代正加速到来,互联网逐渐成为生产生活的关键基础设施。

二、数据驱动

"互联网+"以数据为驱动,推动各产业、各领域实现网络化、数据化和智能化发展是其核心要义。"互联网+"在依托网络连接人、机、物的基础上,打通数据获取、传输、分析、决策、执行的闭环系统,形成贯通全流程、全领域、全产业链和全价值链的数据链条,促进实现智能化发展。

互联网广泛汇聚人、财、物各类数据,促使数据资源呈现出爆发式、指数型增长态势。根据思科公布的可视化网络指数(Visual Networking Index,VNI)预测,到2021年全球IP流量预计将从2016年的每月96EB增长至每月278EB(1EB=10亿GB),全球IP年流量预计将达到3.3ZB(1ZB=1万亿GB)。以云计算、人工智能等技术为工具,大数据正在成为不可或缺的关键投入要素,基于大数据的挖掘、分析、优化、预测等在生产生活中也发挥出日益重要的驱动作用。在生产方面,研发、生产、销售等产业链环节的数据日益丰富,通过及时获取、处理和使用数据来创造经济效益,不断迭代开发新产品,支撑企业重大生产经营决策,已经成为越来越多企业的共同选择。总体看,数据正在成为驱动产业和经济精益化、绿色化、智能化发展的关键支撑要素。在生活方面,数据资源融入衣、食、住、用、行等领域,催生智能家居、共享出行等新兴模式和业态,不仅极大地改变了人类的生活习惯,而且驱动生活方式朝着更便捷、更高效、更环保的方向加快演进。

三、跨界融合

"互联网+"以跨界融合为根本,推动经济社会各领域实现创新发展是其基本出发点。"互联网+"通过互联网与经济社会各领域的跨界融合,激发应用创新,实现生产经营、组织管理与业务形态的全方位重构,不断满足消费升级需求,培育形成新的经济增长点,拓展经济发展空间。

近年来,"互联网+"已经逐步覆盖生产生活各领域,跨界融合推动着传统经济焕发新生机。一方面,线上与线下正加速融合,"互联网+"推动网络世界与物理世界日益呈现出互相促进、相辅相成的交融关系。另一方面,产业之间融合日益广泛而深入,互联网技术和产业加速融合,并呈现从服务业向工业、农业逐渐渗透的趋势,催生越来越多类似服务型制造等横跨产业的新型企业,产业间的界限正在变得日益模糊。

"互联网+"以大连接为起点,大连接催生大数据,大数据驱动大融合,大融合带来大变革。目前,"互联网+"正在向更广范围、更深层次、更多方式的跨界融合迈进,不断迸发化学反应和放大效应,成为打造新动能、壮大新经济的主要引擎。

第二节　"互联网+"加速经济社会变革

"互联网+"驱动移动互联网、物联网、云计算、大数据、人工智能等新一代信息技术在生产生活各领域广泛融合渗透,不仅深刻改变着普通民众的生活方式和生活品质,更驱动生产要素、经营理念、组织方式、业务形态、用户角色与管理模式的变革。

一、生产要素变革

生产要素是社会生产经营活动所需要的各种社会资源,是维系国民经济运行和市场主体生产经营所必须的基本要素。在农业时代,最重要的生产要素是土地与劳动力。18 世纪后,历经两次工业革命和数次科技革命,资本、技术作为更为重要的生产要素推动人类创造了史无前例的财富。与此同时,企业家也成为工业时代重要的生产要素。今天,伴随着互联网的发展和其在经济社会各领域的全面渗透,生产要素也发生重大改变。

（一）数据成为基本生产要素

"互联网+"时代,网络所承载的数据、由数据所萃取的信息、由信息所升华的知识,正在成为企业经营决策的新驱动、商品服务贸易的新内容、社会全面治理的新手段、国家企业甚至个人的新资产。在土地、劳动力、资本、企业家之外,数据成为一种新的生产要素。与技术投入情况类似,高质量的数据投入带来效率的提升。美国学者曾对 179 家大型企业进行研究,采用"数据驱动型决策"的企业,生产力普遍可以提升 5%—6%。

（二）互联网成为新的通用目的技术

正如习近平总书记曾指出的,"互联网日益成为创新驱动发展的先导力量,深刻改变着人们的生产生活,有力推动着社会发展"。

当今以互联网为代表的新一代信息技术,正在像第一次工业革命时期的蒸汽机、第二次工业革命时期的电力一样,融入人类生产生活的方方面面,带来整体经济规模的扩大和生产率的提升,带给人类生产力的再一次飞跃。通用电器公司(GE)预测,到2030年工业互联网将为全球GDP带来15万亿美元的贡献。德国国家科学和工程院研究,以互联网为基础的工业4.0将使生产效率和能源利用率分别提升40%和50%。

(三)互联网成为新的基础设施

正如农业时代水利工程承载了农业生产,工业时代电力设施、铁路公路承载了能源和交通运输,当今的互联网通过万物互联承载了信息这一新的生产要素,已成为经济社会发展的战略性基础设施。在生活领域,互联网广泛支撑和服务于商贸、物流、金融、医疗、教育、交通、餐饮等各行各业。在生产领域,互联网通过连接并实现不同主体、不同层面、不同环节间的信息互通,形成基于工业大数据的控制、管理、决策,推动全球制造资源、制造能力的自由流动和广泛汇聚,实现创新方式从封闭转向开放,带来生产、管理和商业模式的多维度创新,成为制造业创新发展不可或缺的重要支撑。

二、经营模式变革

"互联网+"连接一切形成高效交互的信息网络,在一定程度上消除了信息不对称,促使消费者在加速产品迭代、商业模式创新、提升品牌影响力等方面所发挥的作用提升,同时生产者的生产变得不再"盲目",企业和消费者之间的交易关系得以重构,直接带来企业经营理念的转变,推动经营模式的调整。

(一)"互联网+"驱动经营理念重新定位

一是小众需求得到重视。"互联网+"使"不经济"的长尾需求,可以通过优化设计和生产过程,在控制成本的同时得到快速而准确的满足,很好地解决个性化需求与规模化生产之间的矛盾,促使大量潜在的需求转化成巨大的市场价值。例如,红领就西服生产自主研发了一套客户交互平台,将消费者需求与厂商设计生产直接联系,满足99.9%的消费者的个性化需求,且下单后7天就能发货,实现成本大幅下降和收入提升。

二是基于产品的服务成为重心。过去将产品卖出去是企业关注的焦点,而在"互联网+"时代,基于互联网的服务特别是增值服务越来越成为企业赢得竞争的核心。以制造业为例,三一重工过去主要销售工程机械产品,现在通过产品联网与运行数据采集,利用大数据分析提供多样化智能服务,实现由卖产品向卖服务拓展,有效延伸了价值链条,扩展了利润空间,实现存量优化。

(二)"互联网+"支撑创新方式开放多元

"互联网+"的快速推进,打破了创新的围墙,可以在更广范围内实现智力资源、创新能力的广泛汇聚,推动创新从封闭式转向开放式,从单打独斗转向众智众力,催生出众包研发、在线协同研发等创新平台和模式,不仅加速了研发迭代进程,更成为大众创业万众创新的助推器。例如,海尔利用"互联网+"打造了全球开放创新平台——HOPE平台,对接全球设计资源和用户需求,征集产品和技术解决方案。目前HOPE平台上聚集了全球30多万解决方案提供者、200万家全球一流资源网络、超过10万家资源在平台注册,每月可交互产生超过500个创意及创新项目,大大加速创新进程。数码大方的工业云平台充分整合设计和制造资源,通过将这些关键资源数字化、软件化、服务化、标准化、云化,将其供给给有需要的工业企业。目前,数码大方工业云服务平台注册用户已超过30万,其中企业用户超过13万,部署设计、制造相关核心工业软件超过30种,各种零部件图库、资源超过2000种。平台通过促进设计和制造资源的共享、配置和流动,服务产业结构调整,支持创新创业。

（三）"互联网+"促使营销模式重塑

一是"互联网+"为营销提供了新渠道。借助微博、微信等互联网社交平台,将同学、朋友、亲戚、同事以及有共同爱好的陌生人集聚起来,形成一个个"朋友圈"。以此为基础开展口碑营销,成为较传统广告营销更加行之有效的方式。例如,小米没有采用传统的广告方式,而是通过培育自己的粉丝团体和自媒体,在很短的时间内迅速成长为智能手机领域的知名企业。

二是"互联网+"带动收入来源发生改变。"互联网+"能够超越时空限制,聚集海量的用户和企业,为产品和服务的直接提供者和非提供者搭建起一个无限宽广的营销渠道和推广平台,改变了用户需要付费使用产品和服务的传统模式。即可以调整定价策略,通过对直接用户免费,向在平台上打广告的企业收费来获取收入。例如,百度提供网上搜索服务,广大网民/用户使用搜索服务免费,其收入主要来自在百度网页上投放广告的各类企业。2017 年三季度,百度网络营销收入为人民币 201 亿元,占到其总营收的 85.5%。

三、组织方式变革

互联网具有便捷优势、扁平优势,能够打破时间、空间的限制,显著降低和减少信息不对称,大幅压缩中间渠道和环节,使得全球范围内的资源获取和分工协同成为可能,并推动企业组织结构趋向扁平化。

（一）"互联网+"优化资源组织模式

互联网为企业甚至个人广泛获得智力、资金、设备等资源提供了渠道,生产者为完成某项产品或服务,不必从零开始购买资源和资料,可以通过互联网来寻找最优资源,并进行合理组合配置。这不仅大大加速创新和生产的周期,还可以盘活现有存量资源。例如,中国航天科工利用航天云网专有云平台,针对集团内上下游六百余家单位,提供设计模型、专业软件、3D 打印机、数控机床等七大类上百种资源进行共享,实现在线仿真计算、复杂产品模块协同测试、制造资源统一查看和灵活排产,有效促进集团生产能力的优化配置与生产效率的显著提升。

(二)"互联网+"改善生产分工模式

借助互联网等手段,传统由特定企业和机构完成的任务,可以在全球范围内向自愿参与的所有企业和个人进行分工,最大限度利用大众力量,以更高的效率、更低的成本满足生产及生活服务需求,促进生产方式变革,开拓集智创新、便捷创业、灵活就业的新途径。众包研发设计、网络化协同制造、供应链协作等都是这种分工变化的典型模式。例如,商飞公司的 ARJ21 支线飞机,全机 31000 多个零部件中,超过 77% 来自全球 10 多个国家、104 家企业协同研发制造完成。再如,网约车公司甚至都不需要自己养车,而由司机自己带车,即可完成客运服务。

(三)"互联网+"革新生产组织架构

互联网加速消除了公司组织的中间层级,推动传统的科层制架构开始向扁平化方向发展。在传统生产组织中,普遍施行高层决策、中层控制、底层执行的分工架构,产品更新变化往往需要经由底层反馈、中层传导、高层决策的往返过程,这使得决策周期长、产品迭代慢,无法快速适应外部需求。"互联网+"大大加速信息传递速度、提升信息处理能力、减少不必要人员,进而推动企业架构变革,缩短决策半径,促使企业内部趋于扁平化。如海尔通过不断合并业务单元、削减边缘业务等方法实现企业运作的扁平化,将 8 万多员工变成 2000 多个自主经营体的"小海尔"模式,最小的自主经营体仅有 7 人,形成了以销定产的敏捷供应链。

(四)"互联网+"促进管理模式创新

"互联网+"推动以企业为中心的链条化的管理模式加速向以消费者需求为中心的网状化管理模式转变。"互联网+"逐渐打破了因数据处理能力和用户需求表达渠道不通畅等所带来的企业运营管理障碍,减少了生产者与消费者之间的空间距离和时间隔阂,推动消费者需求从传统企业管理流程中的外部因素演变为内部因素,促进线性化、流程化、链条化的企业价值链分工向以消费者需求为中心的协同化、非结构化、网状化转变。例如,潍柴建设了集远程监控、服务支持、指挥调度、数据管理四位一体的全程服务中心大平台,建设了电子配件目录发布系统(EPC),基于备件公司→中心库→维修站/经销商的协同模式,构建了支持备件体系的采购、仓储、销售、维修等业务协同运作的配件服务在线支持系统,实现快速响应客户需求,提高订单交互及时率,最终提高客户满意度。

四、业务形态变革

互联网具有聚集优势,依托互联网平台能够实现线上线下供需资源的有效对接,优化资源配置,推动闲置资产的优化再利用,广泛开启"使用但不占有"模式,深刻改变传统业务形态。

(一)"互联网+"带动业务形态轻资产化

互联网为拥有各种资源的独立企业或个体进行广泛连接提供了平台,在促进供需自由对接的同时,可以带动企业向轻资产方向变革。即企业本身可以不拥有提供产品和服务所必须的资产和人员,而是通过互联网平台协调海量的社会资源作为供方来满足需方,可以依据市场需求周期和具体要求弹性匹配人力资本,推动存续企业减轻资产压力或新设企业轻资产化。例如,一些改变了传统出行理念的共享出行企业,没有自己的汽车资产;颠覆了传统佣金体制的创意设计服务企业猪八戒网,没有自己的设计人员。它们都借助轻资产模式,实现投入减少、成本降低,在市场角逐中获得快速发展。

(二)"互联网+"改善业务资源利用模式

"互联网+"环境下,为企业或个人通过互联网平台分享各类资源提供了现实途径。借助互联网将大量存量闲置资源整合起来,使企业或个人可以转买为租,通过租赁方式获得资源使用权,实现生产要素社会化,大幅降低产品或服务生产的成本,实现社会资源的高效利用。目前,在交通、住宿等诸多领域越来越多地出现以"使用权"替代"所有权"的业务资源利用模式。例如商旅住宿服务企业小猪短租,将全球许多国家的个人空置的房屋汇聚起来提供房屋租赁服务,个体房主通过让渡房屋的使用权获取收入,极大地提升了房屋的使用效率。

五、用户角色变革

互联网在经济社会各领域的广泛渗透和应用,推动基于互联网的供给与需求进一步开放共享、深度对接,激发消费者由被动的接受产品与服务向主动的参与到营销、制造、研发等环节变化,推动形成新的消费者—供给者关系,引发用户角色深层次变革。

(一)"互联网+"深化产消互动

一是互联网使消费者应用互联网获取供给信息与传递消费需求能力快速提升,并为其参与到研发、制造、营销等全过程提供了更加便捷多样的途径。如,电子商务建立了消费者与企业的直接连接,搭建起用户参与营销的通道;各类互联网开发工具、个性化定制平台等为用户参与生产制造与开发设计环节提供可能;各类互联网创新创业平台形成了汇集各类商品、服务、创新要素的网络生态,帮助用户快速参与到创新创意形成阶段。互联网促使越来越多的消费者不满足于被动地购买产品及服务,正逐步尝试向生产供应链上游表达诉求,甚至直接参与到营销、制造、研发等各个环节。特别是 C2B 模式(拉动式生产)的快速兴起,极大地调动了用户参与的主观能动性。

二是互联网促使产销互动加深,消费者和生产者之间的界限逐渐消融,既是消费者同时又是重要生产者的"产消者"快速兴起、蓬勃发展。例如,在内容生成领域,知乎通过构建起供用户分享彼此的专业知识、经验和见解的网络问答社区,已累计产生约 620 万个问题,以及近 2000 万个回答。再如,在价值创造环节,小米的铁杆粉丝,既是消费者,同时也是产品设计与研发的重要参与者,以及企业业务的推广者和品牌的推广者。

(二)"互联网+"催生新型劳动用工模式

"互联网+"推动共享经济、众包、众创等新模式快速涌现,促使供需关系更加灵活,组织结构日趋扁平,同时也衍生出新的劳动用工模式。在传统劳动用工模式下,员工与企业通过签订劳务合同建立稳定的劳动关系、明确保障劳动关系双方的权利和义务。但在"互联网+"模式下,基于互联网平台的轻资产模式正引发形成新型劳务关系。以共享经济为例,个体通过互联网平台参与众包设计、研发等,并借此获取收入,但分享经济平台和个体之间并不都是劳动关系,双方的权利和义务也不完全受现行雇佣劳动保障法律保护和约束。

六、监管模式变革

"互联网+"给经济社会带来变革的同时,也给政府治理手段、治理模式变革带来新的契机。"互联网+"与各领域的融合渗透,重塑了传统的链式产业分工体系,推动了以消费者需求为核心的生产者与消费者之间的网状、并发、实时协同关系,进而引发新的政府治理模式变革。

(一)"互联网+"推动政府监管模式变革

一是"互联网+"为政府信息公开以及民众参与提供了新手段与新路径。"互联网+"丰富了政府公共服务渠道、提升了政府服务能力,降低了公众参与的门槛,能充分调动全社会参与的积极性。例如,微博、微信等新型社交媒体的发展,加速了政务信息的传播,促进了民众诉求的表达,从而大幅提高公众参与并监督政府事务的积极性,倒逼政府管理趋向公开、透明,外部监督更加多元化。

二是"互联网+"推动管理重点向事中事后迁移。从 PC 时代到互联网时代,再到移动互联网时代,互联网相关技术快速迭代,行业竞争格局瞬息万变,传统的"以批代管"、"重审批轻监管"的管理方式已跟不上"互联网+"的市场监管要求,推动政府管理重点向注重事中、事后监管方向转变。

三是"互联网+"推动管理模式向融合监管转型。互联网广泛渗透,催生大量融合性新技术新业务新业态,在出台相关监管决策、决定或指导方案时,因涉及诸多利益攸关方,垂直化管理部门已无法单独做出合理的监管决策和实施有效监督,促使政府管理模式向注重部门跨界合作、协同监管方向调整。

(二)"互联网+"改进全社会协同治理效率

一是推动社会治理理念开放化、协同化。互联网平等、开放、协作、共享等特点推动全社会信息公开化、透明化,推动由政府主导的治理理念向多方参与的全社会共同治理理念转变。其中,平台企业具有天然的技术和市场优势,成为落实行业管理职责的重要帮手。目前,在微信上注册的政务民生类公众号已超过 10 万个,公众通过互联网获取政务信息和服务的意愿不断增强。

二是加快社会治理过程民主化、科学化。一方面,互联网推动了全社会信息资源共享,丰富了民众参与政府决策的渠道,吸引政府、专业人员、公众多方参与,提高社会公众的政府决策参与度,帮助政府提升决策民主化水平。另一方面,大数据、云计算、人工智能等大大提升了政府在线收集民众需求,分析了解民众意愿,问政于民、问需于民的能力与水平,促进决策制定过程更加科学、精准。

第三节 "互联网+"意义重大

习近平总书记指出,现在人类已经进入互联网时代这样一个历史阶段,这是一个世界潮流,而且这个互联网时代对人类的生活、生产、生产力的发展都具有进步推动作用。李克强总理强调,"互联网+"具有广阔前景和无限潜力,对提升产业乃至国家综合竞争力将发挥关键作用。当前,我国经济已由高速增长阶段转向高质量发展阶段,充分发挥我国互联网已经形成的比较优势,积极推进"互联网+"行动,对形成我国经济发展新动能、建设现代化经济体系、推动实现高质量发展具有重要意义。

一、"互联网+"是深化供给侧结构性改革的迫切要求

当前,我国经济发展正处在转变发展方式、优化经济结构、转换增长动力的攻关期,要素成本上升和产能过剩矛盾突出,加快新旧动能转换与转变发展方式刻不容缓。深入推进"互联网+",一是能够顺应全球生产力变革的新需求、新趋势,将物联网、大数据、云计算、人工智能等前沿新技术注入传统产业各领域,促进生产力的大幅提升,推动产业发展动力变革,让"老产业"不断焕发"新活力";二是可以不断培育发展新模式新业态,驱动各行业和各领域质量变革,持续优化产品和产业结构,形成新的经济增长点、新动能,推动产业优化升级,促进发展向中高端水平迈进,构筑数字经济时代综合竞争新优势;三是可以充分发挥互联网在要素配置中的优化和集成作用,大大减少信息不对称,优化配置各类要素资源,帮助市场主体准确把握供求变化,实现供需精准对接与效率变革,做到去产能、去库存、降成本、补短板,提高供给质量和效率;四是可以用增量改革促存量调整,在增加投资的过程中带动高技术、绿色化投资占比提升,在满足消费

者个性化、多样化需求过程中创造更多新的消费产品和服务,扩大有效供给,提高供给结构对需求变化的适应性和灵活性。

二、"互联网+"是加快建设创新型国家的关键驱动力量

"互联网+"为创新创业提供了源源不断的强大动力。"互联网+"的广泛应用和深度拓展,一是催生了大量开放式创新创业平台,引领技术、资金、人才、数据等要素资源加速汇聚与开放共享,大大降低了创业门槛和创新成本,形成大众创业、万众创新的沃土,激发创新创业浪潮。根据统计,目前我国创新创业平台数量和规模已居世界首位,为集聚资源支撑双创提供了大量关键载体。二是快速催生众包、众创、众筹、众扶等新型创新理念和模式,真正使社会大众成为创新活动的重要参与者。经过三年来的孕育发展,我国"互联网+"创新创业已经取得丰硕成果,大众创新创业热情被持续激发,并驱动成长起一批享誉国际的创新型企业。三是有效推动市场导向的创新体系建设,促进创新成果及时有效转化为实实在在的产业活动,加速推动我国经济发展从要素驱动向创新驱动转变。

三、"互联网+"是培育国际竞合新优势的有力举措

全球新一轮科技革命和产业变革正孕育兴起,主要国家均在积极部署,力图抢占未来科技和产业发展制高点。在各类重大技术应用中,新一代信息技术愈发成为先导技术、基础技术和共性技术,正促使以物质生产、物质服务为主的经济发展模式向以信息生产、信息服务为主的经济发展模式转变,并促进各领域交叉融合、群体跃进、变革突破。世界已经进入以信息产业为主导、网络信息技术与传统技术深度融合的经济发展新时期。推进"互联网+",正是落实创新驱动发展战略,积极融入国际科技和产业发展进程,建设创新型国家的有力举措。

四、"互联网+"是提升公共服务供给能力的重要平台

习近平总书记指出,要适应人民期待和需求,加快信息化服务普及,降低应用成本,为老百姓提供用得上、用得起、用得好的信息服务,让亿万人民在共享互联网发展成果上有更多获得感。"互联网+"公共服务,正是践行"以人民为中心"的发展思想,让经济发展和改革成果更多惠及全体人民,切实增强人民获得感的有效途径。一方面,互联网推动了公共服务供给创新和信息资源的开放共享,大幅提升公共服务能力和普惠水平,使服务方式更加多样,服务内容更加丰富,获取途径更加便捷。另一方面,互联网为政府改善经济社会治理提供了新手段,为公众参与社会管理提供了新渠道,为进一步密切政府与群众的关系提供了新桥梁,有利于加速推进政府职能转变和管理模式创新,有效提升社会管理水平和现代化治理能力。

第二章　发展环境不断完善

党中央、国务院准确把握新一轮科技革命和产业变革发展大势，主动适应把握引领经济发展新常态，统筹部署和系统推进"互联网+"行动，不断完善发展环境，促进政府、市场、企业和社会形成发展合力，激发起"互联网+"创新发展的活力。

第一节　顶层设计持续构建

党中央、国务院立足国情、统筹全局，在我国互联网处于大发展、大融合、大变革的历史阶段下，为互联网与经济社会融合发展作出战略部署和顶层设计，不断完善"互联网+"政策体系，推动形成"互联网+"统筹协调、包容创新、规范有序的良好政策环境。

一、总体布局，政策覆盖面不断扩展

自 2015 年以来，党中央、国务院领导同志多次提及"互联网+"，围绕何为"互联网+"、为什么要"互联网+"、怎么发展"互联网+"等重要主题，作出了系列重要指示，成为全社会协同推进"互联网+"的重要遵循。习近平总书记指出，我们重视发挥互联网对经济建设的推动作用，实施"互联网+"政策，鼓励更多产业利用互联网实现更好发展。李克强总理在 2015 年 3 月政府工作报告中提出，制定"互联网+"行动计划，推动移动互联网、云计算、大数据、物联网等与现代

制造业结合,促进电子商务、工业互联网和互联网金融健康发展,引导互联网企业拓展国际市场。

2015 年 7 月,国发〔2015〕40 号文正式发布,成为推动互联网与各行业各领域深度融合的行动纲领。国发〔2015〕40 号文构建的"互联网+"政策体系包括行动要求、重点行动以及保障支撑三大部分,其中行动要求明确了"互联网+"的原则,从经济发展、社会服务、基础支撑和发展环境四个方面制定了近期发展目标和面向 2025 的远期发展目标;重点行动选择了转型升级最迫切、融合创新特点明显、社会重点关注和人民群众普遍关心的 11 个领域,集中资源、聚焦重点,形成示范效应;保障支撑部分结合"互联网+"发展需要,从夯实发展基础、强化创新驱动、营造宽松环境等角度出发,提出相关政策举措,加快推进"互联网+"的融合应用。

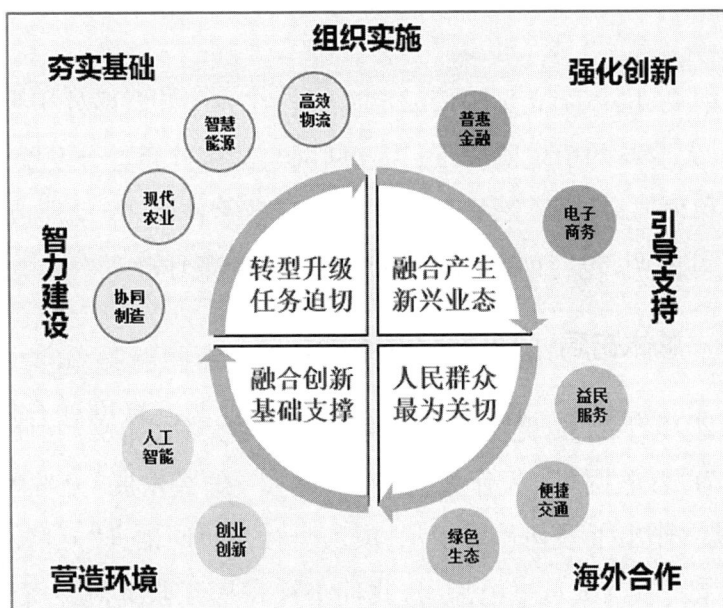

图 2-1 国家"互联网+"行动顶层设计

资料来源:根据国发〔2015〕40 号文绘制

在国发〔2015〕40 号文构建的政策体系下,2015 年以来,相继出台了"互联网+"农业、"互联网+"流通、"互联网+"制造、"互联网+"人工智能等领域的指导意见,为各地方在 11 个重点领域推进互联网渗透融合、研究制定具体支持措施明确了方向。初步统计,2015 年至今,国务院已经制定出台超过 60 项"互联网+"相关政策文件。

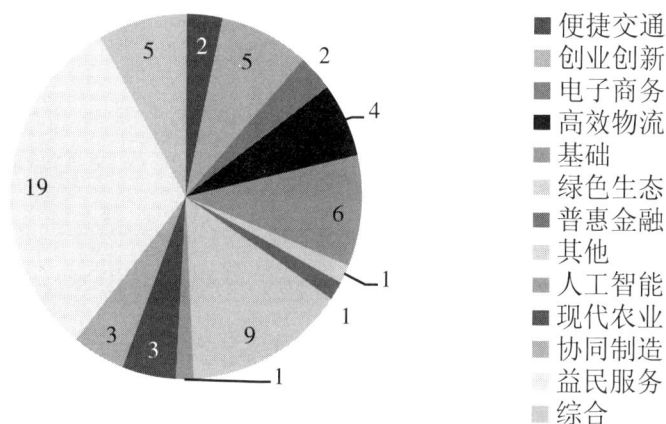

图 2-2　国家级"互联网+"政策文件领域分布

资料来源:根据公开资料整理绘制

二、重点突出,政策综合性不断增强

近年来,我国在农业、制造、流通、政务、金融等领域陆续出台相关发展规划和行动计划,加快融合步伐,从供需两端发力,增强经济发展新动能。例如,《国务院关于深化制造业与互联网融合发展的指导意见》(国发〔2016〕28 号)重点针对当前制约我国制造业与互联网融合发展的问题以及原因,提出了未来一段时期具有针对性的政策措施,为制造业转型升级提供了具体可行的技术路径,为推动我国制造业与互联网融合发展进入一个新的阶段和高度指明了方向。

此外,国务院将"互联网+"融入到许多综合性政策中,使互联网的应用更加丰富,与各行各业的结合更加紧密,发挥作用的方式更加多元。例如,《国务院批转国家发展改革委关于 2017 年深化经济体制改革重点工作意见的通知》(国发〔2017〕27 号)指出围绕提高智能便捷、公平可及水平,优化政府服务,大力推行"互联网+政务服务",让企业和群众更多感受到"放管服"改革成效,着力打通"最后一公里"。又如,《国务院办公厅关于加快推进"多证合一"改革的指导意见》(国办发〔2017〕41 号)强调通过"互联网+政务服务"提高服务效率。再如,《"十三五"生态环境保护规划》(国发〔2016〕65 号)、《"十三五"现代综合交通运输体系发展规划》(国发〔2017〕11 号)等规划均将"互联网+"作为工作的重要抓手。《全国农业现代化规划(2016—2020 年)》(国发〔2016〕58 号)也把"互联网+"放在提高技术装备和信息化水平、促进农产品贸易健康发展措施之中。

三、夯实基础,深入融合的政策保障日益完善

在推动国发〔2015〕40 号文全面落地的进程中,我国高度重视支撑环境的建设,促进"互联网+"全面提速。在产业基础方面,出台《国家信息化发展战略纲要》、《"十三五"国家战略性新兴产业发展规划》(国发〔2016〕67 号)和《"互联网+"人工智能三年行动方案》(发改高技〔2016〕1078 号)等,促进信息产业及相关产业的发展。在发展基础方面,落实"宽带中国"战略,印发《信息基础设施建设重大工程建设三年行动方案》(发改高技〔2016〕2763 号),营造良好的信息基础设施发展环境。在应用基础方面,出台《促进大数据发展行动纲要的通知》(国发〔2015〕50 号),推动大数据应用基础设施建设更加完善,范围覆盖更加广泛,应用更加深化,更好承载"互联网+"服务的快速发展。在安全基础方面,前瞻性地对"互联网+"背景下的网络安全新形式、新问题等作出预判,通过了《中华人民共和国网络安全法》,保障网络安全,维护网络空间主权和国家安全。在知识产权保护方面,印发《国务院关于新形势下加快知识产权强国

建设的若干意见》(国发〔2015〕71号),加大对知识产权侵权行为惩治力度,构建更有国际竞争力的开放创新环境,形成市场主体的内生激励,增强对"互联网+"新业态、新模式等创新成果的保护。印发《国务院关于新形势下加强打击侵犯知识产权和制售假冒伪劣商品工作的意见》(国发〔2017〕14号),就今后一个时期加强知识产权保护和打击制售假冒伪劣商品工作作出部署,加快构建行政执法、刑事执法、司法审判、快速维权、仲裁调解、行业自律、社会监督协调运作的打击侵权假冒工作体系。

第二节 政策环境显著优化

各部门、各地方深入贯彻落实党中央、国务院关于积极推进"互联网+"行动的决策部署,开拓思路、主动作为,分领域、分区域研究制定"互联网+"具体政策,促进与"互联网+"相适应的政策体系不断完善。

一、部门推进行业支持政策多点突破

在"互联网+"行动总体部署下,各部门牢牢把握"互联网+"发展方向,积极推动各领域政策的制定和完善。初步统计,2015年以来,各部门结合各领域发展特征与"互联网+"发展需求,在11个重点领域已经研究制定相关政策文件超过140项,各领域"互联网+"工作扎实稳步推进。

(一)政策措施愈发细化精准

在国发〔2015〕40号文的推动下,各部门各司其职,按照文件提出的部署要求,结合领域内融合发展的切实需要,研究制定相关政策措施,循序渐进、积极推进、分业施策。

在《"互联网+"人工智能三年行动实施方案》(发改高技〔2016〕1078号)基础之上,工业和信息化部开展了智能硬件产业创新发展

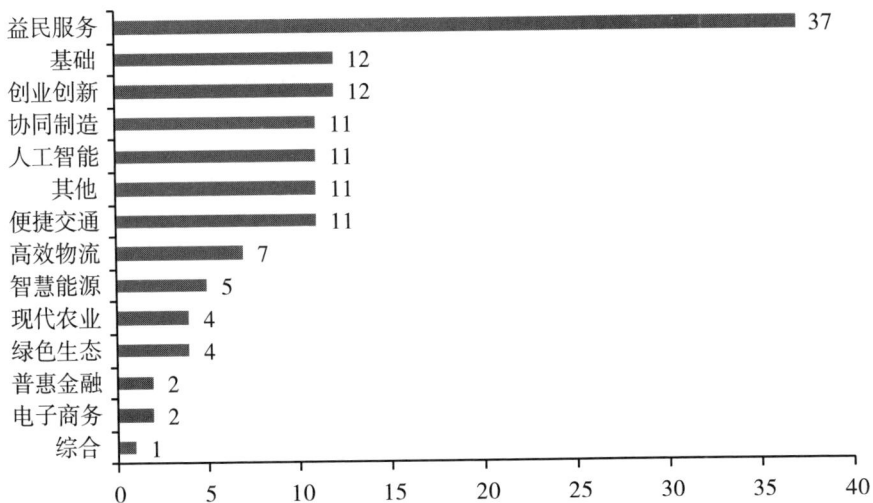

图 2-3　各部门出台的"互联网+"政策文件领域分布

资料来源:根据公开资料整理绘制

专项行动,通过实施"芯火"计划、搭建智能硬件创新创业大赛等创新创业平台,增强高端智能硬件产品有效供给,组织开展 2017 年中德智能制造合作试点示范工作,以互学互鉴的方式促进智能制造的技术创新。

发展改革委于 2016 年出台《"互联网+"高效物流实施意见》(发改经贸〔2016〕1647 号),聚焦"高效",提出了物流信息互联互通工程、智能仓储和协同配送工程、便捷运输工程、物流行业管理提升工程,明确了政策目标和完成时限,高效物流推进更加有的放矢。

原农业部联合发展改革委、中央网信办、科技部等 7 部门共同印发了《"互联网+"现代农业三年行动实施方案》(农市发〔2016〕2号),提出了农业生产经营进一步提质增效、农业管理进一步高效透明、农业服务进一步便捷普惠的总体目标,明确了 11 项主要任务和6 项重大工程,成为推进"互联网+"现代农业的行动纲领。

商务部 2015 年印发"互联网+流通"行动计划,将鼓励电子商务进社区作为一项重点任务。2016 年商务部又专门出台《关于推进电子商务进社区促进居民便利消费的意见》（商建发〔2016〕255号），进一步明确了促进便利消费、提升服务品质等六个重点，通过加大用地保障力度、优化商业网点布局、完善标准规范体系等保障措施推进电子商务进社区。

（二）事中事后监管更加完善

随着互联网与各领域的渗透融合不断深入，新业态新模式不断涌现，传统的监管思路、监管模式已难以适应"互联网+"快速创新的特征。各部门结合行业特点，分别出台政策措施，不断完善行业治理体系。在互联网金融领域，针对风险隐蔽性、传染性、广泛性和突发性的特点，人民银行出台了《通过互联网开展资产管理及跨界从事金融业务风险专项整治工作实施方案》（银发〔2016〕113号），对通过互联网开展资产管理及跨界从事金融业务，开展风险专项整治工作。工业和信息化部陆续开展电信和互联网行业网络安全试点示范工作、清理规范互联网网络接入服务市场、宽带接入服务行为专项整治工作等，规范宽带接入服务行为，有效防控"互联网+"推进中的网络风险。发展改革委针对电商跨地域及跨境经营与属地监管的矛盾，印发《网络交易价格举报管辖规定（试行）》的通知（发改价监规〔2016〕2245号），对网络交易价格举报的界定、受理地点、受理时限及处理办法等作了规定，提高网络交易价格举报办理质量和效率，维护消费者合法权益。原工商总局制定出台《网络商品和服务集中促销活动管理暂行规定》（国家工商行政管理总局令第77号）、《网络购买商品七日无理由退货暂行办法》（国家工商行政管理总局令第90号）、《关于加强网络市场监管的意见》（工商办字〔2015〕183号）等规章和规范性文件，规范网络商品交易及有关服务行为，不断净化网络市场环境。

（三）政策覆盖范围进一步拓宽

在"互联网+"11个重点行动之外，原卫生计生委、原文化部、文物局、原旅游局等部门将"互联网+"融入到相关工作中，激发社会文化领域的发展潜力与活力。

原卫生计生委将"互联网+"纳入《"十三五"全国健康促进与教育工作规划》(国卫宣传发〔2017〕2 号)中,提出利用互联网等信息技术,提高健康教育的针对性、精准性和时效性。

原文化部《"十三五"时期文化发展改革规划》专门设置了文化与科技融合发展的专栏,通过实施"互联网+文化"工程,对"互联网+文化"进行顶层设计,将互联网技术应用于文化领域的关键技术攻关,形成共享机制。

文物局出台《"互联网+中华文明"三年行动计划》(文物博函〔2016〕1944 号)把互联网的创新成果与中华传统文化的传承、创新与发展深度融合,深入挖掘和拓展文物蕴含的历史、艺术、科学价值和时代精神,丰富文化供给,促进文化消费。

原旅游局发布实施《"旅游+互联网"行动计划的通知》(旅发〔2015〕210 号),积极运用"互联网+"推动旅游业产品业态创新、发展模式变革、服务效能提高。该计划通过推进旅游区域互联网基础设施建设、推动旅游物联网设施建设、大力发展在线旅游新业态等重点行动,以及构建开放包容的"旅游+互联网"环境、提升"旅游+互联网"创新能力等保障措施,引领和推动"旅游+互联网"的创新发展。

二、地方推进政策环境不断改善

在国发〔2015〕40 号文和各部门"互联网+"相关政策文件的引导下,全国掀起夯实信息基础、培育市场主体、推动行业应用、引导"互联网+"加快发展的浪潮。目前,各地方研究制定了一系列贯彻落实"互联网+"行动的方案、计划等细化政策,逐步形成了完善的"互联网+"行动政策体系。

(一)"互联网+"行动政策体系日益完善

地方"互联网+"政策供给总量持续增长。根据初步统计,2015

年以来,全国各省(市、自治区)已出台近300份"互联网+"相关政策文件,覆盖11大重点领域,并延伸到法律、税务、气象、招标、地理信息等诸多领域,逐步构建形成完善的"互联网+"行动政策体系。公开资料显示,截至2017年9月,全国绝大部分省市均已依据国发〔2015〕40号文研究制定并发布省级层面落实"互联网+"行动的顶层设计文件(含实施意见、行动方案、行动计划等)。其中,包含电子政务、智慧医疗、共享经济等在内的"互联网+益民服务"相关政策占比最大,达到地方"互联网+"政策文件的36%。

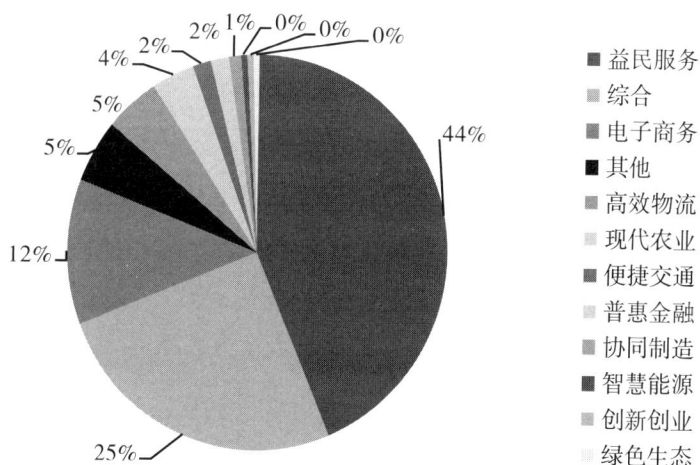

图2-4　地方"互联网+"行动相关政策领域分布情况

资料来源:根据公开资料整理绘制

多数省市建立起"互联网+"行动推进实施的体制机制。"互联网+"行动的关键在于落实,地方在加快完善政策体系的同时,积极完善"互联网+"行动推进实施的体制机制。多数地方在制定"互联网+"推进方案时,不仅将任务分解到部门,而且建立了跨部门的联席会议制度,以全面统筹协调"互联网+"行动计划的实施。例如,2017年8月,安徽省就专门在政务服务领域成立了加快推进"互联网+政务服务"工作领导小组,由省长直接担任小组组长,形成了强有力的推进机制。又如,2015年9月四川省成立了由副省长任组长的"互联网+"协调推进工作领导小组。再如,深圳、山东、辽宁、甘肃等地也都在推动"互联网+"行动中建立起省级协调领导小组或跨部门的联席会议制度。

(二)"互联网+"重点领域各具特色

各省市努力突出本地产业特色。在"互联网+"推进过程中,不少地方积极推动国家政策与本地产业的紧密结合,在重点产业的选择上进一步凸显本地产业特色。例如,云南省的"互联网+"行动实施意见在具体推进要点中,突出了云南高原特色现代农业。又如,湖北"互联网+"行动实施意见在具体内容上也尽可能反映本地发展需求,将多式联运智慧物流作为"互联网+"高效物流的重点,将信息进村入户、智慧农业示范应用作为"互联网+"现代农业的重点等。

各省市结合实情新增重点领域。多数省市结合本地产业特色,在国发〔2015〕40号文外新增了一些"互联网+"行动的重点领域,为营造完善的"互联网+"产业生态体系提供了更多探索经验。北京、上海、湖北、云南等省市将旅游文化作为重点领域;河北、河南、贵州、甘肃等地积极发展"互联网+"扶贫;内蒙古、西藏等畜牧业优势突出的地方则将"互联网+"农牧业作为重点领域之一;深圳增加了公共安全、城市管理等重点领域;上海聚焦本地产业基础和经济转型需求,将研发设计、虚拟生产、供应链、智能终端等作为突破重点。

(三)"互联网+"推进举措创新多样

积极探索加强"互联网+"资金支持。为推动"互联网+"加快发展,各省市积极探索拓宽资金支持渠道。一是强化财政资金支持。各地方利用原有专项资金,新设配套产业投资资金,或者通过重大工程,向"互联网+"重点领域优化配置。例如,陕西、安徽、辽宁等地整合已有转型升级配套基金、产业发展基金、创业投资基金等,向"互联网+"重点领域倾斜配置。又如,深圳、河南、江西等省市研究新设配套基金,吸引投资企业、金融机构、民间资本共同参与,形成数亿元至数百亿元规模不等的"互联网+"产业投资基金。再如,重庆、河南、山西等通过财政资金支持实施一批"互联网+"重大工程,对一些重大项目进行集中攻关。二是创新质押融资模式。"互联网+"大幅提升企业创新能力,使得无形资产价值凸显,不少地方借此机会探索商标、专利、股权、债权等质押融资举措,缓解中小微企业融资难题,浙江、重庆、深圳等地均提出无形资产质押融资办法。其中,湖北重点发展项目股权和债权融资,资本市场发达的深圳则通过知识产权证券化、股权众筹融资等创新模式破解"互联网+"中小微企业融资瓶颈。三是引入政府和社会资本合作(PPP)模式。2015年以来,各地在推动"互联网+"行动中将PPP模式作为扩大融资渠道、提高项目管理效率的重要手段。陕西、湖北、河南等地在信息基础设施、公共服务项目等领域探索引入PPP模式,引导社会资本参与基础信息平台或重点示范项目建设,如辽宁以PPP模式建设新兴产业"双创"示范基地。四是发放科技创新券。据统计,目前全国已有20个地方推行了创新券政策,为近1.5万家中小微企业及创新团队发放创新券超过13亿元,累计为企业节约仪器购置成本达数十亿元。

加强"互联网+"高端人才培育和引进。在推进"互联网+"行动的过程中,全国各地都将人才的培育与引进作为重中之重。一是通过各类计划、工程引进"互联网+"高精尖人才,贵州"高层次人才引进"和"百千万人才引进计划"、云南"千名创业扶持计划"和"万名移动互联网开发者培训计划"、广西的"互联网+"专家服务工程和"千人计划"外专项目等都在其中。二是完善人才引进的落户奖励、子女上学等优惠措施。贵州、内蒙古、江苏等地提出给予符合要求的融合创新人才以生活津贴、住房补贴或安家费等,并为其家属就业、子女入学、落户等提供绿色通道;内蒙古、江西等地为"互联网+"紧缺人才的引进与创业提供30—50万不等的经费支持。三是建立各类联合实训基地。云南、贵州、江西等多数省市均提出建立高校、企业联合实训基地,以强化职业教育和技能培训。

(四)"互联网+"发展环境更加优化

在国发〔2015〕40号文引导下,各地积极探索网络数据管理新机制,并加强知识产权和信用体系建设,不断改善"互联网+"发展环境。一是推进负面清单管理制度。为明确政府的职责边界,创新政府监管方式,深圳、浙江、吉林等省市明确将负面清单管理模式引入"互联网+"领域,通过扩大市场准入范围、简化审批程序等举措,为"互联网+"营造更为宽松、开放、公平的发展环境。二是推动数据开放共享。国务院办公厅出台《政府部门涉企信息统一归集公示工作实施方案》(国办函〔2016〕74号),推动各级政府部门将企业注册登记备案、行政许可、行政处罚、抽查检查等涉企信息,依法通过国家企业信用信息公示系统向社会公示,有效建立了社会公众共享共用的企业信用信息互联网平台。此外,各地聚焦交通、教育、医疗、环保等重点领域,通过建立政府信息统一平台、数据资源共享目录、重要部门单一窗口模式等举措加快推动数据开放共享,山东、贵州重点推动工业云领域关键数据、技术与标准的开放共享。三是加强互联网环境下的知识产权保护。深圳、上海、甘肃等地从加大对创新成果保护力度、提升知识产权附加值、提高侵权成本等举措着手,不断强化网络知识产权保护力度。四是加强信用体系建设。甘肃、深圳、内蒙古等地均提出了完善社会信用体系的具体举措,包括规范电子认证服务、加强社会信用信息公开和使用、加强信用评估等。

第三节　参与主体日渐广泛

近年来,"互联网+"行动与大众创业万众创新协同推进,不仅为企业创造了集聚海量资源、加速创新转型的新机遇,让创客们找到了创新创业的蓝海,也给高校、科研院所等市场主体参与"互联网+"提供了广阔空间。目前,政产学研各界正积极拥抱"互联网+","互联网+"不仅成为企业创新转型的主要路径,也成为创新创业最活跃、最集中的领域,"互联网+"的社会氛围日益浓厚。

一、企业主体积极响应,主动拥抱"互联网+"

企业是"互联网+"的关键驱动力量。"互联网+"行动实施后,企业从相关部门一系列的宣传引导、政策解读和案例推介中逐步深化对"互联网+"的认识,积极结合企业自身特点在不同领域和不同层面推进"互联网+",成为"互联网+"迈向纵深的核心力量。

(一)创新组织管理模式,加快普及推广"互联网+"

随着大数据、云计算、物联网等新一代信息技术的加速突破,更多企业意识到抓住技术机遇、实现自我改造提升的重要性,在企业内部深度普及"互联网+"理念、工具、方法,优化组织管理模式,推动内部员工积极认识"互联网+"、利用"互联网+"。

组织管理微创新,激励部分员工投身"互联网+"创新创业。企业通过组织管理的微创新,激励最具创新主动性的员工率先参与"互联网+",探索出一条高效拥抱"互联网+"的可行路径。目前,已经有不少企业从新增简单的大工匠室、创客工作室、劳模工作室等开始,激发员工利用"互联网+"开展技术模式创新的活力。例如,中信重工实施产、学、研、用、供"五位一体"协同创新,利用互联网技术搭建了重装众创线上资源共享平台、线下实验与验证平台、成果孵化平台"三线共建"平台,形成了线上线下一体的"互联网+双创"创客体系。目前,中信重工已经建立了22个"创客群"、18个技术创客团队,直接参与者超过800人,影响带动了1000名技术人员和4000名一线工人,使研发、工艺、制造各环节融为一体,有效解决了公司全价值链创新问题,仅2016年企业6个大工匠工作室就取得技术创新成果98项,创造效益1586万元。

组织管理流程再造,推动企业全体员工拥抱"互联网+"。 为抢占"互联网+"先发优势,一些行业龙头企业大胆探索,利用互联网技术对传统的科层制组织结构进行颠覆性变革,实现企业组织的扁平化、网络化、平台化转型,全面拥抱"互联网+"。例如,海尔集团通过去中心化、去中介化、去隔热墙,推动企业组织结构向网络化转型,并已经从制造产品的企业成功转型为网络化的创客孵化平台。截至2016年年底,海尔平台上有200多个创业小微、3800多个节点小微和上百万微店,有超过100个小微年营收过亿元,41个小微引入风投,其中16个小微估值过亿,为全社会提供了超过160万个就业机会。

(二)搭建创新发展平台,带动更多主体参与"互联网+"

"互联网+"深度融入企业生产经营各环节,变革了传统的企业边界和组织模式,越来越多的大企业利用互联网搭建起开放式创新平台,集聚各类创新资源和项目,带动小企业、创客参与"互联网+"。目前,阿里巴巴、腾讯、百度都构建起网络化的开放创新平台,一些传统大企业也在积极利用"互联网+"模式构建开放式的产业链生态,一些初创企业也在积极向开放式、网络化方向拓展,利用物联网、大数据、云计算等技术连接、带动海量主体拥抱"互联网+"。

(三)广泛参与"互联网+"活动,助力营造更好氛围

2016年3月以来,北京、上海、深圳等地已经召开近百场"互联网+"主题大会,涉及到政务、农业、医疗、金融、交通等诸多领域。通过组织和参与各类"互联网+"主题大会,有力地向全社会普及推广了相关企业"互联网+"理念和经验。例如,在2016年12月召开的2016中国"互联网+"峰会,有超过100位企业家、数十家独角兽企业代表、近1000人次参会,围绕利用"互联网+"促进经济结构优化和产业转型升级进行深度探讨。又如,2016年9月原农业部召开了

"互联网+"现代农业工作会议暨新农民创业创新大会,近百家企业和单位的约3000位专家学者、企业代表和新农民参加了同期活动;2017年举办的首届全国新农民新技术创业创新博览会,1000多家单位展示了最新农业技术创新应用成果,共吸引5.6万人次参观、交流,签约和意向合同金额超过350亿元。

二、科研院所积极探索,深入参与"互联网+"

高校和研究机构作为人才培养与技术孵化的关键载体,在"互联网+"推进过程中发挥着重要的保障作用。近年来,高校和研究机构紧跟"互联网+"融合发展趋势,从专业人才培育、先进技术积累、参与创新创业等方面,积极探索、扎实推进,为更好满足"互联网+"的人才与技术需求提供了有力支撑。

（一）创新人才培养模式,扩大"互联网+"人才供给

紧跟新时代发展,设立新专业学科。国发〔2015〕40号文中特别提出要加强智力建设,面向"互联网+"融合发展需求,鼓励高校根据发展需要和学校办学能力设置相关专业。2015年以来,我国陆续备案和审批通过了若干"互联网+"相关专业,对高校"互联网+"人才培养提供政策支持。教育部公布的《2015年度普通高等学校本科专业备案和审批结果》中,北京大学、对外经贸大学等获批开设数据科学与大数据技术专业,厦门大学等开设网络空间安全专业;2016年全国有6所高校获批开设互联网金融专业,推动"互联网+"人才培养迈出积极步伐;2017年,教育部启动新工科建设,建设人工智能、大数据等新兴工科专业,推动传统工科专业转型升级,目前认定了612个国家级新工科研究与实践项目。

利用线上教育平台,探索新型教育服务供给方式。各高校及科研院所大胆尝试,通过自建、共建、合作等多种方式,逐步推进各类教育教学方式线上化发展,将优质"互联网+"知识向更大范围辐射。

2017年,教育部推出首批490门"国家精品在线开放课程",进一步推动我国在线开放课程建设与应用共享,促进高校教育教学改革。清华大学成立的在线平台"学堂在线",学习者覆盖175个国家和地区,注册用户超过700万,开展了180多门课程的混合式教学实践。北京航空航天大学等高校已建有课程中心,形成申报、开课、上课、评价的流程;国防科技大学构建了本科慕课课程体系,立项精品视频、专业核心、实验类等系列慕课,涵盖本科所有课程类型。截至2017年年底,我国自主建设的大规模在线开放课程的上线数量已超过3200门,居世界第一位。

支持线上教育发展,推动在线开放课程学分认定。教育部先后发布《关于加强高等学校在线开放课程建设应用与管理的意见》和《关于推进高等教育学分认定和转换工作的意见》,推动高校开展在线开放课程学分的认定与管理工作,为"互联网+"智力建设向深层次发展提供保障。当前,越来越多的国内高校开始承认开放课程学习学分。例如,北京大学对于本校教师开设的慕课学分给予承认;武汉生物工程学院将"爱课程"网上"中国大学MOOC"的所有课程视同本校公共选修课一样计入学分。上海西南片19所高校互认慕课学分,学生可借助此平台跨校辅修第二专业学士学位。

(二)强化先进技术积累,满足"互联网+"技术亟需

高校和科研院所作为我国科研和技术创新的重要组成部分,充分发挥基础研究和重大工程技术领域的优势,坚持自主创新,在"互联网+"关键技术领域取得了突破性进展,为"互联网+"全面、深度、融合发展奠定了坚实基础。在超算应用领域,中国国家平行计算机工程与技术研究中心的神威·太湖之光及中国国防科技大学打造的天河二号蝉联全球五百强(TOP500)超级计算机排行榜冠亚军。在信息通信领域,中国移动通信集团有限公司、中国信息通信研究院牵头的"第四代移动通信系统(TD-LTE)关键技术与应用",重点克服

了技术、产业、组网、测试、组织机制五大挑战,实现了全产业链的群体突破,为我国"互联网+"构筑了重要信息基础设施。在信息安全领域,中国科学技术大学"多光子纠缠及干涉度量"团队在广域量子通信和光学量子信息处理等领域取得突破,量子保密通信技术真正带入实际应用,使我国在量子通信领域居于世界领先地位,为新兴量子信息产业成为领跑者奠定了坚实的科学基础。在人工智能领域,我国国际科技论文发表量和专利授权量已居世界第二,部分领域核心技术实现重要突破。

(三)踊跃参与"互联网+",激发创新创业活力

高校和科研院所高度重视"互联网+"创新创业,纷纷通过加强创新创业教育、构建服务环境和组织开展竞赛活动等方式,培养和激发学生开展双创的能力和意愿。在构建创新创业服务环境方面,全国已建设创新创业教育实践平台近1.4万个,将创业导师、创业学生代表、在创项目等资源放到线上,便于线上资源对接、创业演练和成果展示。比较典型的,如:教育部的校企合作双创实战演练平台、大学生创客工场、吉林大学的"互联网+"双创平台、中国艺术院校大学生双创平台等。在开展"互联网+"创新创业活动方面,中国"互联网+"大学生创新创业大赛共吸引2000多所高校、数百万学生参与,大赛参赛范围广、项目竞争力强、青年创新创业潜力大,是覆盖全国所有高校、面向全体大学生、影响最大的赛事活动之一,也是深化高校创新创业教育改革的载体、促进高校学生全面发展的重要平台和推动产学研用结合的关键纽带。

三、多方资本积极介入,踊跃投资"互联网+"

投融资是驱动"互联网+"持续快速发展的重要推动力。近年来,政府引导基金和创业投资规模持续快速增长,多层次资本市场不断完善,非股权融资渠道持续拓展,有效支撑了"互联网+"的推进。

（一）政府引导基金持续升温，"互联网+"融资更便捷

2016年9月20日，国务院出台《关于促进创业投资持续健康发展的若干意见》，从运用财政补贴、税收优惠等直接扶持的引导方式转向政府设立创业投资引导基金的运作模式，"互联网+"创新创业得到更大规模的资金支持。

国家发起设立互联网投资基金支持"互联网+"推进。 2017年1月，由国家互联网信息办公室和财政部共同发起，中国互联网投资基金与中国工商银行、中信国安、中邮人寿、中国移动、中国联通、中国电信等6家企业共同参与，设立了中国互联网投资基金。该基金以支持"互联网+"在各领域的渗透应用为重点，目前首期300亿元资金募集认缴已到位，将推动互联网更好造福社会。基金还与中国工商银行、国家开发银行、中国农业银行等3家金融机构签署投贷联动协议，为基金所投企业提供银行授信、金融服务等一揽子支持举措，授信总额达1500亿元人民币。

地方政府引导基金积极向"互联网+"倾斜。 地方政府采用多种方式，聚集产业创投资金，优化当地互联网产业的投资环境，促进当地互联网产业持续健康发展。浙江、陕西等地整合既有的转型升级配套基金、产业发展基金、创业投资基金向"互联网+"重点领域倾斜。河南成立了专门的互联网产业发展基金，目标规模12亿，首期规模6亿，用于投资河南省"互联网+"行动计划实施方案确定的相关领域。

（二）创业投资步出"寒冬"，"互联网+"融资更有活力

伴随互联网技术向各领域的融合渗透，各行业正迎来深度变革。资本市场抓住机遇，加大"互联网+"方面的投资。

总体看，互联网创投进入新常态。 我国"互联网+"的创业投资正走出2016年的"资本寒冬"，整个互联网创投实现回暖。在投资活跃度上，2017年以来，我国"互联网+"投资笔数持续攀升并维持高

位,已连续三个季度投融资案例数保持在 400 起以上;在投资金额上,2017 年至今,尽管存在波动,但投资额保持在 80 亿美元以上,并两度创出近 160 亿美元的新高。

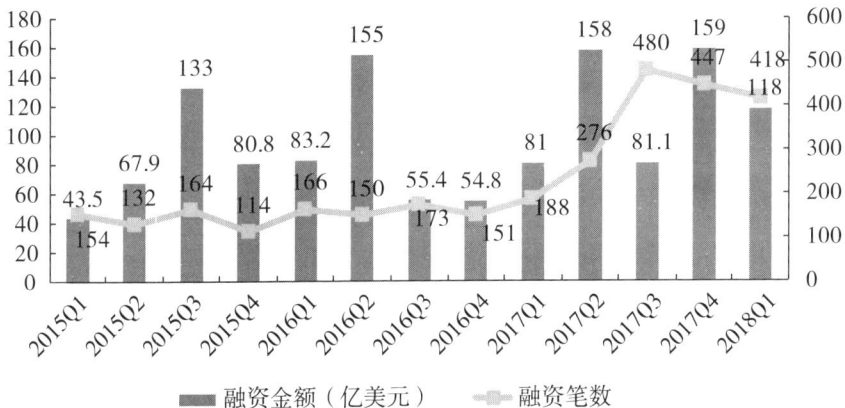

图 2-5　我国"互联网+"投融资情况

资料来源:根据 CB Insights 数据整理绘制

多层次资本市场成为"互联网+"持续良性投资的基本保障。目前我国已形成由主板、中小板、创业板、新三板和区域性股权交易中心构成的多层次资本市场体系,为"互联网+"企业融资提供了坚实支撑。截至 2017 年前三季度,共有 2051 家公司完成 2149 次定增,募资总额 979.85 亿元,其中,互联网行业募集资金 137.68 亿元居各行业榜首,占新三板整体募资比例超过 14%,共有 106 家互联网企业完成定增融资。与互联网行业密切相关的信息技术服务业募资额也超过了 100 亿元,实施过定增方案的企业有 284 家,是新三板融资企业数量最多的行业,同样约占融资企业数量比例的 14%。2018 年,证监会、交易所表示将大力支持"互联网+"代表的新经济,积极支持海外优质互联网企业通过(中国存托凭证)CDR 登陆 A 股市场,从而实现在国内资产证券化。第一批入围 CDR(中国存托凭证)的名单已出炉,包括百度、阿里巴巴、腾讯、京东等八家企业。

（三）其他资本积极布局，"互联网+"融资持续升温

风投机构积极投资"互联网+"。近年来，风投机构聚焦大数据、云计算、人工智能等以技术驱动为主的公司，纷纷投资国内具有增长潜力的"互联网+"企业。典型的如红杉资本，成功投资了赶集网、大众点评网、海豚浏览器、乐蜂网、蚂蚁短租等。截止到 2018 年 1 月，红杉资本中国投资的未上市独角兽公司还包括：美团点评集团（A轮进入）、今日头条（C 轮进入）、滴滴出行（未披露）、大疆科技（B 轮进入）、京东金融（A 轮进入）、快手（A 轮进入）等这几家估值超过百亿美金的"鲸鱼"公司，以及爱奇艺（战略投资）、摩拜单车（C 轮进入）等，大部分都隶属于互联网行业。

互联网巨头扩大"互联网+"国内版图。"互联网+"战略的发布掀起了互联网巨头投资或并购"互联网+"的高潮。阿里投资范围广泛，包括 O2O 领域的口碑网、快的打车、电子商务领域的苏宁云商、社交领域的 snapchat、科技服务领域的 36 氪等；腾讯也加快互联网布局，包括文娱领域的起点中文网、O2O 领域的美团、大众点评，电商领域的唯品会，交通领域的摩拜单车等。此外，越来越多的互联网巨头介入海外发达或新兴市场的"互联网+"，纷纷抢占全球行业高地，主要聚集在大数据、云计算、人工智能等企业服务项目，以及区块链、加密货币等金融科技类项目。2017 年，在中国资本海外布局的 TOP10 活跃机构中，腾讯以 28 起海外投资事件成为最活跃的风投机构，阿里 13 起，排名第二。

第四节　基础支撑日趋坚实

"互联网+"行动实施三年以来，"宽带中国"战略加快实施，网络提速降费工作扎实稳步推进。在相关工作的协同推进下，信息基础设施加快建设，技术创新能力显著提升，信息通信产业蓬勃发展，信

息服务和应用日益丰富,为进一步推进"互联网+"持续加快发展奠定了坚实基础。

一、信息基础设施加速演进,"互联网+"网络基础不断筑牢

信息基础设施是互联网时代支撑经济社会信息化发展的关键基础设施,是实施国家创新驱动战略的基础平台。近年来,我国高度重视信息基础设施建设,已基本建成大容量、高速率、高可靠的信息通信网络,为在更广、更深范围内实现万物互联,提供了基本前提,为"互联网+"行动深入实施提供了有力支撑。

（一）宽带网络加速普及,提供泛在高效连接支持

光纤网络全球领先,"互联网+"连接规模和速率显著提升。2015年以来,我国加快推进固定宽带网络光纤化改造步伐,持续加大固定宽带网络"光进铜退"投资力度。目前,已经建成全球最大光纤接入网络,地级市基本建成光网城市,实现全光纤网络覆盖,具备百兆以上接入能力。截至2017年年末,我国FTTH端口达到6.57亿个,比上年净增1.2亿个,光纤接入用户总数达到2.93亿户,占比达到84.3%,比2016年年底提高7.7个百分点,已超越多年来领先的日韩等国家,位居世界第一。

4G实现后发赶超,"互联网+"移动连接供给能力大幅提升。我国自2013年12月开始建设第四代移动通信(4G)网络,目前已建成全球规模最大的4G网络,实现城区、县城深度覆盖,乡镇和重点行政村、高铁、地铁、景区等重点场所基本覆盖。4G用户持续爆发式增长,达9.97亿户,占比70.4%,与美国持平,与日、韩等全球领先水平不断缩小。

"宽带乡村"和电信普遍服务不断推进,显著提升农村和中西部"互联网+"接入水平。过去三年,我国加快推进"宽带乡村"工程建设和电信普遍服务试点工作,稳步提升农村和中西部地区宽带覆盖

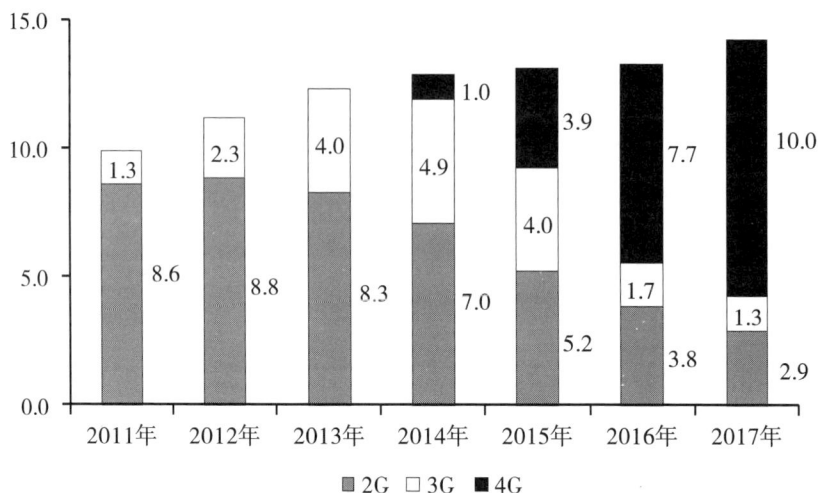

图 2-6　2011—2017 年移动电话用户结构变化情况

数据来源：工业和信息化部

水平。2015 年以来，共推进 4.7 万个行政村通宽带、8.5 万个行政村网络升级，其中包括约 4.3 万个贫困村，农村宽带应用普及水平实现了倍数增长，中西部偏远地区的农村也可用上光纤宽带。与此同时，我国 4G 网络也已覆盖所有城市和主要乡镇。截至 2017 年 9 月，全国行政村通宽带比例达到 96.7%，贫困村宽带的覆盖率已经达到 86%。

（二）骨干网和国际出入口持续扩容升级，提升"互联网+"跨区域跨国界连接能力

骨干网网间互联互通结构优化、带宽扩容。近年来，我国大力推进国家互联网骨干直联点、本地直联点、交换中心建设及布局优化，大幅增加网间互联带宽，不断满足区域经济社会日益发展的"互联网+"大连接需求。2012 年以来，我国新增 10 个国家级骨干直联点城市，国内网间互联带宽年均增长 42%。2017 年，在前期 10 个国家级互联网骨干直联点的基础上，新增设的杭州、贵阳（贵安新区）、福州 3 个骨干直联点全面投入使用，网间互联架构进一步优化。2017年上半年，我国网间互联带宽净增 1278Gbps（吉比特每秒），累计网

间带宽达到5290Gbps，网间流量疏导能力和互通效率大幅提高，对促进地方拥抱"互联网+"，加快推动地方经济的网络化发展，有着积极而深远的影响。

国际出入口通信能力稳步提升。近年来，我国着力推进互联网国际通信网络布局优化，互联网国际出入口带宽扩容，全面提升国际互联带宽和流量转接能力，为深入连接国际资源、支撑"一带一路"沿线国家网络基础设施互联互通奠定坚实基础。截至2017年年底，我国国际通信出口总带宽将近7149G，比2016年年底增长约10%。2012—2017年，我国国际出口带宽年均增长近32%。

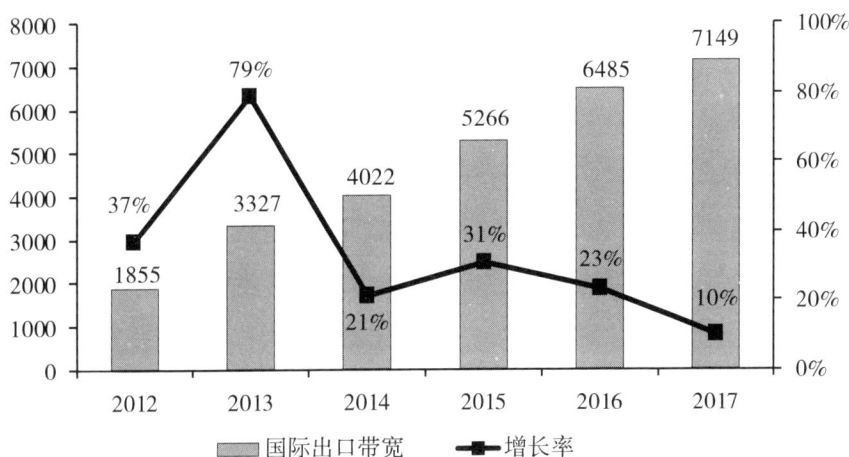

图2-7　2012—2017年我国国际出口带宽增长情况

数据来源：中国互联网络信息中心（CNNIC）

（三）网络提速降费稳步推进，大幅降低"互联网+"应用门槛

固定宽带用户接入速率实现大跨越，"互联网+"网络承载能力大幅提升。随着"宽带中国"战略的深入推进和提速降费工作的不断落实，我国固定宽带用户的主流接入速率由2015年的8Mbit/s为主迅速提升到50Mbit/s。截至2017年上半年，全国使用50Mbit/s固

定宽带的用户达 1.7 亿户,占固定宽带用户的比重达 54.2%。

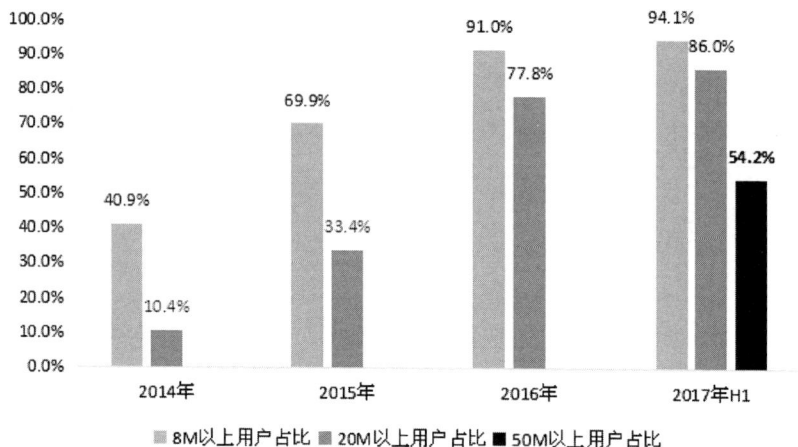

图 2-8　按速率分我国固定宽带用户占比

数据来源:工业和信息化部

固定宽带可用下载速率实现新突破,"互联网+"网络消费体验显著改善。根据我国宽带发展联盟发布的第 17 期《中国宽带速率状况报告》,截至 2017 年第三季度,我国固定宽带下载速率为 16.40Mbit/s,是 2015 年第一季度的 3.2 倍,比 2016 年同期增长 48.7%。

宽带平均资费 6 连降,有效降低"互联网+"使用成本。截至 2017 年 6 月,固定宽带用户平均包月费用(ARPU 值)达 45.4 元,同比下降 13%,每 Mbps 的支出不到 1 元,仅为 2014 年的十分之一。移动数据单价下滑至 31 元/GB,每 MB 流量的价格仅 3 分钱,较 2015 年下降 58.1%。ITU 数据显示,我国固定宽带包月资费在 182 个国家中排名 89 位;移动数据流量资费在全球 178 个国家排名 53 位(由低到高)。

(四)新一代信息基础设施加速部署,拓展"互联网+"网络基础设施支撑能力

天地一体化网络体系加速构建。我国加快全球覆盖的北斗卫星

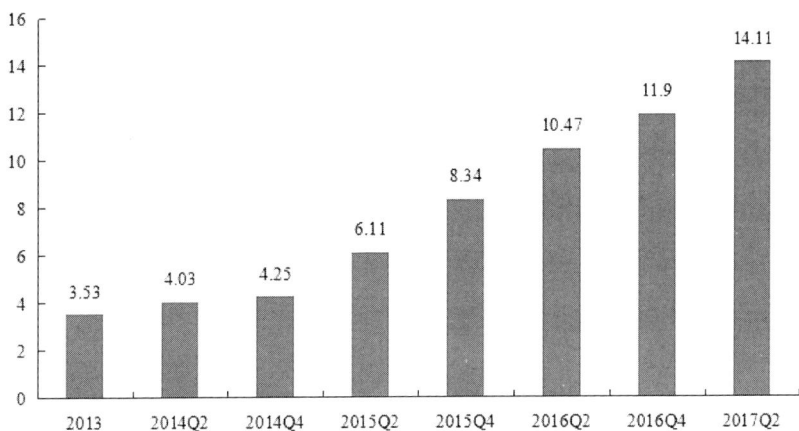

图 2-9　我国固定宽带用户平均可用下载速率

数据来源:宽带发展联盟(BDA)

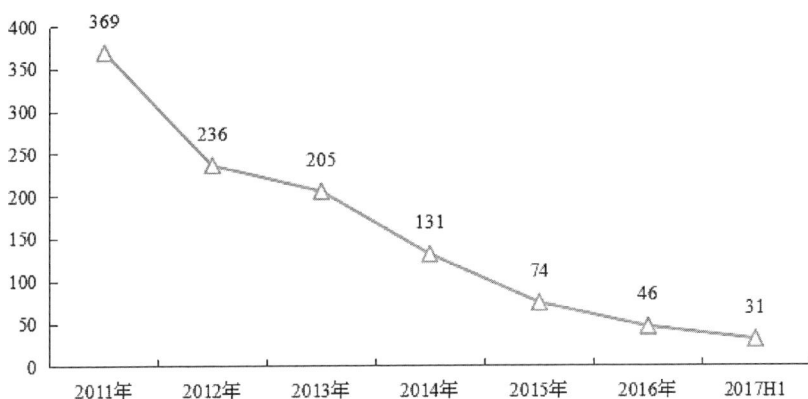

图 2-10　2011—2017 年移动数据流量资费变化情况

数据来源:中国信息通信研究院

导航系统建设和产业化进程,自主可控、天地一体化的互联网络基础设施建设取得积极进展。近年来,在加快推进固定宽带、移动宽带演进升级的同时,我国着力提升北斗卫星全球服务能力,卫星通信与地面网络基础设施融合发展步伐加快。目前,北斗导航系统已广泛应用于测绘、电信、水利、渔业、交通运输、森林防火、减灾救灾和公共安全等各个领域,北斗系统在消费、行业和军用领域的终端占比已分别达到65%、27%和8%。

下一代互联网商用部署提速,破除"互联网+"网络资源瓶颈。为满足未来万物互联时代的大连接需求,我国加快下一代互联网商用部署,加强互联网协议第6版(IPv6)地址管理、标识管理与解析,大力推进商业网站、政府及公共事业单位网站向IPv6迁移,推进IPv6与LTE的融合发展,为物联网、工业互联网等新技术新业务的发展提供资源保障。目前,下一代互联网建设从研究示范步入规模商用部署阶段,中国电信于2012年开始开展全网IPv6建设改造,2015年实现东部80%城域网和中西部50%城域网双栈改造,支持8000万IPv6宽带接入用户能力;中国联通2015年在东部地区、中西部中心城市具备IPv6规模商用条件;中国移动借助LTE/VoLTE部署时机,2015年在东部发达地区和半数以上中西部欠发达地区网络支持IPv6,并通过下一代互联网示范城市项目加深IPv6的应用。我国IPv6地址快速增长,构成互联网行业快速发展的重要基础,截至2017年12月31日,我国IPv6地址已达到23430块(/32)。

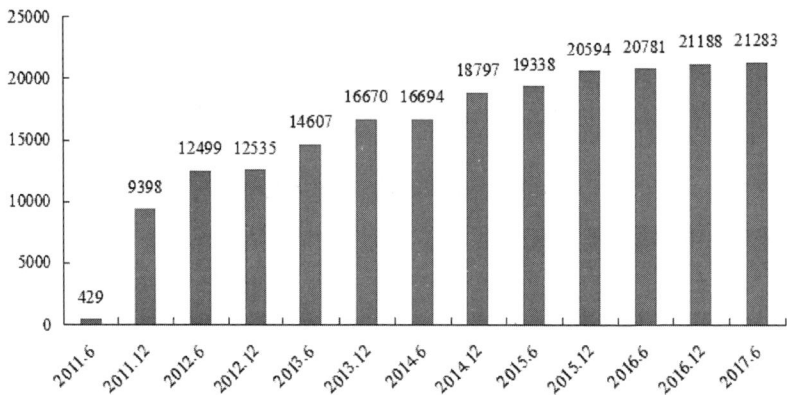

图2-11 我国IPv6地址数量增长情况

数据来源:中国互联网络信息中心(CNNIC)

加快5G网络商用部署。目前,我国已明确5G目标频段,在5G

技术验证、标准制定等方面已经形成全球引领态势。近三年,我国构建了全球最大的 5G 试验外场,已完成 5G 技术研发试验第一阶段(关键技术验证)和第二阶段(技术方案验证)无线部分测试。其中,5G 二阶段试验顺利结束,全面满足 ITU 性能指标。部署 5G 规模组网建设及应用示范工程,进一步加快 5G 商用步伐。到 2020 年,我国将全面启动 5G 网络商用,对各行各业深度拥抱"互联网+"提供更加泛在、高速、安全、可靠的先进网络基础设施。

二、应用基础设施发展提速,"互联网+"应用基础日益坚实

近年来,我国应用基础设施加快优化部署,为"互联网+"迈向纵深提供了重要的应用开发支撑。

数据中心迅猛增长,布局结构日益优化。数据中心提供存储、计算等功能,是信息技术服务的关键,在"互联网+"行动中扮演着重要作用。我国在国家信息化发展战略纲要、信息化规划等政策文件中,着力加大对数据中心建设的支持和引导。目前,我国数据中心建设快速发展,并逐步向规模化、集中化、绿色化、布局合理化的新一代数据中心演进。截至 2017 年 11 月底,全国已建成 125 个大型、超大型数据中心。除运营商和专业 IDC 服务商外,腾讯、阿里、百度等互联网企业积极参与云计算数据中心建设,并在海外部署数据中心。近三年来,IDC 服务商新建数据中心多为大型、高等级数据中心,机柜数普遍在 1000 个以上,且新建大型、超大型数据中心逐步向中西部地区的贵州、内蒙古、宁夏等条件适宜地区部署,绿色节能技术广泛应用,电能使用效率(PUE)值明显下降。迅猛增长的 IDC 市场规模,以及加速持续优化的结构布局,进一步为"互联网+"深入推进提供了存储、计算等支撑。

内容分发网络发展加快,多方布局推动能力提升。为弥补传统互联网应用架构的不足,我国加快促进内容分发网络等重要应用网

络和计算节点的建设,多措并举,提升"互联网+"数据传输效率和质量。面对 CDN 市场爆发式增长需求,专业 CDN 服务提供商加快开展新的网络建设和节点部署,部署节点超过 2400 个,服务器超过 5 万台,峰值带宽约为 18.5Tbps,节点遍及全国互联网、教育网以及部分宽带接入服务提供企业。

物联网布局提速,夯实各类应用基础。 为有效支撑"互联网+"应用,一方面,企业纷纷布局物联网操作系统,并在不同领域实现了差异化发展。例如,在智能家居领域,庆科 mico、阿里 YunOS 联合底层硬件提供商、家电整机厂商等初步构建了自主生态体系。目前阿里云与超过 40 家硬件厂商建立合作关系,推出较多成熟的智能家居产品,并取得较好的应用效果。另一方面,推动构建低成本全覆盖的物联网,为支撑众多行业领域实施"互联网+"提供有力支撑。截至 2017 年底,我国 NB-IoT 网络已基本覆盖所有直辖市、省会城市等主要城市,基站数量达到 40 万个,连接数超 2000 万。各运营商均提出了相关 NB-IoT 商用计划,围绕 NB-IoT 的产品生产和商业化正在加速发展。

三、技术产业跨越式发展,"互联网+"产业基础持续夯实

强大的技术能力和产业基础,是安全、稳步、有效推进"互联网+"的重要保障。近年来,我国在新一代信息技术研发与产业化方面实施了系列重大工程,推动 ICT 产业自主创新能力实现了跃升,部分领域已经跻身世界前列,"互联网+"深入发展的技术产业支撑能力显著增强。

(一)突破一批关键核心技术,强化"互联网+"技术基础

通信技术和设备由"跟随"到"引领",网络自主可控能力不断增强。掌握核心知识产权的 TD-LTE 已经成为国际第四代移动通信主流标准之一,并开始大规模商业应用。国内数据通信设备经历"10G

模仿、100G跟随、400G并行、T级超越"的发展历程,创新能力显著增强,产业实现高端化发展。通信设备制造商华为在400G/1T超宽带时代实现领先,进入国际第一梯队。智能手机厂商不断发力,全球地位明显提升,2017年华为、OPPO和小米纷纷跻身全球智能手机销量前五位,海思、展讯手机芯片在智能手机中得到大量应用。总的来看,我国通信技术与系统领域在网络科技、知识产权等方面都形成了比较深厚的积累。

国产商用IT设备和超算突破发展,"互联网+"技术基础持续夯实。 在服务器方面,联想收购IBM的X86业务后份额进一步提升,成为全球第四大服务器厂商,国内华为、浪潮也跻身全球前十。在核心处理器方面,飞腾、龙芯、申威和兆芯等国产CPU的单核性能从"十二五"初期不到Intel i3 CPU的10%分别提升到36.4%、33.3%、25.8%和51.5%。4G LTE芯片基本达到全球领先水平,移动芯片国产化率已达到21%。在存储系统市场,华为通过多年研发积累,跻身全球存储系统前十,并在国内市场占据第一位,成功打破美国厂商主导局面。2016年6月,"神威太湖之光"取代"天河二号"登上超级计算500强榜首,稳定性能是美国超级计算泰坦的5.2倍。

集成电路产业技术水平不断提升,"互联网+"核心硬件基础不断稳固。 受积极政策影响以及投资力度加大,我国集成电路产业保持增长态势。2017年我国集成电路产量1564.9亿块,较去年增长17.8%。同时,晶圆制造技术取得重大进步,中芯国际在28nm关键节点实现突破,华为海思等设计企业技术水平达到16/14nm,与国际先进水平差距不断缩小。封测技术水平与国际基本同步发展,2016年全球前十大半导体封测厂中有三家来自中国,其中长电科技跻身全球第三,与日月光、安靠和矽品同处第一阵营。

自主软件在多领域实现应用,为"互联网+"在技术和产品层面提供重要支撑。 我国企业加快自主研发步伐,在桌面操作系统方面,已诞生银河麒麟、中标麒麟等十多家国产操作系统厂商。在数据库方面,阿里 Ocean Base 数据库、人大金仓数据库已经得到不同程度应用。在办公自动化软件方面,金山 WPS、用友 ERP 软件等已经占据了一定的国内市场份额。此外,阿里自研阿里云 OS 广泛应用于智能机、智能机顶盒、互联网电视、智能家居、智能车载设备、智能穿戴设备等多种智能终端。

（二）信息技术产业应用快速落地,强化"互联网+"创新发展基础

云计算产业增长迅速。虚拟化技术、分布与并行计算、互联网技术的发展与成熟,使得基于云计算的服务业获得了蓬勃发展,成为满足广大用户信息化需求的低成本、高性能、高可靠的核心基础设施平台,为大数据、物联网、人工智能等新兴领域的发展提供了基础支撑。各类城市云平台、行业云平台和公共服务云平台日益成为地方智慧城市建设及支撑传统产业转型升级的重要基础设施。目前,超过 20 个城市将云计算作为重点发展产业,已初步形成以环渤海、长三角、珠三角为核心,成渝、东北等重点区域快速发展的云计算集群化分布格局。产业应用领域,我国云服务企业通过产业分工协作,面向传统行业用户提供 IT 基础设施、开发平台、软件应用等全套云服务,实现了 IT 基础设施的集约化建设运营,取得了良好的社会效益。据估计,2017 年我国云计算整体市场规模达 700 亿元左右。

大数据行业应用不断深化。随着互联网发展日益成熟,物联网、分布式计算、深度神经网络等高端技术商用突破,基于"互联网+"大连接催生的大数据产业发展空间巨大,应用基础不断夯实,驱动大数据进入快速发展阶段,带动越来越多的行业实现转型升级。2017 年我国大数据市场规模约 234 亿元,同比增长 39.3%。产业链累计融资 230 余笔,其中数据应用比例最高为 40%,大数据应用开始快速落地。

人工智能在多个领域应用普及。我国在人工智能研究领域取得阶段性成果。据智慧芽全球专利数据库统计,2017年我国人工智能专利申请数量为34345项,仅次于美国位列全球第二。随着Master继续横扫各大顶尖棋手、"百度大脑"惊艳最强大脑,2017年人工智能热度持续不减,发展进一步提速。在应用层面,人工智能在智能家居、同声传译、生活娱乐方面的应用越来越普遍,在医疗、金融、电信、教育等各领域的应用也在不断探索。随着人工智能的高速发展和逐渐普及,将推动构建大数据时代下新的基础设施,提高社会的运行效率,为信息社会向智能社会演进提供重要支撑。

四、网络安全保障体系日益健全,"互联网+"安全基础保障有力

网络安全领域法律制度日渐完善。我国在网络安全领域先后出台系列法律规章,为营造"互联网+"生态提供了良好的法律基础。2016年,全国人民代表大会常务委员会通过《中华人民共和国网络安全法》,为网络安全各项工作提供了基本依据,明确了保障网络安全,维护网络空间主权和国家安全、社会公共利益,保护公民、法人和其他组织的合法权益,促进经济社会信息化健康发展的根本准则。近年来,"互联网+"领域相关法律法规和部门规章不断完善,《电信和互联网用户个人信息保护规定》《互联网新闻信息服务新技术新应用安全评估管理规定》《即时通信工具公众信息服务发展管理暂行规定》等细分领域制度陆续出台,为互联网管理各项工作奠定了基石。此外,关键信息基础设施保护、个人信息保护、数据跨境流动、新技术新业务网络安全评估等系列法律规章正在加快制定中,"互联网+"法律制度体系正逐步成型。

网络基础设施安全防护水平显著提升。"互联网+"的快速发展,离不开安全稳定运行的信息基础设施,强化基础设施安全防护成

为重中之重。近年来,关键信息基础设施安全防护的要求逐年强化,网络安全防护管理体系从基础电信运营企业,逐步向安全企业、互联网企业扩展,初步建立起较为完善的网络基础设施管理制度和工作机制。例如,金融、能源等行业发布了信息系统安全等级保护标准,有效提升了行业信息系统的安全保护能力和水平。又如,电信和互联网行业已制定完成《固定通信网安全防护要求》等 60 余项通信网络安全防护标准。在有关工作推动下,漏洞挖掘、入侵检测、病毒防范等关键信息基础设施安全防护能力显著增强,关键基础设施自主可控水平大幅提升,重要信息系统、域名系统等关键环节安全管理得到有效提升。

网络环境治理成效显著。提供安全、可信的网络环境,是"互联网+"健康发展的重要前提。近年来,网络环境治理工作体系逐步形成。整治网络环境力度不断加大,从专项治理木马和僵尸网络,到防范和打击黑客地下产业链,到电话"黑卡"治理,再到打击移动互联网恶意程序,这些网络环境治理专项行动有效改善了公共互联网环境。公民网络安全防护意识日渐增强,通过大力开展"网络安全日"、网络安全专题宣传等活动,公民的网络安全防范意识快速提升,通讯信息诈骗等现象得到了有效遏制,网络社会全民守法的意识逐步增强,网络空间进一步清朗。

网络安全产业支撑能力稳步提高。"互联网+"的快速发展,需要与之相匹配的网络安全产业。为紧抓网络安全产业发展机遇,打造国家网络安全产业区域高地,各城市不断加快网络安全产业布局。例如,北京市与工业和信息化部合作大力推动建设网络安全产业示范园区;四川省发布《信息安全产业发展工作推进方案》;武汉市政府发布《关于支持国家网络安全人才与创新基地发展若干政策的通知》,引导企业、科研、人才等资源集聚,有效推动了网络安全产业发展。2016 年我国网络安全产业规模达到了 344 亿元,较 2015 年增长

21.7%,2017 年将达到 457.13 亿元。网络安全产业正由产品主导向服务主导转变,态势感知、监测预警、云安全服务等新技术新业态发展成果显著,正呈现出网络安全技术密集化、产品平台化、产业服务化等特征。

第三章　发展成效日益彰显

自国发〔2015〕40号文发布实施以来,社会各界热烈响应,"互联网+"行动持续深入推进,互联网等新一代信息技术与实体经济深度融合发展,新模式新业态层出不穷,全社会创新创业活力快速迸发,"互联网+"已经成为实施创新驱动发展战略、支持传统产业优化升级、培育经济新动能的重要手段。

第一节　传统产业加速转型

面对新一轮科技革命和产业变革的重大机遇,越来越多的传统企业利用云计算、大数据、物联网、人工智能等新一代信息技术进行改造升级与创新转型,并取得了突出成效。根据面向全国31个省市农业、制造业、物流、能源四大行业的问卷调查显示,"互联网+"行动有效促进了传统行业转型升级,提升了企业盈利空间,其中超过93%的企业在利用"互联网+"后利润率有所提升,近30%的企业利润提升幅度超过10%。

一、降低企业运营成本

随着"互联网+"行动的不断推进,互联网与传统产业的融合已广泛渗透于企业的研发设计、原料采购、库存仓储、物流配送及运营管理等多个环节。调查显示,"互联网+"在企业研发、生产、供应、销售、服务等各个环节的应用比率分别达到了 20.7%、34.9%、33.1%、45.5% 和 39.1%。"互联网+"在产品全生命周期的广泛应用,助推传统企业运行模式不断优化、管理效率明显提升,有效降低了企业各项运营成本。

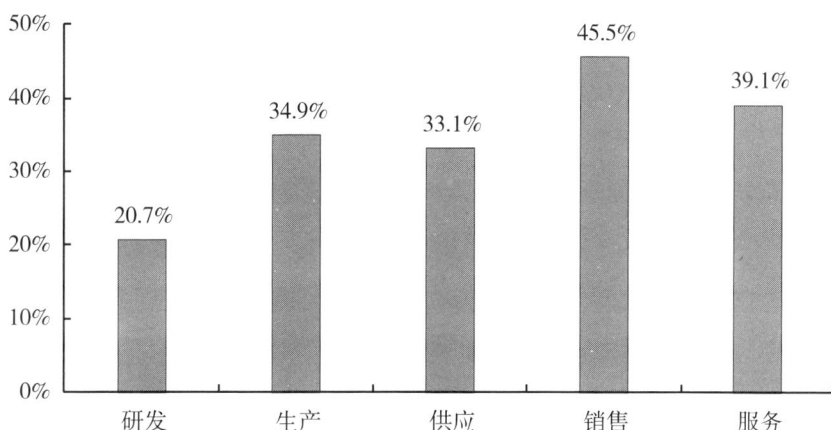

图 3-1 被调查企业产业链各环节"互联网+"应用情况

资料来源:中国信息通信研究院"互联网+"行动实施效果评估调查

"互联网+"帮助企业实现研发设计内外协同,有效降低研发成本。在过去,受空间、资源等要素限制,研发设计环节基本在企业内部独立完成。在推进"互联网+"行动之后,传统企业逐步开始利用云平台、众包平台等互联网平台提供的开放协同服务进行研发设计。通过互联网平台,设计人员可查看和利用云端设计资源和软件,实现企业内部及企业间的合作与协同共享,彻底打破地域限制,提高企业研发效率,降低人员往来成本。调查显示,约 72% 的企业利用互联网进行了不同程度的研发生产在线协同创新,基于互联网的协同设计已得到了广泛应用。例如,潍柴动力的欧洲研发中心联合全球顶尖的汽车零部件供应商开展协同开发,全球设计师可同步在云端进行设计研发,节省了软件下载、成果传送、存储等环节,实现 24 小时协同工作,极大地提高了研发效率,节约了人员往来成本。再如,海尔公司在帝樽和天樽系列空调的研发过程中,利用 HOPE(Haier Open Partnership Ecosystem)开放创新平台对接全球 100 多万个领域专家和上千家全球一流的研发资源,有效提高了研发设计效率。

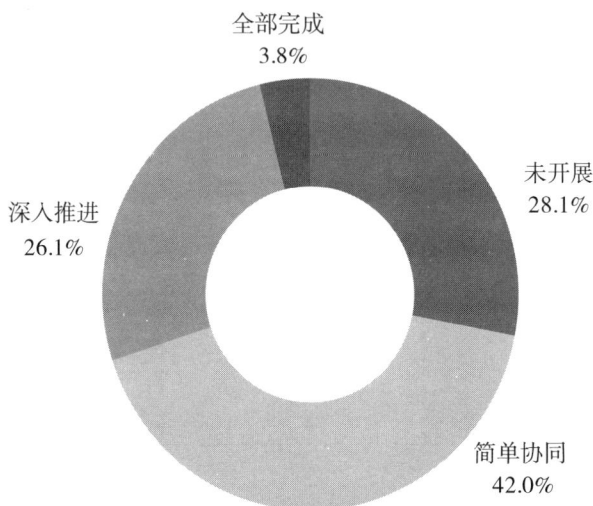

全部完成
3.8%

未开展
28.1%

深入推进
26.1%

简单协同
42.0%

图 3-2　被调查企业研发生产在线协同创新水平比重

资料来源:中国信息通信研究院"互联网+"行动实施效果评估调查

"互联网+"助力企业无缝对接上游供应商,采购成本显著降低。传统供应链存在产品选择范围小、管理难度大、生产线周转效率低等问题。通过"互联网+"平台,石油化工、机械设备、电子信息装备等传统制造企业可实现与上游供应商的无缝对接,快速集聚行业内优质供应商资源,在最短时间内以最低成本实现原材料采购的高效匹配,有效解决传统产业链的诸多问题,降低企业采购成本。目前,借助"互联网+"平台进行物资采购已经较为普遍,调查显示超过 10%的企业利用网络采购原材料和销售产品的比重占到了总购销量的一半左右。例如,中国石化搭建了"中石化物资采购电子商务平台",将采购业务全流程搬上电子化采购平台,其生产建设所需物资的95%实现了电子化采购,涵盖了化工原辅料、煤炭、钢材等大宗和重要的通用物资,有效提高了物资采购的议价能力和资源获取能力。

沃库工业网搭建的智慧供应链云平台,显著提升企业间的对接效率,平均降低应用企业成本 3—10%,供应商的营销成本降幅更是达到 70%。

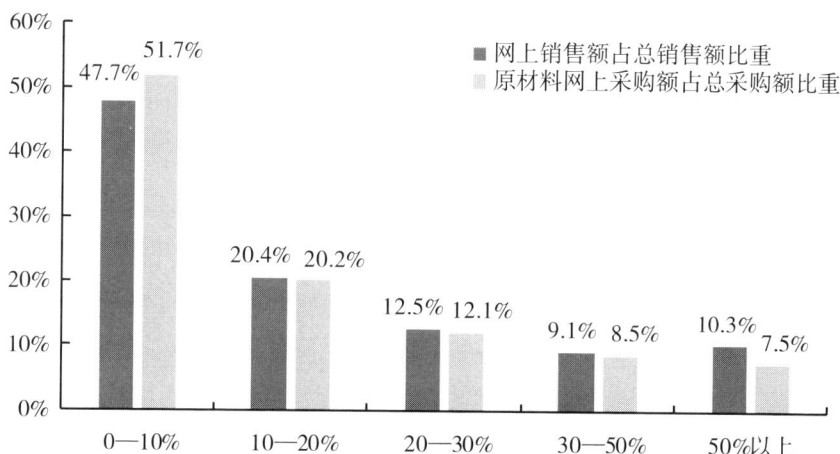

图 3-3　被调查企业网上销售额及原材料采购额比重

资料来源:中国信息通信研究院"互联网+"行动实施效果评估调查

"互联网+"助力企业智能生产、智能调度,大幅降低库存成本。工业互联网在航空航天、装备制造、家电、服装等传统工业领域的应用使企业能够在产业自动化、数字化的基础上,通过实现生产系统的全面互联和数据流动,实现大数据驱动的智能工厂、智能生产、智能调度,有效降低库存水平,大幅节约库存成本。例如,北京机械工业自动化研究所打造的协同供应链管理系统,已经在南防集团等多家公司得到良好应用。该系统通过互联网协助主制造商、供应商和客户在网上快速、及时、准确地进行商务活动,实现供应链各环节的高效协同,缩短采购周期 30%以上,降低库存占用资金 40%以上,取得可观的经济效益。

"互联网+"提升物流环节配送效率,企业物流成本明显下降。传统物料配送环节经常出现配送不及时、物料缺少或囤积等问题,在传统企业与互联网实现深度融合之后,这些问题明显改善。一方面,利用大数据、物联网建设智能信息系统,企业可对生产配比、物料配送、产品质量等各环节进行协同管控,实现物料配送的系统化、流程化,降低物流成本。据调查,约1/3的制造企业已利用互联网对供应链进行管理。例如,柳州五菱柳机动力有限公司将工业园区的物流配送业务委托给桂中海迅物流公司,柳机制订当天生产计划,确定配送零部件,提前半小时通知桂中海迅,桂中海迅借助 ERP 系统网上了解订单,确定用料需求,半小时内将零部件送到生产线的不同车间,实现即时生产。通过桂中海迅的一体化供应链服务,柳机内部物流费用从每年的 300 万元下降到 10 万元,项目运作效果明显。另一方面,物流企业对互联网技术的广泛应用,使得整合全国各地仓储物流资源以有效保障企业货物流通成为可能,通过合理调度,可有效提升物流效率,节约企业物流成本。据调查,物流业领域中近 60% 的企业搭建了物流公共信息平台,有 50.7% 的企业搭建了电子物流平台,将近1/3 的企业建立了智能仓储系统。例如,运满满利用云计算、大数据、移动互联网和人工智能技术,在中国公路货运领域为货主和司机搭建车找货、货找车智能实时信息匹配平台,大大提高物流运行效率,降低物流运价 5—10%,帮助企业有效节约物流环节的成本。

"互联网+"助力企业管理模式优化升级,管理成本有效降低。在传统生产组织中,产品生产、营销等往往需要经由底层反馈、中层传导、高层决策的往返过程,决策周期长,无法快速适应市场需求。"互联网+"的应用,能有效压缩传统产业公司的组织层级,缩短企业决策半径,提升企业管理效率。在互联网化的组织架构下,核心管理团队以下的人员可以被分割成众多小型组织,每个小型组织都作为一个基础的运营单元独立运转,根据需要进行灵活组合,从而实现以产品为核心、以团队为形式快速响应客户需求,加速推进产品和服务的创新和完善。例如,中国互联网时尚品牌运营集团韩都衣舍,独创

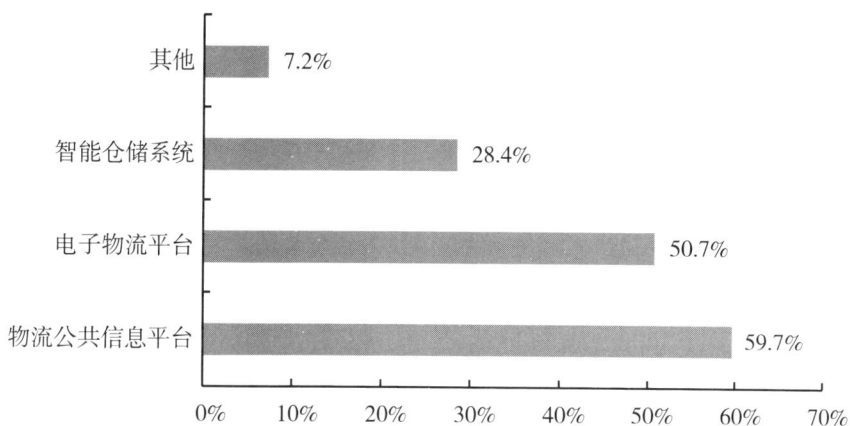

图 3-4　被调查物流行业企业"互联网+"新模式新业态情况

资料来源:中国信息通信研究院"互联网+"行动实施效果评估调查

了"以产品小组为核心的单品全程运营体系(IOSSP)",该模式在最小的业务单元上,实现了"责、权、利"的相对统一,对设计、生产、销售、库存等环节进行全程数据化跟踪,实现针对每一款商品的精细化运营,有效提高了管理水平及管理效率。

二、促进企业智能升级

随着大数据、云计算、物联网、人工智能等新一代信息技术在传统产业中的应用日益普及,以及研产供销服各个环节对互联网应用的纵深推进,越来越多的传统企业积极利用互联网打造智能工厂、推广智能营销、开展智能服务,不断推动传统产业向智能化方向改造升级。

"互联网+"促进企业应用虚拟仿真等研发新模式,推动研发设计智能化改造。传统生产企业在研发设计的测试、验证环节需要先生产出实物再评测其性能等指标,而利用"互联网+"虚拟仿真技术可以实现对原有研发设计过程的模拟、分析、评估、验证和优化,从而减少工程更改量,优化生产工艺。例如,长安福特采用虚拟仿真技术优化汽车设计,设计师戴着3D眼镜能够看见最新设计的福特轿车,甚至还能够模拟坐进车内,感受内装是否符合心意。如需进行调整,设计师能够立即通过软件进行修改,从而大大缩短产品研发和设计周期,显著提升研发效率。

"互联网+"推动企业改造生产设备、打造智能工厂,推进生产过程智能化升级。企业借助现代传感技术,可使生产设备广泛感知自身及环境状态,为自诊断与自适应奠定基础;利用嵌入式计算和人工智能,使设备端机器学习等成为可能;通过人机交互技术,决策者与设备间交互更加深入便捷。通过对生产设备的一系列智能化改造,传统企业逐步具备开展自组织生产等高度智能化生产的能力。调查显示,制造业企业中已有近30%的企业利用"互联网+"打造智能工厂。例如,华为技术有限公司利用先进的物联网、云计算与大数据分析技术,在某酒企工厂原有自动控制设备基础上,部署基于4G的无线宽带集群系统,实时采集温度、湿度、成分比例、设备状况等各类参数,依据大数据分析结果进行优化控制,推动该酿酒工厂提升生产的自动化、信息化与智能化水平。

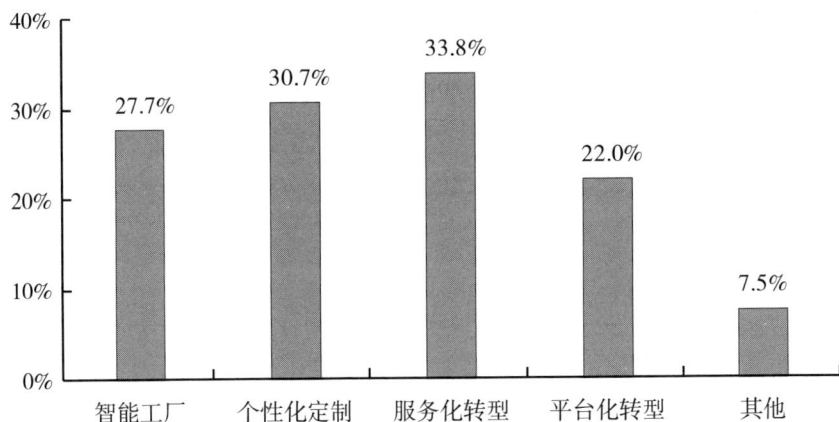

图3-5 被调查制造业企业"互联网+"新模式新业态

资料来源:中国信息通信研究院"互联网+"行动实施效果评估调查

"互联网+"改变传统企业营销模式,提升营销环节智能化水平。借助基于"互联网+"的多媒体营销平台,结合二维码、APP、移动O2O、3D体验等新手段和新模式,企业可以构建线上线下结合、虚拟与现实互通的新型用户体验方式,以智能化的手段丰富产品展示和营销渠道。例如,康耐特光学股份有限公司借助虚拟现实技术,研发自助式选镜及自动验光配镜智能终端设备,成功打造智能验光配镜平台。该平台可根据消费者ID识别消费者特性,依据测量到的3D头部数据,与数据库比对,提供智能化推荐眼镜服务,并可提供试戴功能。这种智能化的营销模式实现了眼镜产品的精准营销,提升了用户体验,进而提升了消费者满意度及品牌效益。

"互联网+"为传统企业开展运维服务提供新途径,推动服务环节智能化提升。借助"互联网+"平台,通过添加智能和通信模块,可实现产品联网并实时采集设备工况、能耗排放等监测数据,进而为用户提供设备定位、远程故障预警和诊断、智能调度和智能决策等远程服务。例如,徐工集团利用传感器、移动互联网等构建工程机械互联网,将车辆的工作时间、历史轨迹、当天油耗等工况信息通过车载终端,借助3G、4G网络传输到移动或PC端的后台控制中心,经过工业大数据分析,实现产品的远程诊断和维护。又如,和利时利用云服务平台从部署在工业现场的安全数据网关获取现场实时数据,通过优化分析和相关工业APP的应用,不但可以为用户企业提供报警管理、系统维护等基本服务,还可以提供长期历史数据管理、工艺模型大数据分析、能耗优化解决方案等增值服务,提升用户企业的生产经营效益。

三、推进产品服务创新

随着互联网技术的快速发展以及互联网与传统产业的深度融合,智能产品的开发难度逐渐下降,个性化定制等新业态新模式日益普及,促使传统产业加快产品及服务的创新步伐,不断推出新型产品,优化服务方式。

"互联网+"推动传统产业产品创新加速。传统企业借助基于"互联网+"的开放平台,可以实现技术、数据共享和商业共赢,加速技术创新和商业化进程。例如,百度 Apollo 自动驾驶平台打破了汽车工业复杂且高难度的技术壁垒,通过开放代码、开放能力和开放数据三种形式,赋能开发者及生态合作伙伴。即便没有技术积累的企业,借助百度平台上提供的人工智能、大数据和高精地图等资源和能力,也可以轻松打造自己的智能驾驶汽车,进而吸引更多的人才、资金、企业等进入此领域,加速智能汽车的商业化进程,共同促进自动驾驶产业的繁荣。如美国创业公司 AutonomouStuff 的一位工程师借助百度 Apollo 1.0,仅花 3 天时间,便将一辆林肯 MKZ 打造成一辆循迹自动驾驶汽车,这在以往至少需要一支 50 人团队、进行超过 6 个月研发才能实现。

"互联网+"激发传统企业积极开发智能硬件。智能硬件是连接用户最紧密的平台,能够衍生出多样化的服务业态,最终形成新的生态体系。传统企业利用"互联网+"平台和技术自主开发智能硬件,同时与互联网企业合作开发智能硬件的步伐明显加快。一方面,传统家电、电子制造业企业积极推出智能产品,如海尔开发了空气盒子、智能空调、智能门锁等智能产品,致力于打造智能家居生态圈。一批聚焦智能产品的初创企业也纷纷涌现,如开发健康类智能硬件的麦开、制造家居智能硬件的 iKair 等。另一方面,互联网企业也纷纷与传统制造企业开展合作,全面支持制造企业开发、制造智能产品,共同把握智能硬件的发展机遇,实现合作共赢。例如,百度与海尔、联想、中信国安广视、小鱼在家家庭机器人等众多企业达成合作,共同推出智能冰箱、智能电视、智能机顶盒、小鱼在家视频通话机器人等产品。

"互联网+"助力传统企业踊跃开展定制化服务。在"互联网+"时代,传统企业可通过互联网汇集用户的行为、需求、行情等海量多元化数据,进行大数据建模及分析,实现精准市场定位,助力传统企业为消费者提供定制化的服务。调查显示,制造业领域中被调查企业开展个性化定制模式的比重达到30%以上,在服装、家居、家电以及电子信息装备等领域,个性化定制已经广泛开展。例如,鲁泰纺织通过微信和移动版网站开展衬衫的个性化定制,消费者根据自己的偏好,可选择不同的领型、袖型、纽扣、门襟等进行自由搭配组合,辅以个性化的签名刺绣,生成的订单经与量测的身体尺码合并处理后,传送至鲁泰纺织独立制版,制作出专属消费者的定制衬衫。再如,成都中电锦江信息产业有限公司建立了个性化产品数据库,利用大数据技术与云平台,实现异地协同设计,对客户个性化需求进行分析和挖掘,快速形成产品定制方案,及时响应客户需求。

"互联网+"促进传统制造企业创新服务内容。借助智能传感、宽带网络、大数据分析等技术,机器设备运行状况、环境参数等信息可以直接被反馈到设备生产厂家,使厂家实时了解其运行信息,并通过数据建模分析、专家诊断等方式,提前预判故障风险并给出相应解决方案。过去的被动维护或凭借经验开展的定期维护可转变为按需提供的主动服务,有效节约运维成本,降低用户损失。有能力的工业企业还通过搭建云平台、部署定制化的工业APP应用、提供大数据分析支撑等,为用户企业提供多样化的增值服务,并探索从设备制造商向综合服务商转变。调查显示,制造业中利用"互联网+"推进服务化转型的企业比重已超过1/3。例如,三一重工通过互联网为全球超过10万台设备提供实时监测和远程运维服务,三年新增利润超过20亿,降低服务成本60%。

第二节　新兴业态崛起壮大

"互联网+"从服务业向工业、农业渐次渗透,催生了共享经济、平台经济、微经济、跨界电商、智慧农业等众多新兴业态,成为驱动我国经济转型升级的重要引擎。

一、共享经济新兴业态异军突起

当前,共享经济热潮席卷全球,正在深刻改变传统的生产生活方式、消费理念和就业模式,对经济社会发展产生了深远影响。在我国,从交通出行到知识创意,从生活服务到生产制造,正掀起一场全民参与的共享经济发展浪潮。

市场规模快速增长。共享经济以其高效、灵活的独特优势,满足了各类用户多样化的消费需求,成为近年来我国市场增长最快的新兴领域之一,一大批平台型企业不断涌现、快速成长。目前我国共享经济各行业累计注册用户数已超过 31 亿人次。2017 年我国共享经济市场交易额达 49205 亿元,同比增长 47.2%,成为我国经济发展的新动力之一。此外,近年来,我国共享经济平台企业数量保持快速增长态势,交通出行、创意众包、民宿短租等领域在短短数年内涌现出一批代表性的平台企业,截至 2016 年底,我国共享经济平台企业数量已超过 1000 家。

应用领域不断拓展。我国共享经济发展活跃,正在从汽车分享、共享单车、住房分享等先发领域逐渐向生产制造分享、知识内容分享、劳务分享、科研资源分享等更广阔的范围拓展。例如,我国汽车分享领域涌现出网约车、顺风车、分时租赁、P2P 租车等典型业态,已经形成了商业模式齐全、出行选择多样的行业生态。2017 年,我国汽车分享市场规模超 2000 亿元,用户规模超 4 亿人,日均订单数量超过 2000 万。又如，我国在知识内容分享领域已经开创了包括在线问答、网络直播、在线健康咨询、在线教育、创意众包等在内的众多新兴业态。2017 年我国知识内容分享领域市场交易额达 1382 亿元，同比增长 126%，消费者人数达 3 亿人。随着大众创业万众创新的不断推进，创意众包领域得到迅速发展。据统计，目前我国创意设计分享领域注册用户超过 1600 万，服务商超过 1300 万家，雇主遍布超过 25 个国家与地区。

创新创业蓬勃发展。近年来，我国共享经济新模式新业态不断涌现，创新创业十分活跃，诞生了众多具有全国甚至全球影响力的独角兽企业。我国共享经济的快速发展，充分调动了全社会创新创业的积极性，推动了新产品、新市场和新业态的加速形成。自 2011 年以来，每隔 1 到 2 年就有新的共享经济模式趋于成熟，成为创新创业的热点。截至目前，全国范围内爆发了多次共享经济创新创业浪潮，分别是 2011—2013 年间的在线短租创业潮、2013—2015 年间的网约车创业潮、2015—2016 年间的内容分享创业潮，以及 2016—2017 年间的共享单车创业潮等。目前，我国共享经济应用领域众多，且大部分领域均已出现估值超过 10 亿美元的独角兽企业，共享经济平台企业已成为我国独角兽企业中的重要组成部分。截至目前，我国共享经济独角兽企业总数已超过 20 家，估值总额近 1000 亿美元，占我国独角兽企业数量和估值的比例均超过 20%。此外，共享经济已成为我国乃至全球资本市场的关注焦点，投资热点不断涌现。截至目前，我国共享经济领域累计投资规模超过 200 亿美元。其中，网约车行业累计投融资规模超过 150 亿美元，网络直播行业累计投融资规模超过 20 亿美元，共享单车行业累计投融资规模超过 20 亿美元。2017 年上半年，共享经济企业累计获取投资超过 100 亿美元，占全国互联网投融资总额的 50% 左右。

就业空间持续扩大。共享经济创造了新型就业模式，为具有不同技能的人群提供了平等的就业机会,并满足了自由职业者、灵活就业者等个体劳动者的就业需求。据统计,2017年我国共享经济用户人数超过7亿,参与提供服务者人数约为7000万,其中超过10%的就业人员来自去产能行业。预计未来三年,我国共享经济仍将保持年均40%左右的增长速度,至2020年,共享经济参与提供服务者人数有望达1亿,其中全职参与人员达2000万。交通、住宿、生活服务等热点领域就业贡献突出。据国家信息中心统计,在交通出行领域,2017年平台企业为全社会创造了超过2108万个灵活就业机会;房屋住宿领域,平台企业带动直接和间接就业人数超过200万;在生活服务领域,大型外卖平台注册配送员已超过百万。共享经济极大地帮助了去产能失业人员和长期停产停工企业职工实现就业,增加收入。据国家信息中心统计,2017年我国共享经济创造的就业机会中,超过10%的就业人员来自去产能行业。例如美团外卖50余万配送侧活跃骑手中,15.6万人曾经是煤炭、钢铁等传统产业工人,占比达31.2%。

二、生产服务领域新业态加快发展

随着大数据、云计算、区块链、人工智能等新一代信息技术的发展和应用,生产服务领域新业态发展步伐加快,在金融、电商、物流、市场营销等多个领域的应用水平加速提升,智能化、综合化、个性化的服务业态持续涌现。

(一)金融科技引领金融产业创新发展

金融科技是指利用技术带来的金融创新,创造新的业务模式、应用、流程或产品,从而对金融市场、金融机构或金融服务的提供方式形成重大影响。随着新一代信息技术的发展和应用,金融科技得以蓬勃发展。

各方主体加速探索新服务新产品。一方面,传统金融机构利用科技手段推动创新,以提高金融服务效率。例如,招商银行已发展出面向消费者的智投产品和满足企业对接上下游金融需求的能力平台。另一方面,新型创业公司利用科技手段推出全新的金融产品或为传统金融机构提供技术服务。例如,蚂蚁金服不仅可向小微企业和个人消费者提供全方位金融服务,还开放自身大数据、云计算能力,弥补了传统金融机构的不足。

金融业务不断涌现新形态新方式。一方面,金融科技的发展令资产端和资金端的数据得以完善并打通,构建出智能、量化的资管与投资方案,形成高效、良好的金融服务体验。如,保险公司将人工智能应用到客服、理赔等各领域,使客户足不出户就能享受到方便快捷的智能化保险服务,极大提升客户体验。另一方面,"互联网+"行动的深入发展,推动大数据风控、移动支付、智能投顾等全新的金融业务不断发展壮大。当前,我国移动支付交易规模近150万亿元,位居全球首位;智能投顾相关平台也进入快速发展期,用户规模不断扩张、产品种类持续丰富。

(二)新型电商拓展零售业发展新空间

"互联网+"覆盖了生产生活各领域,越来越多的企业在行业电商、跨境电商、线上线下融合发展等多个方向进行创新探索,整合并优化产业链,成为新经济、新业态的引领者。

模式创新不断推进。传统电商与移动、社交、新技术结合催生了直播电商、生鲜电商、二手车电商等一批电商业务新模式。一是结合移动社交的直播电商快速发展。明星网红以自身粉丝流量为基础,通过直播平台推销带动店铺商品销售实现盈利,淘宝直播、蘑菇街等已成为直播电商生根发芽的沃土。二是依托新技术的生鲜电商焕发新生。依靠大数据、智能物联网、冷链物流等技术,生鲜电商从供应链、仓储到配送实现最优化匹配,提升了物流效率。

线上线下加速融合。目前,各电商巨头与线下零售企业积极寻求跨界跨业合作,大力布局线下实体店,加强对线上线下全渠道以及消费者的把控能力。2017年,阿里巴巴与上海百联集团达成战略合作协议,开展全业态、全渠道的合作,推进线上线下和物流的深度融合;京东斥资打造京东之家、无人超市等实体店,结合线上大数据判断门店附近消费者的年龄、性别、消费习惯等,由此决定门店中的选品和陈列,实现线下店的"千店千面"。

农村电商蓬勃发展。 2014年起,商务部、财政部、国务院扶贫办联合开展电子商务进农村综合示范,覆盖28个省区市,累计培育756个示范县,其中,国家级贫困县449个,占国家级贫困县总数的60%。重点支持电商综合服务体系和物流配送体系建设,加强人才培养,改善农村电商发展的基础条件,为农村居民生活提供便利。在综合示范等政策带动下,农村电商已从示范地区的星星之火发展成为全国农村的燎原之势。2017年,全国农村网络零售额达12448.8亿元,同比增长39.1%。农村电商就业人数从之前的不足1000万人增加到2800万人,增长率达180%。

(三)智能物流打造高效物流配送体系

智能物流是指运用智能化、信息化技术,构建物流信息服务平台、智能仓储系统及智能物流配送调配体系,进而实现信息共享互通、仓储自动化、配送高效及时、服务便捷一体等目标。

智能化物流仓储蓬勃发展。 一方面,传统仓储利用智能化技术打造自动化立体仓库和配送分拣系统,适应新型物流的需求。另一方面,依托电商兴起的智能云仓步入成熟期。不同于传统仓储的运营模式,云仓整合仓库和快递,形成遍布各地的物流网络,降低了电商的仓配费用,如以"菜鸟云仓"为代表的电商平台类云仓,以"顺丰云仓"为代表的物流快递类云仓等。

末端配送新模式加速部署。 越来越多的电商、快递、第三方物流平台开始布局多元化业务,提供针对不同行业的物流解决方案,关注物流领域中的"最后一公里"或"最后一百米"难题,加强末端配送多样性,打造仓配一体高效综合物流服务商。如快递业巨头及物流地产业巨头联合创办的丰巢科技,大力布局社区智能柜,解决了最后100米的快递末端配送问题。以京东、苏宁为代表的电商类企业斥巨资自建物流体系,研发自提柜,填补电商末端配送服务的空白,提升用户体验。

（四）人工智能大幅提升市场服务与营销水平

人工智能应用加速,不仅在智能翻译、自动驾驶等方面取得明显进展,还通过对数据的深度挖掘并结合各行业领域应用特点,推出面向特定市场的定制化智能商业解决方案与服务。

智能客服极大提升服务效率。智能客服通过对接海量用户数据,并与自身业务紧密结合,实现了对用户的人性化、信息化的高效服务。如各类营业厅的客服机器人可与用户展开多元交互,同时,在线的智能客服系统可与人工客服形成有效补充,接待量实现数倍增长。智能客服系统还可通过分析用户行为轨迹和搭建服务需求模型,主动呈现出定制化的服务内容,实现问题猜测、智能提醒、主动提问等功能。

智能营销充分实现定向推广。在当今信息爆炸、数字内容异常丰富的环境下,媒体平台依托用户画像数据、智能算法针对不同用户提供个性化的广告内容,不仅提升了广告主的广告投放效率,还通过精准推送带来良好的用户体验,真正实现了"千人千面"的广告内容分发。当前,我国在线广告收入规模已超过 2500 亿元,保持 30% 以上的增速,其中基于智能推送的信息流广告实现三位数的增长速度,成为刺激广告业务增长、提升广告投放效果的主要驱动力量。

三、新兴业态不断拓展消费新空间

信息通信技术创新不断加快,"互联网+"驱动智能终端、电子商务、移动支付等新产品、新服务、新业态不断发展，激发出新的消费需求，并逐步成为新的消费亮点。

信息消费成为增长最快的新兴消费领域。一是新的消费主体快速崛起。互联网网民数突破 7.7 亿户，20—39 岁年龄段的网民占比达到 53.5%，80 后、90 后在网络购物用户中占比超过 65%，新生代信息消费群体不断壮大，"拇指消费"渐成主流。二是数据流量消费增长迅猛。移动用户每月使用流量已超 2.7G，每 18 个月翻番。流量消费占居民通信支出的比重由 2013 年的 30% 提高到 2017 年的 59%。三是信息产品和服务创新升级。全场景、全渠道、线上线下融合的消费服务模式创新活跃，在线支付、物流快递等支撑手段日益成熟和便利，消费体验明显改善。

信息消费供给市场形成引领优势。传统线下消费逐渐向线上延伸，网络化程度不断深化，线上线下融合供给新模式加速构建。在生活消费领域，电子商务、交通出行、网络订餐、旅游住宿、教育医疗等领域的新型信息消费迅速兴起。我国已成为全球最大的电子商务市场，电子商交易额占世界电商交易额的 40% 以上。网络购物用户超过 5 亿。2017 年，网络零售额约 7.2 万亿，同比增长 32.2%。在公共服务领域，"互联网+在线医疗"、"互联网+远程教育"、"互联网+政务服务"等新模式，加速推动优质医疗资源、教育资源、政务资源等向更大范围、更广人群扩散，服务更为便捷、普惠和高效。

信息消费带动作用日益凸显。信息消费向更高阶段演进升级对有效释放内需潜力、强化消费对经济增长的带动作用意义重大。据中国信息通信研究院测算，2017 年我国信息消费规模达到 4.5 万亿元，占最终消费的比重从 2013 年的 6.4% 提高到 10% 左右，年均增幅达 20%，约为同期最终消费增速的 2 倍，2017 年信息消费对 GDP 增长直接贡献达到 0.28 个百分点，对全社会生产效率提升的作用达到

35%,直接贡献新增就业岗位 198 万个,间接新增就业岗位 468 万个。预计 2020 年我国信息消费规模将达到 6 万亿元,间接带动经济增长 15 万亿。

第三节 "双创"活力充分释放

"互联网+"是大众创业万众创新的源头活水,是"双创"的重要载体和有力支撑。三年以来,"互联网+"创新创业蓬勃发展,涌现出一批"互联网+"创新创业新平台、新模式,推动各类要素资源高效聚集、开放和共享,全社会积极参与"双创"的氛围日益浓厚,推动全社会创新创业活力不断释放。总的来看,"互联网+"创新创业推进成效显著,已经成为驱动我国经济创新转型的新引擎。

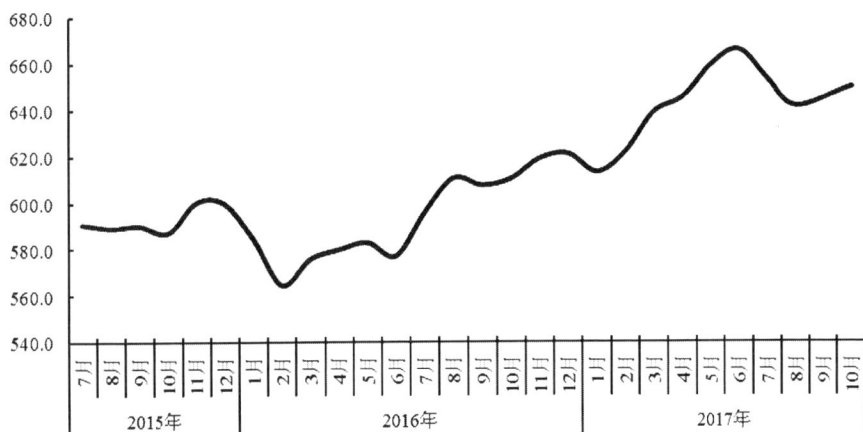

图 3-6 我国创新创业指数变化趋势

资料来源:根据 36 氪发布数据整理绘制

一、涌现大量"互联网+"创新创业平台

创新创业需要广泛集聚国内外人才、资金、渠道、政策等各类资源,汇聚形成创新创业合力。2015 年 3 月,《国务院办公厅关于发展

众创空间推进大众创新创业的指导意见》（国办发〔2015〕9 号）印发，提出到 2020 年形成一批有效满足大众创新创业需求、具有较强专业化服务能力的众创空间等新型创业服务平台。2015 年 9 月，《国务院关于加快构建大众创业万众创新支撑平台的指导意见》（国发〔2015〕53 号）发布，开启了众创、众包、众扶、众筹等"互联网+"平台的加快建设周期。截至目前，我国已经成长起一批各具特色的"互联网+"平台，为创新创业者提供了良好发展环境，对创新创业形成了有力支撑。

建成一批支撑创新创业的公共服务平台。在政策大力引导和支持下，全国各类创新创业载体规模持续扩大，形成一批有效支撑资源集聚共享的创新创业公共服务平台。2016 年 5 月以来，国务院办公厅先后发布两批共计 120 个大众创业万众创新示范基地，覆盖区域、高校、科研院所和企业四类主体；工业和信息化部大力推进中小企业公共服务平台网络建设，2017 年 10 月新审核公布了 188 家国家中小企业公共服务示范平台，同时开展小微企业双创示范基地遴选，2015 年底至今已认定并发布三批小微企业双创示范基地，累计达到 297 家，已经基本完成了《五部门关于推动小型微型企业创业创新基地发展的指导意见》（工信部联企业〔2016〕394 号）提出的到"十三五"末建成 300 个国家小型微型企业创新创业示范基地的目标。此外，全国各地中小企业公共服务平台、小企业创业基地等平台规模持续增长。如，2017 年上半年新疆新增 30 个中小企业公共服务示范平台和 9 个小企业创业基地，云南昆明新增 7 个中小企业社会化服务体系服务示范单位和 4 个小企业创业基地。

形成规模庞大、各具特色的众创空间。目前我国科技孵化器、众创空间等创新创业支撑平台规模已居全球首位。2017 年 5 月，科技部火炬中心在 2017 国际创业孵化峰会上发布国内首个全国双创孵化载体地图。截至 2017 年底，全国纳入火炬计划统计的众创空间有

5500 余家、科技企业孵化器超过 4000 家,数量和规模均跃居世界首位。2015 年和 2016 年科技部分三批备案通过的众创空间已达 1337 家。从众创空间发展成效看,不同区域和企业结合自身特色已经逐渐形成差异化的发展格局,创新创业的支撑能力得到有效提升。例如,河北省 10 家省重点培育众创空间之一——黄骅市新林坡创业服务中心充分挖掘本地农业优势资源,打造 11 个电子商务发展主体企业和 30 个农村商业网点,并以政策红利吸引 7 家物流快递企业入驻,助推实现农民致富、创客创业和物流发展的"三赢";成立于 2014 年 1 月的硬蛋,已成为我国领先的智能硬件创新创业互联网平台,在为创业企业提供全方位支持的同时,着力于整个智能硬件供应链的 O2O 资源连接,提供包括电子方案选择、外观设计、结构设计、组装、器件产品检测认证等专业服务。

二、各类双创平台集聚开放海量创新创业资源

我国着力构建的一批创新创业公共服务平台、科技孵化器、众创空间等"互联网+"平台,正在发挥各自的独特优势,广泛集聚、共享全球海量研发、资金、渠道、数据等资源,为创新创业注入持久动力,成为我国产业和经济创新驱动转型的重要加速器。

开放研发资源,提升创新创业效率。国内已经建成一批可为创新创业项目和团队提供专业科研设备、技术支撑、实验验证等研发资源的"互联网+"双创平台,显著提升了创新创业项目的转化率和成功率。例如,中国电科充分发挥技术、人才和组织优势,建立多个"熠星"孵化平台,整合开放集团成员公司的科技资源,为创新创业项目提供了强有力的技术支撑。进入"熠星"孵化平台的项目,不仅可对接使用中国电科总价值 500 亿元的高端仪器设备,数十个国家级实验室、研发中心,实现创新创意快速孵化,而且可对接中国电科 10000 余项知识产权和 3000 余项专有技术,实施集成创新,提升产

业价值。又如,2013 年诞生于清华 x-lab 双创平台的易科学,如今已集聚了清华、北大、中科院等 100 多家重点实验室的 2362 台大型科研仪器,以及 832 家科研服务机构的 3867 项实验服务,成长为国内领先的科研设备集聚分享平台,用互联网的方式变革了科学研究和企业研发的模式。

开放资金资源,缓解双创资金压力。在政府系列政策引导下,社会资本广泛进入创业投资领域,极大改善了创新创业的资金环境。尤其是《国务院关于促进创业投资持续健康发展的若干意见》(国发〔2016〕53 号)的发布,给予创业投资全面、系统的政策性支持,推动我国创业投资市场快速发展。据清科统计,截至 2017 年底,我国政府引导基金(包括创业投资引导基金、产业投资引导基金、基础设施投资引导基金等)已设立 1694 支,总目标规模达 9.6 万亿元。目前资本对接已经成为各类"互联网+"创新创业平台的标配服务项目,而"互联网+"平台通过广泛集聚、共享创投资本,也已经成为各类创业投资资本的主流入市渠道。例如,36 氪建立了国内排名前 15 位顶级投资机构参与的联盟,旨在为优质创业者提供融资支持,目前平台已经入驻超过 7000 家投资机构和 12000 个活跃投资人。

开放渠道资源,拓展双创营销空间。依托一批双创服务平台、众创空间等"互联网+"创新创业载体,显著缓解了创新创业企业的产品销售渠道问题,大幅加速了初创企业的成长步伐。例如,京东旗下专注智能硬件创业服务的创新型孵化器"京东 JD⁺开放孵化器",聚合了京东的特色市场营销资源、数据资源和专业服务资源,尤其是着力打造的"JD⁺首发",通过组建经验丰富的电商和广告人员,并深度整合多家专业广告公司,以高性价比的全案营销服务支持智能硬件新品在京东平台上的首发营销,催生了大量智能硬件爆品。美的开放式创新平台,不仅为创新创业项目提供启动资金、孵化基地、研发团队、生产制造等资源,而且集聚了 3 万家销售商、2000 家旗舰店、1 万家售后服务网点,通过顶级电商平台和售后服务体系为创新产品提供广阔的销售渠道与售后服务支撑。

开放数据资源,驱动双创稳健增长。在双创平台的引导和支持下,数据资源成为继技术、资本、营销等资源后又一重要开放共享的资源,越来越多的企业通过共享和深挖数据资源,实现资源配置优化、生产经营效率提升和服务类型延伸拓展,也有部分企业利用大数据资源开展新模式新业态创新创业等。例如,大唐网络打造的"369Cloud 云平台",引入政府相关部门和大型企业的数据资源,向创业团队开放共享,催生出了具有天然优势的初创企业,包括接入教育部信息中心数据资源的天天艾米,接入国家体育总局数据资源的天天电竞,接入平安保险、太平洋保险和中国人保数据资源的天天安途等。

三、"互联网+"创新创业为经济发展注入新活力

"互联网+"破除了时空限制,为创新创业提供了关键技术和平台,让天南地北的人才、资金等要素资源在网络空间中集聚、碰撞,催生大量创意、创新。经过三年来的探索,我国双创活力已经得到极大释放,促进了新兴技术、产业和模式的迅猛发展,培育形成了新兴经济增长点。

创新创业催生海量市场主体。2015 年以来,我国新增市场主体保持着高速增长态势。其中,2016 年全国新增市场主体达到 1651 万户,同比增长 11.6%。进入 2017 年,市场主体增速依旧不减,2017 年前三季度全国新登记市场主体达到 1414.6 万户,日均新登记 5.2 万户,其中日均新登记企业 1.65 万户,比 2016 年全年平均日新增数高 0.14 万户。特别是在创新创业政策和风险资本的有力支持下,新生创业企业快速成长,独角兽企业数量不断增多、估值屡创新高。根

据 CB Insights 最新数据,目前全球独角兽企业达到 216 家,总估值 7542.2 亿美元。其中,我国上榜 55 家,比 2016 年新增 14 家,总数仅次于美国(109 家)。此外,我国独角兽企业以 44.9 亿美元平均估值大幅领先他国,高于美国 35 亿美元的平均估值。

创新创业助力新旧动能转换。创新创业的持续深入推进,给经济增长注入了新活力。2017 年前三季度,我国发明专利申请量达到 93.6 万件,同比增长 6.2%,创新创业总体保持活力强劲、成果显著的态势。2017 年 8 月,中国科学技术发展战略研究院发布的《国家创新指数报告 2016—2017》显示,我国国家创新指数综合排名位居全球第 17 位,已处于国际中上游位置。同时,创新创业推动着我国高新技术产业的加快发展,并支撑我国新动能加速成长壮大。2017 年,我国高技术产业增加值同比增长 13.4%,比规上工业增加值增速高 6.8 个百分点;战略性新兴产业增加值同比增长 11.0%,比规模以上工业快 4.4 个百分点。

第四节　公共服务优化完善

在全面深化改革总体部署下,"互联网+"成为政府简政放权、强化事中事后管理、推动政务服务模式创新与效率提升的重要手段。近年来,随着"三证合一"向"多证合一"演进,教育、医疗、税务、社保、就业等各部门电子政务深入推进,各领域公共服务供给能力和服务质量显著提升。

一、搭建政府服务平台,服务效率大幅提升

自"互联网+"行动启动实施以来,在民生领域优先推动一批国家级重大工程建设,不断完善国家、省、市、县多级联动公共服务体系,优化社会资源配置,引领各领域基本公共服务加速向数字化、智

能化转型发展,社会服务效能快速提升。

"互联网+教育"创新线上线下一体化教育服务和管理模式。在教育领域,以"三通两平台"建设为重点,建成全国范围广域覆盖、中央地方多层互联的教育信息化系统,网络教学环境大幅改善。全国中小学互联网接入率达到92%,多媒体教室普及率达87%,优质网络教育资源覆盖全国6.4万个教学点,网络师生空间开通6000万个,网络条件下的新型教学、学习与教研模式逐步普及。国家教育资源公共服务平台服务水平日渐提高,2017年平台页面访问人次超过6亿次,服务用户近2700万人,教育资源服务体系已见雏形。教育管理公共服务平台基本建成覆盖全国学生、教职工、中小学校舍等信息的基础数据库,并在应用中取得显著成效。全国中小学教师信息技术应用能力提升工程启动实施,全国范围内校长、教师和教育行政管理人员的信息化意识与信息技术应用能力显著增强。

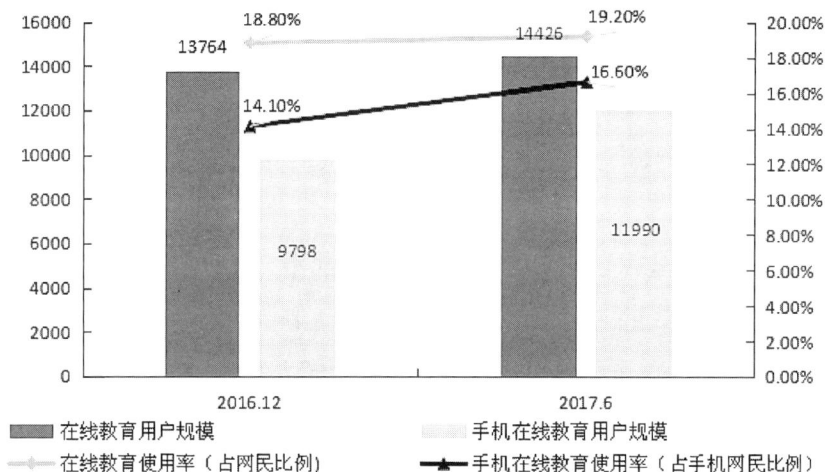

图3-7　2016—2017年在线教育用户规模情况

资料来源:CNNIC

"互联网+就业"提升就业服务与管理水平。在就业领域,以系统省级集中、信息全国共享为目标,加快公共就业服务业务应用系统建设,打造"互联网+"公共就业创业服务平台,线上服务能力实现大幅提升。完善中国公共招聘网、中国就业网、全国大学生就业公共服务立体化平台,面向重点就业群体提供政策咨询、信息发布、职业指导、社保服务等多元化服务。同时,不断加强全国就业信息监测平台建设,为劳动者跨地区享受相关就业扶持政策和就业信息服务提供支持。截至 2017 年底,全国就业信息监测平台覆盖 30 个省(自治区、直辖市)和新疆生产建设兵团,监测数据覆盖劳动者 4.6 亿人。

"互联网+人社"推动社保异地服务有效接续。在社保领域,以金保工程建设为突破口,大力推进"五险合一"、经办和综合柜员制、推行网上/移动自助、12333 电话咨询等服务模式,推动社保服务向全域一体、网络化、数字化转变。截至 2017 年底,我国社会保障卡持卡人员达到 10.88 亿人。国家异地就医结算系统于 2016 年底上线试运行,全国所有省份的全部统筹地区正式接入国家平台。截至 2017 年底,全国所有省份实现了省内、跨省异地就医住院费用持卡结算。全国跨省异地就医备案人员 205 万人,累计结算 14.78 万人次,日结算已突破 2000 人次,全国社会保险关系转移 105.6 万笔。此外,异地待遇资格协助认证、基本养老保险参保状态比对查询系统得到全面应用。

"互联网+医疗"持续优化医疗资源配置。在医疗领域,原国家卫生计生委牵头建立国家级全民健康信息平台,启动全员人口信息、电子健康档案、电子病历等数据库建设,推动各省、市建立地方全民健康信息平台,并完成与国家平台的互联互通。目前,国家、省、市、县四级全民健康信息平台互联互通全覆盖已基本实现。建设国家药品供应保障综合管理信息平台,实现与全国 31 个省级药品集中采购平台互联互通及全国统一药品编码。初步建立涵盖医疗机构、医师、护士等专业注册数据库,搭建完成传染病疫情网络直报系统、卫生监督信息报告系统、妇幼卫生监测等健康服务信息系统,实现对艾滋病、结核病等 22 个重大疾病的长效监测。搭建计划生育应用信息系统和全员人口数据库，累计完成 13.7 亿人口统计工作，初步实现流动人口服务管理的跨地域业务高效协同。启动地方医疗联合体试点建设，截至 2017 年 8 月，全国共有 321 个地级以上城市开展试点，占地级以上城市总数的 94.7%，逐步形成多种有效模式，试点工作成效初显。

"互联网+民政服务"发展便民服务新业态。 在民政服务领域，民政部通过全国救助寻亲网，与社会组织和互联网企业开办的公益寻亲公告栏目开展合作，拓展寻亲通道，推进"互联网+寻亲"服务，提升寻亲效果。据不完全统计，该项服务已累计帮助 1.9 万名受助人员成功寻亲返家。建成"慈善中国"信息公共平台，推动公益慈善信息的公开透明和网络传播，加强网络慈善募捐事中事后监管，实现全国慈善信息的互联互通，为公众查询了解慈善组织、慈善募捐、慈善项目、慈善信托提供权威便捷渠道，不断提升网络募捐的规范化程度和社会公信力。截至 2018 年 1 月下旬，公开全国 3400 多家慈善组织信息，通过在线募捐备案超过 2000 项，涉及慈善项目达 2800 余个。

"互联网+食品药品监管"创新全程可追溯监管模式。 在食品药品安全领域，原国家食品药品监督管理总局牵头搭建了国家级食品安全监督抽检信息查询平台，汇聚国家层面历年来公布的全国范围食品药品抽检信息，并根据抽检情况实时更新，为社会大众、生产经营者、媒体提供多样化的信息查询服务。启动国家重点食品质量安全追溯物联网应用示范工程，搭建国家食品安全追溯平台，面向全国重点食品生产企业提供产品追溯、防伪及监管服务。该平台汇聚了全国 31 个省级平台上传的质量监管与追溯数据，通过对食品企业质量安全数据进行分析与处理，实现信息公示、公众查询、诊断预警、质量投诉等功能。

"互联网+12315"便捷消费者维权服务。在消费者权益保护领域,原工商总局推动建成全国12315互联网平台,支持消费者利用互联网便捷、高效、低成本、全天候地反应诉求,支撑各地工商和市场监管部门高效处理消费者诉求,推动消费纠纷的在线解决和消费维权的社会共治。同时,依托12315互联网平台的数据分析功能,及时跟踪消费热点,了解商品、服务质量和市场秩序情况,提供消费警示提示,为经营者自觉履行消费维权义务提供指引,为政府制定消费政策提供建议和参考。截至2017年12月底,全国12315互联网平台共受理消费者投诉举报43.5万件,平台注册用户54.85万人,访问量893.58万次。目前,平台二期建设正在有序推进,将开发消费纠纷在线解决、电子地图、大数据分析应用、智能辅助等功能,以进一步畅通消费者投诉渠道。

"互联网+精准扶贫"助力群众脱贫致富。在社会扶贫领域,国务院扶贫办先后启动实施"网络覆盖工程、农村电商工程、网络扶智工程、信息服务工程、网络公益工程"五大工程,目标是到2020年,建立起网络扶贫信息服务体系,实现网络覆盖、信息覆盖、服务覆盖,网络扶贫取得显著成效。目前,国家、省、市、县多级一体化网络精准扶贫平台建设已基本完成,可动态反映网络扶贫最新进展和发展趋势,为下一步精准扶贫资源优化配置和科学调度提供决策支撑。网络精准扶贫试点建设在全国各地先后启动,通过引导贫困地区与京东等电商开展合作,加强技术、资本、物流服务等配套支撑,创新贫困地区经济发展模式,带领贫困人口快速脱贫。如河北省武邑县针对贫困家庭试点推出了"扶贫跑步鸡"项目,京东提供免息贷款,交由扶贫办提供已建档立卡、征信记录良好的贫困户进行散养,养殖6个月、达到100万步才可上市销售,每只鸡收益30至40元,每期养殖户均增收3000至4000元以上,近千户贫困户因此受益。

此外,在助残等公共服务领域,政府层面也先后启动一批"互联网+"支撑平台的建设,推动政府公共服务向精细、精准、便捷、贴心方向发展。助残领域基本实现政务外网全面接入,搭建完成国家级同城容灾备份中心,建成残疾人统计台账,完成54%的助残业务数据采集和电子化。开通中国残联门户网站、中国残疾人服务网,覆盖全国33个省级单位、280个地级市,通过无障碍交流方式,面向残疾人群体提供信息公开、互动交流等基本公共服务。

二、拓宽政务服务渠道,服务范围不断扩大

各地以"互联网+政务服务"建设为抓手,推进政务服务体系改革创新发展工作,通过信息技术破除跨部门数据共享和业务协同机制壁垒,借助数据驱动政务服务流程和服务模式更加简单便捷,推动政务服务渠道更加多元丰富,切实方便群众办事。

"互联网+"自助式服务渠道创新个性化服务体验。 基于互联网建立起C2G服务接入窗口,群众办事不用到现场即可完成各类政务服务事项的申办、办理和查询。广州在荔湾、番禺、海珠、南沙、越秀等区先后设置一批政务服务自助机,政务服务时间由传统的线下5×8小时大幅扩展至7×24小时全天候服务,提供多达数百项政务服务事项,如荔湾区的"市民之窗"可办理荔湾区498项及佛山市5个区约530项行政审批和公共服务事项。贵州省于2017年初正式启动远程审批申办工作,由办事群众向镇(街道)、村(社区)政务服务中心提出办事申请,由工作人员按事项申报程序进行网上申报,开展申报事项跟踪,事项办结由服务中心代为颁证。浙江省基于移动智能终端开发完成浙江政务服务APP(目前已升级到3.0版本),整合上线全省101个市县政府、31个开发区服务平台和43个省级部门服务窗口,陆续上线教育考试、诊疗挂号、违章处理、出入境业务办理等服务项目,同时设置了"政务公开"和"今日关注"板块,基于用户定位信息,面向用户提供实时属地化资讯服务。

主动服务型渠道实现政府上门精准服务。聚焦事项受理和事项办结两个涉及群众"往返跑"的老大难环节,通过加强与快递物流行业的紧密协作,实现"群众办事上门揽件、事项办结快递送达",切实降低群众办事成本。贵州省与中国邮政展开合作,依托邮政遍布基层的物流服务优势,建立"网上申请、委托代办、快递送达"的服务体系,群众通过网上办事大厅提交办事申请时,可选取快递上门服务,由邮政专员上门收取办事材料,事项办结后办理结果和证件再快递上门,实现了"审批资料上门取、审批结果安全到"。广州荔湾区通过与广州邮政展开紧密合作,借助邮政"蜜蜂箱"布点,实现政务服务"一柜式"收件和派件,市民通过短信等形式即时获取物流派件信息,即可完成整个政务服务事项的申办和办结。

三、推动服务模式创新,供给能力持续提升

发挥社会力量在平台、供应链、用户群体等方面的资源优势,引导各方利用"互联网+"汇聚市场公共服务资源,提高配置效率,创新服务模式,推动公共服务体系开放创新和智慧化转型发展。

互联网企业参与"互联网+政务服务"体系建设,推动政务服务渠道更加多元便捷。政府部门与互联网企业紧密合作,通过提供业务数据或应用服务授权,支持互联网企业开展公共服务,实现政府、企业、市民多方共赢。例如,腾讯、阿里、新浪、神州数码等企业,基于自身庞大的社交用户群体和社交平台,通过搭建政务服务统一入口,高效、便捷地提供政务服务。截至 2016 年底,我国包括支付宝、微信城市服务、政府微信公众号、网站、微博、手机端应用等在内的在线政务服务用户规模已经达到 2.39 亿,占我国当前全体网民规模的32.7%。这种服务渠道的出现,推动政务服务重心开始从线下向线上转移,目前我国在线政务服务使用率已超过线下政务大厅及政务热线使用率。

"互联网+"促进城市基本公共服务开放发展,服务供给模式创新层出不穷。在城市基本公共服务领域,以政府为主体,各地积极引入互联网、物联网、云计算、大数据等新一代信息技术,深化与传统公共服务流程的融合发展,持续创新城市基本公共服务模式,深度优化公共服务流程,快速提升公共服务效能,促进城市基本公共服务向智能化、泛在化、便捷化、精准化方向发展。如宁波市把构建智慧医疗健康保障体系作为宁波智慧城市建设的十大重点应用体系,持续推进医疗"五个一"建设:统一医疗卫生专网、统一数字化集成平台、统一数据中心、统一居民健康档案和电子病历、统一社会保障卡。在此基础上,不断加强与社会资本的全方位合作,打造开放式在线诊疗服务平台,统筹接入和整合一批市级大型甲等医院、基层医疗机构专科医生和社区医护人员资源,同步引入药店、保险公司等第三方服务机构,面向市民提供在线挂号、在线问诊、电子处方、药品配送等多元化创新服务。温州市以市民卡为载体,除整合社保、医保结算等核心功能外,进一步扩大集成整合覆盖面,目前已完成与全国77个城市的跨区域公共交通、车辆租赁、旅游等一卡通互联互通,陆续上线车补提取、社保查询、小额支付、图书借阅、森林年卡等应用,极大方便市民生活。

第四章　务实举措促有序发展

针对"互联网+"跨界融合发展新趋势和新需求,各级政府通过完善法规制度,加大政策支持,实施包容监管,强化跨部门统筹,有效化解推进中的各类矛盾和问题,引导"互联网+"有序发展。

第一节　审慎监管助力包容发展

各行业、各地方围绕简政放权、放管结合、优化服务改革等工作的总体要求,深入推进"互联网+"行动,加快完善社会信用体系建设,构建以事中事后监管为重点的新型市场监管体系,大力营造适应新技术新业态新模式发展的监管环境。

一、持续推进"放管服"改革

各部门和地方政府深入落实"放管服"改革要求,积极开展各项改革工作,进一步释放"互联网+"发展活力,服务创新创业,人民群众获得感、幸福感不断增强。

（一）明确权力责任,加强制度约束

为扫清"互联网+"深入发展的制度障碍,国家和相关部门大力推进简政放权,建立权责清单制度,并通过实施权责事项的电子化、标准化、网络化、公开化和动态化管理,初步实现权责的规范透明和优质高效运行管理,显著降低企业拥抱"互联网+"的制度成本和交易成本。

一是大幅削减行政审批事项,加快政府职能转变。目前各部门均已完成国务院提出的本届政府行政审批事项减少 1/3 的要求,对企业和群众松绑减负、释放市场活力意义深远。其中,工业和信息化部取消和下放行政审批事项共 28 项,占原有行政审批事项的 50%;原工商总局全面落实工商登记"先照后证"改革,除"民用爆炸物品生产许可"一项因涉及安全确需继续保留前置审批外,其他事项均已改为后置审批;发展改革委在 2013—2016 年三年间,三次修订企业投资项目的核准目录,约减少 90% 项目审批。

二是建立权责清单制度,明确政府权责边界。国务院 61 个部门均已完成权责清单制度的制定,并在"国务院各部门行政许可事项服务平台"上进行发布。通过公布行政许可事项清单,明确行政审批项目的设定、运行、调整、监督、管理等事项,锁定行政许可项目"底数",接受社会监督,方便企业办事,实现法治对行政许可权力的约束。同时,国务院各相关部门积极推进地方垂直管理机构权责清单制度的建设。2015 年工业和信息化部印发了《通信管理局权力清单责任清单指导意见》,指导 31 个地方通信管理局制定了内容全面、形式完整的权责清单,并在 2017 年进行了更新,权责清单动态管理机制不断健全。此外,在国家政策引导和各部门支持下,全国 31 个省份也已全部公布完成省级政府部门权责清单,使权力行使有法可依、有章可循。

(二)创新监管方式,强化事中事后监管

近年来,各部门统一部署,推进监管方式创新化、多元化。

一是积极引入"互联网+"技术手段加强事中事后监管。发展改革委积极搭建投资项目在线审批监管、信用信息共享、公共资源交易、12358 价格监管等全国性监管平台,深入探索互联网监管新模式,利用大数据等新技术实施实时、动态、精准监管;科技部通过国家重点研发计划,支持"现代食品加工及粮食收储运技术与装备"等项目建设,积极完善农副产品质量安全追溯体系;原国家质检总局搭建以物品编码管理为追溯手段的质量信用信息平台,提升质量监管水平;原环保部开展生态环境大数据和监测网络建设,利用"互联网+"技术强化环境监测能力。

二是多措并举加强事中事后监管。一方面,对已经取消和下放的行政审批事项,及时通过互联网平台公布信息、接受社会监督,严格把关、防止变相审批,同时做好衔接、避免出现脱节,并通过备案报告、抽查检查、信息公示等措施,重点加强事后监管工作。另一方面,通过信用监管和双随机抽查机制加强事中事后监管。原工商总局依托公示系统将经营异常名录信息交换至原国土资源部、人民银行等部门,对失信企业进行信用惩戒;各监管责任部门全面推行"双随机、一公开"改革,并指导各地直属部门加快推进相关改革。

(三)优化公共服务,提升服务效率

经过三年多的探索,各部门已经创新出大量公共服务新模式,大幅压缩了公共服务流程,服务质量和效率实现显著提升,极大方便了群众办事创业,持续营造出有利于"互联网+"创业创新的便利环境。原工商总局推进工商登记由"先证后照"改为"先照后证",前置审批材料较改革前减少了85%;在"三证合一"基础上,全面推进"五证合一"、"多证合一"改革,大幅缩短了企业注册时间;同时,"证照分离"改革试点在上海稳步推进,探索部分行政许可事项由审批改为备案,逐步实行告知承诺制,提高办理的透明度和可预期性。工业和信息化部成立推进职能转变领导小组,先后制定和出台了《行政审批事项服务指南》、《行政审批事项审查工作细则》、《行政审批事项受理单文书示范文本》等,持续完善行政审批流程规范,提升审批效率。海关总署建设全国海关一体化互联网政务服务平台,实现海关办事服务一号申请、一窗受理、一网通办。

二、不断完善"互联网+"协同治理体系

顺应"互联网+"跨界融合发展需要,各相关部门积极沟通、协调,推动部门与部门之间、中央与地方之间、政府与企业之间协同治理格局初步形成。

(一)完善跨部委协同监管机制

"互联网+"的跨界融合发展,打破了原有各行业管理部门之间的职能边界,很多融合业态的监管可能会同时涉及多个管理部门。在"互联网+"的发展过程中,监管部门加强在横向协作、信息共享等方面的探索,逐渐形成了以传统行业管理部门为主、其他相关部门积极配合的融合监管模式。如为了规范网络市场秩序,优化网络消费环境,原工商总局作为网络市场监管部级联席会议牵头单位,与发展改革委等相关部门联合印发《2017 网络市场监管专项行动方案》,促进部门间协调配合,共同打击网络侵权假冒、刷单炒信、虚假宣传、虚假违法广告等违法行为,监管机制逐步完善。

(二)持续优化央地协同监管格局

"互联网+"业态的发展存在地域上的差异性,为使监管政策更符合当地发展实际,相关部门在行业管理中越来越广泛地采用因地制宜、因城施策的原则。同时,中央积极开展试点示范,鼓励地方大胆探索,推进"互联网+"区域化发展。网约车监管方面,交通部等七部委联合出台政策,承认网约车的合法地位,并原则上规定满足一定条件的私家车,可按程序转为网约车,从事专车运营。而地方则可结合当地发展实际,出台更为具体的管理细则,对司机、车辆、车牌等监管要素提出更为详细的要求。

(三)建立政企联动、优势互补的协同治理格局

各部门在监管中,注重发挥相关企业特别是平台企业在规则制定、数据收集等方面的优势,推动形成政企联动、优势互补的协同治

理局面。一是探索建立"政府管企业、企业管用户"的逐级监管模式。在明确政府与企业各自职责基础上,赋予企业相应权利和义务。同时,针对企业缺乏执法权问题,对违法违规行为的惩处交由政府直接负责,提升监管效率。如,国家知识产权局针对线上专利侵权投诉问题,有效整合和利用地方知识产权局、知识产权维权援助中心、电子商务平台等方面的案件处理资源和办案力量,大幅提高互联网专利侵权案件的办理效率。二是推动政企数据共享。为支撑政府利用企业数据监测运行状态,同时满足企业利用政府公共数据实施监测的需求,政企之间数据壁垒正不断打通,通过数据对接共同规范业态发展已在部分领域实现。如,浙江省工商行政管理局与阿里巴巴集团共建"工商阿里大数据交互平台",充分进行大数据对接,把网店信息、统计信息、信用信息、违法信息等相关数据在平台上进行交互,实现主体身份比对、经营主体亮照、信用信息交互等功能,为更好地实施协同治理提供了条件。

三、积极推进信用体系建设

为构建"互联网+"有序推进的信用基础,国家发展改革委、人民银行会同社会信用体系建设部际联席会议各成员单位,从平台基础、监管应用、联动机制三方面着手,通过加强公共信用信息共享和应用、加强信用立法、建立"互联网+"相关领域信用标准以及建立联合惩戒机制等方式,积极营造良好信用环境。

（一）推进全国信用体系基础建设

一是依托全国信用信息共享平台,打造信用信息共享交换的"总枢纽"。目前,平台已联通44个部委和所有省区市,归集各类信用信息总量突破132亿条。二是以"信用中国"网站作为信用信息公开的"总窗口",推进公共信用信息资源开放。目前,"信用中国"网站累计向社会发布包含企业基础信息、红黑名单信息、行政许可与行政处罚信息和统一社会信用代码信息等在内的各类信用信息 1.5 亿条,行政许可和行政处罚等"双公示"数据归集总量超过 6500 万条,累计访问量超过 15 亿次,日访问量最高达 2350 万次。三是探索将"互联网+"企业积累的信用数据纳入全国信用信息共享平台,丰富信用信息的来源和应用。2017 年 4 月,国家发展改革委组织指导摩拜、ofo 等 10 家共享单车企业与全国信用信息共享平台签署了信用信息共享协议,实现政府部门可公开的各领域信用信息与共享单车企业共享,对严重违法失信的人,限制其使用共享单车;同时,将共享单车企业自身掌握的信用信息共享到全国信用信息共享平台,为各地方、各部门治理违法失信问题提供参考依据。

（二）完善信用监管相关制度

2015 年以来,各部门在各重点方向和重点领域出台政策,加强信用机制在事中事后监管中的探索和应用,有效规范了"互联网+"的发展。2015 年 7 月,《国务院办公厅关于推广随机抽查规范事中事后监管的通知》(国办发〔2015〕58 号)发布,提出抓紧建立统一的市场监管信息平台、推进随机抽查与社会信用体系相衔接。11 月,《国务院关于"先照后证"改革后加强事中事后监管的意见》(国发〔2015〕62 号)要求构建以信息公示为基础、以信用监管为核心的新兴监管体系。12 月,原工商总局发布《严重违法失信企业名单管理暂行办法》(国家工商行政管理总局令第 83 号),加强对严重违法失信企业的管理,促进企业诚信自律。2017 年,原质检总局、国家标准委批准发布《电子商务商品口碑指数评测规范》和《电子商务信用》等系列国家标准。目前,国家发展改革委已启动《信用法》《公共信用信息管理条例》立法研究工作,并同步开展信用信息相关标准研究,以推动社会信用体系建设标准化、规范化发展。

（三）建立信用激励和联合惩戒机制

在"互联网+"探索实践中,我国逐渐形成跨部门协作、政企协同的守信联合激励、失信联合惩戒机制。2016 年 5 月,国务院发布了《关于建立完善守信联合激励和失信联合惩戒制度加快推进社会诚信建设的指导意见》(国发〔2016〕33 号),推动信用激励和惩戒机制的建立健全。在监管协同层面,2016 年 11 月,国家发展改革委、人民银行、中央网信办等八部门联合发布《关于对电子商务及共享经济领域炒信行为相关失信主体实施联合惩戒的行动计划》(发改财金〔2016〕2370 号),进一步提升网上交易主体信用真实度,维护信用秩序。目前,已有 60 多个部门累计签署 4 个守信联合激励备忘录和29 个失信联合惩戒备忘录。在行业自律层面,2016 年 10 月,国家发展改革委会同多家部委,邀请阿里巴巴、腾讯、百度糯米等 8 家互联网公司,共同签署《反"炒信"信息共享协议书》,组建了反"炒信"联盟,通过共享反"炒信"信息,打击网络"炒信"行为。截至 2017 年 10月,该联盟的成员扩大到 15 家,累计发布 5 期"炒信"黑名单,共计22 家"炒信"团伙和 346 家刷单商家。

四、大力推动公共信息资源开放共享

公共信息资源开放共享已成为"互联网+政务"发展的重要体现及政府数据治理能力的重要组成。各部门着力推进重点领域公共信息资源开放,进一步促进了数据流通,推动"互联网+"业务持续融合创新。

(一)国家层面提出推进公共信息资源开放总体要求

党中央、国务院高度重视公共信息资源开放工作。习近平总书记在 2017 年 12 月 8 日中央政治局第二次集体学习时强调,要推动实施国家大数据战略,推进数据资源整合和开放共享,打通信息壁垒,形成覆盖全国、统筹利用、统一接入的数据共享大平台,构建全国信息资源共享体系。2017 年 12 月 6 日,李克强总理主持召开国务院第 194 次常务会议,要求将数据服务作为政府公共服务,着力推进

"数据通、业务通"。

政府相关文件进一步明确公共信息资源开放要求。首先,提出公共信息资源开放的阶段目标。《促进大数据发展行动纲要》(国发〔2015〕50号)提出2018年年底前建成国家政府数据统一开放平台,2020年年底前逐步实现信用、交通、医疗等民生保障服务相关领域的政府数据集向社会开放。其次,明确公共信息资源开放的原则和范围。《2016年推进简政放权放管结合优化服务改革工作要点》(国发〔2016〕30号)中强调除涉及国家安全、商业秘密、个人隐私之外的公共数据,都应向社会开放。再次,要求加快推进公共信息资源开放相关试点示范。《关于推进公共信息资源开放的若干意见》要求坚持全面部署和试点带动相结合,依法有序推进改革。

(二)部分行业率先探索推动公共信息资源开放

在主管部门推动下,部分行业公共信息资源开放步伐加快,促进数据资源广泛应用,为"互联网+"融合创新提供了数据基础。司法领域公共信息资源开放也取得良好进展,《关于人民法院在互联网公布裁判文书的规定》(法释〔2016〕19号)对开放工作作出明确安排,目前我国裁判文书网公布文书量超过2000万份,访问总量超过50亿次,受到社会广泛关注。统计、气象、林业、地理、环保、信用等领域已经开放了一些数据。此外,交通部、原国土资源部、原农业部、原环保部、教育部、中国气象局和原国家林业局等均提出要制定行业数据资源开放标准、清单、计划等。

(三)各地公共信息资源开放稳健推进

各地公共信息资源开放工作正在稳步推进,为破除信息不对称、充分释放数据价值打下了坚实基础。一是研究起草发布地方公共信息资源开放政策文件。全国各省、自治区、直辖市均已发布相关政策文件,贵州、福建省分别印发了《贵州省政务数据资源管理暂行办法》和《福建省政务数据管理办法》。二是多地建立公共信息资源开放网站。截至 2017 年 9 月底,上海、北京、浙江、贵州、广东等地依托建设的省级政府数据开放平台,共开放了 2000 余个数据集。三是建立目录清单明确开放范围。各地结合实际情况,分别制定了开放目录清单,并通过互联网公布开放计划,接受公众监督。四是以开放考核和竞赛机制推动开放持续深入,促进优秀竞赛成果应用转化,让数据真正服务于"互联网+"创新,服务于社会。五是探索建立开放安全保障制度。武汉、厦门等地根据敏感性、重要性等对开放数据分级、分类、分步向社会公众开放;贵州要求开放前对数据进行风险评估;北京建立了开发利用分级认证制度。

第二节　加大支持推动稳健发展

"互联网+"行动实施以来,各级政府部门积极推动贯彻落实,在组织机制、重大工程、创新网络、试点示范等方面开展了大量工作,陆续研究出台系列支持举措,不断推进"互联网+"在各行业各领域渗透应用。

一、建立多部门统筹协调的组织机制

按照"互联网+"行动统筹部署,发展改革委牵头建立了"互联网+"行动部际联席会议制度,组建了跨领域、跨行业的"互联网+"行动专家咨询委员会,不断强化部门联动协同,为"互联网+"的深入推进提供了有力的组织保障。

建立"互联网+"行动部际联席会议机制,加强跨部门统筹和纵横协同。根据国发〔2015〕40 号文的部署,发展改革委会同 32 个部门和单位,建立了"互联网+"行动部际联席会议制度,主要任务是促进部门与部门之间、部门与地方之间的协调配合,共同研究、共商对策,统筹推进落实年度重点工作,形成协同推进"互联网+"行动的良好局面。2015 年 11 月,发展改革委组织召开"互联网+"行动部际联席会议第一次会议,审议了关于《2015—2016 年度"互联网+"行动重点工作》报告,研究部署了"互联网+"行动年度重点工作。2017 年 3 月,"互联网+"行动部际联席会议第二次会议召开,在梳理前期工作的基础上,审议了《2017 年"互联网+"行动重点工作》,包括 11 个重点行动共计 45 项重点工作、7 个保障支撑共计 55 项重点工作,合计 100 项重点工作。在部际联席会议制度框架下,"互联网+"年度重点工作滚动实施、顺次推进,进一步将"互联网+"行动引向深入。

建立"互联网+"专家咨询委员会,强化决策支撑。发展改革委会同各相关部门邀请各重点领域技术专家、产业专家、知名学者和企业家,组成了由邬贺铨院士任主任的"互联网+"行动专家咨询委员会。该委员会在开展重大问题研究,加强监督评估,为科学决策提供强力支撑的同时,积极参与产学研用各界活动,协同推进"互联网+"的渗透应用。在能源领域,国家能源局牵头组建了能源互联网专家咨询委员会,推进"互联网+"智慧能源工作进展。

此外,发展改革委积极推进部省合作机制的建立,加强中央和地方"上下协同";会同相关部门组建中国"互联网+"联盟,推动强强联合,加强战略、技术、标准、市场等方面沟通协作,协同创新攻关。

二、持续组织实施"互联网+"重大工程

"互联网+"行动关键在于落实,重大工程已经成为我国破除"互联网+"融合渗透障碍、总结推广经验的重要抓手。"互联网+"行动实施以来,相关部门积极推动实施"互联网+"重大工程项目,有效引领产业转型升级。

持续推动实施"互联网+"重大工程。2015—2017 年,发展改革委连续开展"互联网+"相关重大工程项目建设,为"互联网+"融合

发展提供了有力支撑。2015年7月,发展改革委实施新兴产业重大工程包,重点开展信息消费、新型健康技术惠民、海洋工程装备、高技术服务业培育发展、高性能集成电路及产业创新能力等六大工程建设,均与"互联网+"行动紧密相关。2016年4月,发展改革委组织实施"互联网+"重大工程,利用中央基建投资,对综合利用物联网、云计算、下一代互联网、移动通信、大数据等新一代信息技术,及面向行业提供基础性、战略性公共服务的平台建设类项目给予重点支持。2016年12月,发展改革委组织实施2017年新一代信息基础设施建设工程和"互联网+"重大工程项目,其中"互联网+"重大工程包括"互联网+"协同制造云服务支撑平台、工业机器人智能系统、人工智能基础资源公共服务平台、支持数据开放服务的物联网管理平台和物联网广域通信网络系统。2017年10月,发展改革委启动了2018年"互联网+"、人工智能创新发展和数字经济试点重大工程,持续深入推进"互联网+"相关重大工程的组织实施。

强化"互联网+"工程项目资金支持。2015年以来,发展改革委积极推进重大工程项目库建设,利用中央基建投资等统筹支持示范带动性强的重点项目,持续推进"互联网+"行动。目前,"互联网+"重大工程已经建立了包括600多个中央和地方项目的项目库,总投资3200亿元。2016年以来,已经运用中央基建投资资金16亿元,重点支持了60个"互联网+"重大项目,推动一大批骨干企业实现了向"制造+服务"、"产品+服务"的转型升级。

此外,为充分调动地方积极性,发挥企业创造性,发展改革委综合运用改革政策先行先试、中央基建投资等手段,支持在全面创新改革试验区域、国家自主创新示范区等地,组织开展"互联网+"创新发展试点,围绕破除政策障碍、营造良好发展环境、培育新业态新模式、推动产业转型升级等方面,先行开展政策试点,探索未来发展路径。

三、着力建设"互联网+"创新网络体系

为加快突破"互联网+"关键核心技术及其产业化瓶颈,在"互联网+"行动统筹部署下,各部门重点建设了一批"互联网+"公共服务平台和创新能力提升平台,组织实施了一批重大科研项目,不断构建完善"互联网+"创新网络体系。

建设一批"互联网+"公共服务平台。2015年以来,各部门围绕促进资源集聚共享,助力中小微企业转型发展,重点支持建设了一批云计算、物联网等"互联网+"公共性、基础性服务平台,有效提升了对各行业实施"互联网+"行动的支撑能力。总体来看,在政务领域,各部门已经逐步构建实体政务大厅、网上办事大厅、移动客户端、自助终端等多种形式相结合、相统一的公共服务平台,为群众提供方便快捷的多样化服务,同时积极推进公共服务信息平台建设,加快推动跨部门、跨区域、跨行业涉及公共服务事项的信息互通共享、校验核对。具体来看,民政部创新养老服务和社区服务信息协同共享机制,构建一体化服务网络平台,并鼓励社会力量参与养老服务和社区服务信息网络平台建设;海关总署建设了全国海关一体化互联网政务服务平台,实现海关办事服务一号申请、一窗受理、一网通办。

打造一批"互联网+"创新能力提升平台。2016年8月,发展改革委启动实施"互联网+"领域创新能力建设专项,用2—3年时间建设一批"互联网+"国家工程实验室创新平台,突破一批关键技术并实现产业化,为"互联网+"领域相关技术创新提供支撑和服务,着力提高"互联网+"领域自主创新能力,促进"互联网+"产业快速发展。2016年以来,工业和信息化部推进国家制造业创新中心建设,目前已经建立动力电池和增材制造两家国家级制造业创新中心,并批复建设信息光电子创新中心。

表 4-1 2016 年"互联网+"领域创新能力建设专项

专项建设内容	专项建设重点
促进传统行业融合互联网	1. 智能化协同制造技术及应用国家工程实验室 2. 农产品质量安全追溯技术及应用国家工程实验室 3. 物流信息互通共享技术及应用国家工程实验室 4. 互联网医疗救治技术及应用国家工程实验室 5. 互联网教育关键技术及应用国家工程实验室
促进人工智能技术发展	1. 深度学习技术及应用国家工程实验室 2. 类脑智能技术及应用国家工程实验室 3. 虚拟现实/增强现实技术及应用国家工程实验室

资料来源:国家发展改革委办公厅关于请组织申报"互联网+"领域创新能力建设专项的通知(发改办高技〔2016〕1919 号)

实施一批重大科技研发项目。围绕加强核心芯片、高端服务器、操作系统等关键环节的技术研发和产业化,强化未来网络布局,各部门组织实施了一批重大科技研发项目。科技部通过核高基等国家重大专项,支持智能终端、工业控制、云计算等相关领域关键软硬件研发和产业化;通过 863、科技支撑计划支持物联网相关项目研究;在国家重点研发计划中优先启动部署"云计算和大数据"等重点专项,并于 2017 年 9 月启动了"互联网+放疗"重点研发计划立项。财政部通过中央财政科技计划对"互联网+"相关领域前沿技术研究、基础研究、重大关键共性技术等给予支持。工业和信息化部在 2017 年组织实施的国家科技重大专项中,与 5G 相关的科研项目达 24 个。

四、稳步开展"互联网+"试点示范项目

为加速"互联网+"在各领域的深度渗透应用,各部门广泛采用试点示范方式,推进各领域积极开展"互联网+"应用创新,引导"互联网+"以更快速度,在更广范围和更深层面推广普及。

稳步推进信息基础设施试点工程。2015 年以来,国家发展改革委、财政部和工业和信息化部等部门相继组织实施了"宽带乡村"试点工程和中小城市基础网络完善工程,完善电信普遍服务机制,不断

提升农村和中西部地区网络设施能力，为"互联网+"提供有力支撑。同时，相关部门持续推进物联网、云计算、大数据等重大应用示范，加快下一代互联网商用部署，积极布局未来网络，建设更加完善的传输、计算和感知三大信息基础设施。

积极推进各领域"互联网+"试点示范。各部门结合实际，引导开展分领域的"互联网+"试点示范项目。近三年，工业和信息化部在制造业与互联网融合发展、电信和互联网行业网络安全、智能制造等领域组织开展大量试点示范。发展改革委2017年重点支持北京、福建、重庆等16个地方的"互联网+政务服务"示范工程项目，同时会同相关部门开展国家智能化仓储物流示范基地、骨干物流信息平台试点。此外，国家能源局组织开展了首批55个"互联网+"智慧能源（能源互联网）项目示范，交通运输部推动实施新一代国家交通控制网及智慧公路试点、无车承运人试点、多式联运示范，原农业部开展信息进村入户工程整省推进示范，商务部组织了电子商务进农村综合示范和物流标准化试点，国家税务总局和原国家旅游局分别组织了"互联网+税务"试点示范和"互联网+旅游"示范，等等。

第三节　完善法规实现规范发展

按照国发〔2015〕40号文"落实加强网络信息保护和信息公开有关规定，加快推动制定网络安全、电子商务、个人信息保护、互联网信息服务管理等法律法规"的总体要求，结合"互联网+"融合发展的现实需要，相关部门不断推进法律法规建设，夯实制度基础，积极构筑与"互联网+"发展相适应的法制环境。

一、"互联网+"基础法律环境不断夯实

随着"互联网+"在经济社会各领域的加速渗透，暴露出日益严

峻的网络安全、数据管理、个人信息保护、版权保护、网络平台责任等问题,社会各界对共性问题的制度建设诉求迅速增加。为顺应发展需求,更好支撑"互联网+"行动迈向纵深,相关部门聚焦"互联网+"共性问题,不断加快相关法律的制修订。

(一)网络安全领域

安全与发展相互依存,"互联网+"的深入推进,尤其是在工业领域的深度推广,需要网络安全的保驾护航。我国高度重视网络安全立法工作,"互联网+"行动实施以来,相继制修订了《国家安全法》、《刑法修正案(九)》、《网络安全法》等网络安全相关重大法律。现行的法律体系已经从网络、设施、平台、应用、数据等多维度对网络安全管理进行规制,明确了网络安全管理体制、网络运营主体义务等内容,形成了基本覆盖网络安全各个领域的法律框架,为互联网在社会经济各领域的融合渗透提供了制度保障。网络安全领域立法工作的不断完善和发展,为"互联网+"具体行业立法提供了指导,也从基础制度上解决了各行业的网络安全保障问题。

初步确立国家网络空间主权原则。网络主权是国家主权在网络空间的体现和延伸,不仅保障了国家依法管理网络空间的责任和权利,而且对我国"互联网+"开放发展具有重要影响。《国家安全法》首次明确提出"网络空间主权"的概念,明确规定要加强网络管理,维护国家网络空间主权安全和发展利益。《网络空间国际合作战略》将"主权原则"作为网络空间国际交流合作的基本原则之一。《网络安全法》同样规定了"维护网络空间主权"。这表明我国主张在相互尊重国家主权的基础上开展合作,明确了我国处理网络空间事务的根本原则,为我国企业公平、深度参与共建"一带一路"倡议、加快开放发展步伐奠定了坚实的基础。

跨境数据流动正式纳入规范。"互联网+"的深入推进需要促进数据全球自由流动,但维护数据安全一定程度上又要求限制跨境数据流动。为了应对日益严峻的国际跨境数据流动风险,避免"互联网+"因数据监管问题止步不前,我国借鉴国际立法经验,在《网络安全法》中规定了"数据留存"制度,明确了关键信息基础设施领域个人信息和重要数据跨境传输的规则,既满足了"互联网+"持续健康发展所需的数据流动,又为数据这一战略性资源提供了安全保障。

着手建立关键信息基础设施保护制度。公共通信和信息服务、能源、交通、水利、金融等重要行业和领域都高度依赖网络,一旦遭到破坏将会造成严重后果。《网络安全法》根据实践需要,借鉴国际立法经验,对关键信息基础设施保护进行了规定,要求对重要行业和领域,以及其他一旦遭到破坏、丧失功能或者数据泄露,可能严重危害国家安全、国计民生、公共利益的关键信息基础设施,在网络安全等级保护制度的基础上,实行重点保护。同时,《网络安全法》明确了关键信息基础设施的运营者负有安全保护义务,并规定了国家安全审查、重要数据本地存储等法律制度,确保关键信息基础设施的运行安全,为企业深入推进"互联网+"提供了安全保障。

（二）个人信息保护领域

人人互联、万物互联是"互联网+"的前提和基础。随着"互联网+"的深入推进,"触网"人数迅猛增长,个人信息保护诉求与"互联网+"发展的矛盾愈发激化。为规范行业发展,保护个人权益,近年来我国逐渐强化对个人信息保护相关法律的制修订,基本确立起我国个人信息保护制度框架。具体包括:2012 年,《全国人民代表大会常务委员会关于加强网络信息保护的决定》首次以法律文件的形式明确规定保护公民个人及法人信息安全,建立网络身份管理制度。2013 年,工业和信息化部出台了《电信和互联网用户个人信息保护规定》,具体规定了电信业务经营者、互联网信息服务提供者收集、使用用户个人信息的规则和信息安全保障措施等要求。2016 年,《网络安全法》将个人信息保护纳入网络安全保护的范畴,其第四章

"网络信息安全"对个人信息保护问题作了专章规定。同时,《网络安全法》统一了"个人信息"的定义和范围,确立了个人信息收集使用的基本规则,规定了相关主体的个人信息保护义务。2015 年和 2017 年,《刑法修正案(九)》对个人信息保护相关立法进行持续完善。其中,2015 年将出售、非法提供公民个人信息罪和非法获取公民个人信息罪整合为"侵犯公民个人信息罪",2017 年针对该罪,最高人民法院、最高人民检察院发布了《关于办理侵犯公民个人信息刑事案件适用法律若干问题的解释》。

(三)网络平台责任

平台化发展是"互联网+"的重要特征,厘清网络平台相关各方责任,是进一步推动"互联网+"发展的关键。目前,国内在一些立法活动中已经开始关注网络平台管理问题,如《侵权责任法》明确了"通知删除"的避风港原则;《消费者权益保护法》规定消费者通过网络交易平台购买商品或者接受服务,其合法权益受到损害的,可以向销售者或者服务者要求赔偿;《电子商务法(草案)》中的网络平台责任是重点内容之一。此外,在"互联网+"金融立法中,也对网络平台责任十分关注,在《关于促进互联网金融健康发展的指导意见》、《非银行支付机构网络支付业务管理办法》、《网络借贷信息中介机构业务活动管理暂行办法》、《私募股权众筹融资管理办法(试行)》(征求意见稿)等立法中都有提及。

二、重点领域"互联网+"立法稳步推进

"互联网+"深入推进,催生大量融合性新业态,与既有法律的不适应日益突出。特别是网络约租车、互联网金融、网络医疗、网络教育等传统的高管制行业,均不同程度地暴露出法律法规与新业态的冲突问题。为化解矛盾、营造健康环境,相关部门积极推动出台融合性法律法规以及管理条例等规范性文件。

（一）网络约租车

网络约租车是"互联网+"催生的重要新业态之一。在发展初期，网络约租车立法监管基本处于空白阶段，出现了司机资质审核不严、交通违章、司乘冲突、恶性侵害等问题，传统的交通领域管理规定难以应对。2016年7月，交通部等七部委联合发布《网络预约出租汽车经营服务管理暂行办法》（交通运输部 工业和信息化部 公安部 商务部 工商总局 质检总局 国家网信办令2016年第60号，以下简称《暂行办法》），这是全球第一个从国家层面承认网约车合法化的法规。《暂行办法》分别对准入管理、运营保障、网络安全、个人信息保护等问题作出了规范。准入管理方面，为网约车设置了一个新的运营登记种类——"预约出租客运"；运营保障方面，对车辆、驾驶员、网约车平台公司等分别提出了管理要求；网络安全方面，明确加强安全管理，落实运营、网络等安全防范措施，严格数据安全保护和管理，提高安全防范和抗风险能力等；个人信息保护方面，明确了收集、使用用户信息的规则等。

（二）互联网金融

"互联网+"在金融行业的渗透应用催生了互联网金融新业态，为规范互联网金融发展，规避系统性金融风险，2015年十部门出台了《关于促进互联网金融健康发展的指导意见》（银发〔2015〕221号），对互联网金融总体发展作出规范。与此同时，互联网支付、网络借贷、股权众筹、金融产品销售等互联网金融业务也逐步被纳入监管范围，各监管部门相继研究细化了准入政策和管理政策。比如，互联网支付领域出台了《非银行支付机构网络支付业务管理办法》（中国人民银行公告〔2015〕第43号），网络借贷领域出台了《网络借贷信息中介机构业务活动管理暂行办法》（银监会令〔2016〕1号），股权众筹领域的《私募股权众筹融资管理办法（试行）》正在征求意见，金融产品销售领域已经出台了《商业银行理财产品销售管理办法》(银监会令 2011 年第 5 号)、《证券公司代销金融产品管理规定》(证监会公告〔2012〕34 号)。总体看,目前互联网金融领域的立法活动已对准入管理都作出了明确的要求,在各业务监管方面,对网络安全、个人信息保护、平台责任等也都提出了相应的监管要求。

(三)电子商务

相对电子商务市场的快速发展,国内电子商务立法进程则相对较慢,2017 年相关立法活动才逐步升温。目前,《电子商务法》已列入全国人大立法规划,并通过了全国人大两次审议。《消费者权益保护法》、《广告法》等相关立法修订针对网络交易的管理问题做出了少量规定。《消费者权益保护法》(2014 年修订)中规定,消费者通过网络交易平台购买商品或者接受服务其合法权益受到损害的,可以向销售者或者服务者要求赔偿。《反不正当竞争法》(2017 年修订)增加了互联网条款,禁止经营者利用网络从事生产经营活动中的不正当竞争行为。《广告法》(2015 年修订)中规定了广告发布者责任,要求互联网信息服务提供者对其明知或者应知的利用其场所或者信息传输、发布平台发送、发布违法广告的,应予以制止。《互联网广告管理暂行办法》(工商总局令第 87 号)对互联网广告主、广告经营者、广告发布者等从事互联网广告活动进行了规范。

此外,针对网络医疗和网络教育等"互联网+"益民服务的重要领域,相关法律制度的构建在积极探索中。为引导其有序发展,系列规范性文件陆续出台。在网络医疗领域出台了《关于促进健康服务业发展的若干意见》、《互联网食品药品经营监督管理办法(征求意见稿)》等;在网络教育领域陆续发布了《关于支持若干所高等学校建设网络教育学院开展现代远程教育试点工作的几点意见》、《关于加强对教育网站和网校进行管理的公告》、《教育部现代远程教育工程资源建设实施意见》等；围绕"互联网+"人工智能，相关的民事与刑事责任确认、隐私和产权保护、信息安全利用等法律问题研究也已开展，重点围绕自动驾驶、服务机器人等应用基础较好的细分领域，加快研究制定相关安全管理法规。

第五章　发展实践亮点纷呈

按照国发〔2015〕40号文的总体部署,各地方、各行业开阔思路,创新理念,结合区域资源禀赋、产业发展特色、自身发展需求等,围绕创业创新、协同制造、现代农业、智慧能源、普惠金融、益民服务、高效物流、电子商务、便捷交通、绿色生态、人工智能等领域深入推进"互联网+"行动。此部分聚焦"互联网+"11个重点领域,划分为驱动转型升级(协同制造、现代农业、智慧能源、高效物流)、催生新兴业态(普惠金融、电子商务)、助力普惠民生(益民服务、便捷交通、绿色生态)和重筑发展基础(创业创新、人工智能)四类,分别列举相关行业领域拥抱"互联网+"实现转型升级的典型案例和成功实践。

第一节　"互联网+"驱动转型升级

案例1　航天科工:工业互联网平台,构建"互联网+智能制造"的生态系统

中国航天科工集团公司

导读:中国航天科工集团公司以"信息互通、资源共享、能力协同、开放合作、互利共赢"为核心理念,以"互联网+先进制造"为发展方向,开放整合航天科工与社会资源能力,建设运营工业互联网平台——航天云网。航天云网以技术创新、商业模式创新和管理创新

为重要措施,针对我国产业转型升级四类模式,构建"平台门户、云制造、大数据应用、创新创业、工业品共享中心"等20类产业服务业务,形成"互联网+先进制造"系统解决方案,强化技术创新引领作用,大力推进创新创业,在探索实践中取得了显著成效,为我国工业互联网建设奠定了坚实基础。

一、基本情况

（一）企业情况

中国航天科工集团公司（以下简称航天科工）是中央直接管理的国有特大型高科技企业,拥有专业门类配套齐全的科研生产体系,在装备制造与信息技术领域拥有尖端的产业技术优势,具备发展工业互联网的基础和能力。航天云网科技发展有限责任公司（以下简称航天云网公司）是航天科工所属高科技互联网公司,秉承创新、协调、绿色、开放、共享的发展理念,深入贯彻落实"互联网+先进制造"、"中国制造2025"及"大众创业、万众创新"等国家部署,倾力打造航天云网。航天云网公司主要提供以云制造生态建设为愿景、以工业互联网平台门户服务为基础、以生产性服务为桥梁、以智能制造服务为核心、以大数据服务为支撑的"互联网+先进制造"产品和服务。

（二）项目情况

航天云网以"信息互通、资源共享、能力协同、开放合作、互利共赢"为核心理念,以构筑全球领先的国家制造业体系为企业使命,以"互联网+先进制造"为发展方向,以提供覆盖产业链全过程和全要素的生产性服务为主线,以技术创新、商业模式创新和管理创新为重要战略举措,基于航天科工李伯虎院士在国际上率先提出的云制造理论基础及实践经验,依托航天科工雄厚的创新和制造资源,整合社会优质产业资源,构建以"制造与服务相结合、线上与线下相结合、创新与创业相结合"为特征,适应互联网经济与新型工业体系的航天云网生态系统,建设支撑中国制造业转型升级的工业互联网主平台,支持制造强国、网络强国建设。

经过三年多的发展,航天云网平台构建了由 155 款软件、2.46 万项专利、3.58 万份标准、49 名专家组成的云资源池,完成了 5664 家企业质量认证服务,已汇聚 297 家企业及团队,共计 574 款工业 APP 产品。2016 年,航天云网公司实现营业收入 64,161.32 万元,利润总额 3,004.80 万元,经济增加值 4,590.85 万元,充分发挥了对中国工业互联网的引领作用。

二、主要做法

新一轮科技革命和产业变革已经拉开帷幕,工业互联网作为云计算、大数据等新一代信息技术与制造业深度融合的产物,是推动制造业网络化、数字化、智能化发展的关键基础和动力,日益成为各国竞相抢占的竞争制高点。航天科工主动肩负探索建设中国工业互联网的历史使命,承担维护国家制造业主权的社会责任,全力打造基于"互联网+先进制造"的航天云网平台,对促进制造业转型升级、探索企业双创基地建设、实现提质增效具有重要意义。

(一)强化技术创新引领

航天科工高度重视技术创新工作,系统研究工业互联网技术标准和产业体系,组织航天云网平台建设。航天云网获发展改革委批准牵头建设工业大数据应用技术国家工程实验室,开展工业大数据技术研究,采集分析工业大数据。建成运营安全可控的航天云网数据中心,通过了信息系统安全等级保护三级测评。作为复杂产品智能制造系统技术国家重点实验室的支撑单位,航天云网公司研发创新具有自主知识产权的"智慧云制造"核心技术,围绕大数据、信息安全、数据中心运营服务等工业互联网关键技术,加快组建专业技术团队,重点开展面向工业制造应用领域的技术研发,加强与线上服务平台类企业合作,推进基于 INDICS+CMSS 架构的平台整合,深化平台架构功能开发,实现 INDICS+CMSS 平台对各项产品业务的支撑。深入开发智能制造、协同制造、云制造平台级与系统级核心软件,完善平台 APP 应用。利用 AOP 开放平台,以 INDICS-API 为核心构建工业应用生态,完善 INDICS-API 接口,向上支持应用开发和管理,向下支持设备、信息系统及资源能力的接入。开展 CMSS 云制造支撑系统应用流程和集成总线等关键技术的研发,支撑应用全生命周期云端流程化、集成化部署和运行,为线上服务平台类企业及各类业务嵌入云平台企业提供接口服务。

航天云网公司着力开展"互联网+先进制造"标准体系研究,支撑国家工业互联网标准编制和验证工作,抢占技术制高点。已发布《云制造术语》国家标准,加快推进航天科工集团标准制定,编制完成了《云制造服务平台术语》、《云制造服务平台体系架构要求》、《云制造服务平台信息安全防护体系管理要求》等集团标准,正在开展智能工厂服务架构、云生产服务、云制造资源能力服务、云协作管理等集团标准制定,积极申报国家及国际标准。

(二)探索商业模式创新

强化航天云网顶层设计,深入开展航天云网商业模式论证研究,系统研究航天云网线上与线下结合的产品服务体系,拓展航天云网线上平台支撑和线下服务的产业链条。进一步策划资本运作方案,以商业模式为指引,启动公司收并购、固定资产投资、产业基金等重点工作,重构航天科工产业竞争优势和能力,培育发展"互联网+"新经济业态,并率先在航天科工内部开展商业模式落地实践。

推进以航天云网门户平台、专有云平台、智慧企业运行平台为核心的三大平台建设,构筑航天云网"互联网+"新经济业态平台体系。通过航天云网门户平台,打通航天科工与社会市场资源,建设实体企业双向服务的枢纽和桥梁,向社会用户开放分享航天科工优势资源;通过航天科工专有云平台,推动集团内部资源软整合,发挥各专业龙头单位牵引支撑作用,实现航天科工资源优化配置,重构产业核心竞争力;通过航天科工智慧企业运行平台,全面推进智慧企业建设,提升企业创新能力,增强企业对经营环境与市场需求变化的自适应能力,高效优质地满足个性化、多样化、定制化的市场需求。

通过探索实践经验总结,并充分结合我国制造业发展阶段和实际需求,针对小微企业、中小企业、大企业和国际化企业四类典型客户,航天云网主要提供四类服务模式:小微企业服务模式,促进创新创业企业向正常经营转化提升;中小企业服务模式,促进企业从同质化的工业 2.0 向专业化的工业 3.0 提升;大企业服务模式,促进企业从专业化的工业 3.0 向智能化的工业 4.0 提升;跨国企业服务模式,促进企业从本土型向跨国型迁移提升。

三、主要成效

航天云网建设发展取得积极成效。截至 2017 年 10 月 31 日,航天云网国内注册用户数 101.90 万,访问量 721.47 万次。云平台接入设备 5.35 万台,日常在线设备 6958 台,采集工业数据 163TB,处理工业数据 5221TB。发布协作需求 2431.39 亿元,协作成功 1014.89 亿元。国际注册用户 7330 家,其中境外用户 6201 家;发布能力 167 条,发布协作需求 804 条,产品发布 1743 条,发布采购招标需求 787 条;境外发布需求额为 124921.00 万美元;线上外协成交额为 5072.06 万美元;线上销售成交额为 2229.79 万美元。

(一)形成了国内领先的工业互联网核心能力

航天云网公司于 2017 年 6 月 15 日面向全球发布中国首个工业互联网平台——INDICS,提供开放的云服务架构、先进的工业大数据引擎、安全的云数据中心、面向产业链的 APP 服务、高兼容的网关接入支持以及全面规范的标准支持,已开放 200 余种 API 应用开发接口服务。航天云网作为国家工业互联网验证示范平台,加快工业互联网标准架构及标准拟制:1 项国际标准已通过国标委批准报至国际电工委员会;完成了2项国家标准立项,参与4项国家标准制定;编制发布了2项集团公司标准及16项公司标准。公司目前正在加快核心技术自主研发,以知识产权增强市场竞争力,现拥有各类知识产权123项。

（二）构建线上线下结合的工业互联网服务体系

基于航天云网INDICS平台,面向用户提供平台建设运营、企业信息化和智能化改造、工业大数据、创新创业等二十大类产品和服务。以航天云网为主门户,以云制造、双创、共享中心等平台为核心,以贵州、内蒙古等工业云为区域布局,以南康家具网、横沥模具云等行业云为专业特色,以英语、德语、波斯语等国际云为国际化窗口,航天云网门户体系布局初步形成。

航天云网公司建立智能化改造"1＋10＋N"和"2＋S＋M"服务体系,全力推进云平台设备接入、业务嵌入工作,平台连接上线设备超过2.5万台。航天云网获发展改革委批复为工业大数据应用技术国家工程实验室,开展工业大数据技术研究,采集分析工业大数据。建成运营安全可控的航天云网数据中心,通过了信息系统安全等级保护三级测评。

航天云网公司加快建设国家级双创示范基地,通过完善线上与线下结合的"双创"服务体系,协助40余个社会双创项目与航天科工内部资源对接,加快促进军民融合发展。承建共青团中央全国青年创新创业云平台、国资委央企双创平台,已上线"双创"项目超过2.7万个。航天云网获批为工业和信息化部首批国家级制造业"双创"平台试点示范项目。

（三）营造了良好的产业发展生态环境

统筹区域战略布局。完成了北京、江西、贵州、四川、内蒙古、浙江、江苏等10个国内区域落地,与地方政府共建常州云制造先导中心、宁波云制造示范基地,承建了贵州工业云、内蒙古工业云、安徽工业云、四川省军民融合平台等地方云平台,其中江西康居网"互联网+家具"行业云获批为工业和信息化部服务型制造示范平台。

国际化业务取得突破。航天云网 INDICS 与西门子 MindSphere 平台深入合作,已在 IOT2000 设备、工业互联网相关标准等领域展开密切合作,联合共建的基于云平台的工厂智能化改造项目,获批为工业和信息化部首批中德智能制造合作试点示范项目。此外,公司牵头成立了中德智能制造云平台联盟,推动中德两国在工业云领域务实合作,目前航天云网项目已在德国、伊朗落地。

品牌影响力显著提升。航天云网获批为国有资本金预算项目、发展改革委"互联网+"重大工程、发展改革委双创示范基地、工业和信息化部工业转型升级项目、工业和信息化部首批智能制造试点示范项目。荣获中国管理科学学会管理科学奖,入选发展改革委中国"互联网+"行动百佳实践案例,品牌价值和影响力快速提升。

(四)初步构建了绿色智能的云制造生态

依托工业互联网平台,对制造业进行再分工、对制造资源进行再分配、对市场需求进行再平衡,形成互联网时代的新型生产方式,对生态系统各组成单位进行功能定位,以"去产业中心、去垂直体制、去企业短板"为原则开展精细化的专业分工,让最专业的企业承担最专业的任务,做最符合用户需求的产品,提供最优质的服务,达到"企业有组织、资源无边界"的新境界,有效化解生产性社会资源重复配置甚至错配问题。

打造航天云网工业互联网平台,构建"互联网+先进制造"生态系统,将进一步深化互联网与制造业的融合发展,激发创新创业发展活力,发展适应互联网经济的制造业新业态,构筑起全球领先的中国制造业技术标准及产业体系,有力支撑我国建设成为制造强国,向成就中国梦阔步前进。

案例 2　潍柴动力：全流程智慧企业，
满足客户个性化定制需求

潍柴动力股份有限公司

导读：潍柴动力股份有限公司作为传统制造业的龙头企业，在新一轮的"互联网＋"转型浪潮中，坚持以"互联网＋先进制造"为核心理念，以智能制造为主攻方向，通过将大数据、云计算、人工智能等新一代信息技术融入企业研发、生产、销售、服务等运营全过程，打造成为数字化的智慧企业；通过推动以客户价值为牵引的五大核心业务流程端到端贯通，优化企业资源配置、大幅提升运营效率，真正为客户带来了全方位全过程的个性化定制服务，实现了企业由生产型制造向服务型制造的转变，为企业开辟了后市场服务的创新商业模式。潍柴动力股份有限公司对"互联网＋"的创新探索，带动了行业的智能制造水平，为我国"互联网＋先进制造"树立了标杆。

一、基本情况

潍柴动力股份有限公司（以下简称潍柴动力）成立于 2002 年，由潍柴控股集团有限公司作为主发起人、联合境内外投资者创建而成。潍柴动力资产总额 1640 亿元，全球拥有员工 4.2 万人（不含凯傲）。2016 年，潍柴动力实现销售收入 931.8 亿元，利润总额 46.4 亿元。潍柴动力拥有现代化的"国家级企业技术中心"及国内一流水平的产品实验中心，设有"博士后工作站"，在美国、欧洲，以及中国潍坊、上海、重庆、扬州、西安等地建立了研发中心，确保企业技术水平始终紧跟世界前沿。依托全球领先的研发平台，潍柴动力先后承担和参与了 22 个国家"863 项目"、科技支撑计划、国际合作计划、科技攻关项目和 7 个省级重大项目，获得产品和技术授权专利 1437 项，主持和参与国家、行业标准制定 45 项。

潍柴动力是一家跨领域、跨行业经营的国际化公司。潍柴动力始终坚持产品经营、资本运营双轮驱动的运营策略,致力于打造最具成本、技术和品质三大核心竞争力的产品,成功构筑了动力总成(发动机、变速箱、车桥)、整车整机、液压控制和汽车零部件四大产业板块协同发展的新格局,形成了全国汽车行业最完整、最富竞争力的产业链,拥有工程机械行业最核心的技术和产品,发展成为中国综合实力最强的汽车及装备制造产业集团之一。潍柴动力近三年营业利润如下表所示。

潍柴动力近三年营业收入及利润表　　　　(单位:万元)

年　份	营业收入	利　润
2014 年	7963716.15	696569.56
2015 年	7371991.58	308341.99
2016 年	9318352.13	411830.76

近年来,潍柴动力深耕国内业务,坚持创新驱动,形成了全系列全领域发动机配套格局,掌握了 ECU、液压等关键核心技术;大力拓展海外业务,参与国际竞争,在德国、美国、法国、意大利、印度等地进行战略并购、设立前沿技术研发中心、建立海外工厂,使潍柴动力的产品竞争力和品牌知名度不断提升。

潍柴动力坚持以信息化带动工业化、以工业化促进信息化,走新型工业化道路,取得了一定成效,并得到了国家相关部委的认可和支持。2013 年,潍柴动力以机械行业第一名成功入选“两化深度融合试点示范企业”,参与起草“两化融合管理体系”,积极承担“数字化车间项目”,并顺利通过验收。2015 年,潍柴动力成功入选工业和信息化部智能制造试点示范项目。2017 年 1 月,潍柴动力积极承担了由国家发展改革委组织的 2017 年新一代信息基础设施建设工程和“互联网+”重大工程项目。

二、主要做法

潍柴动力选取"一号工厂",利用 CPS、云计算、大数据等新一代信息技术,建立以工业通信网络为基础、装备智能化为核心的智能工厂,培育以网络协同、柔性敏捷制造等为特征的智能制造新模式,探索智能制造新业态,"低成本、高效率、高质量"地满足客户个性化定制需求,为客户创造超预期的价值。

(一)通过设备/生产线和工艺的智能化升级以及车间级工业通信网络基础环境搭建,使车间具备充分的柔性化生产能力

目前潍柴动力已拥有美国、德国、日本等国际最先进的数字化生产设备及生产线,能够生产 3000 多种订货号的不同功率、规格、样式的发动机,具有较好的硬件基础;并且通过自主研发的 MES 平台,实现了关键设备、产品生产过程的在线监控、记录,比如所有的产品关键零部件都能清晰地记录来自哪个厂家、哪个批次、由哪个员工在什么时间装配,建立了完善的电子档案信息,具备了较好的软件基础。在此基础上,按照 CPS 的 3C(Computing,Communication,Control)技术标准体系,进一步对现有离散制造智能工厂的 7 个车间和 11 条生产线,进行智能化升级改造。同时,潍柴动力采用工业互联技术建立了车间级工业通信网络,构建互联互通的基础环境,从而实现了工厂内部的系统、装备、产品及人员之间的信息互联互通,充分采集制造进度、现场操作、质量检验、设备状态等生产现场信息,并与车间制造执行系统实现数据集成和分析。最终使智能工厂中整套装备系统和生产线具有了环境感知、嵌入式计算、网络通信、精确控制、远程协作和自治等功能。

(二)建设潍柴智能协同云设计平台,通过研发、供应链及服务协同,推动产业链的协同增效,实现价值最大化

潍柴动力目前已在全球范围内建立了"五国十地"的研发中心,包括上海的整机匹配技术研发中心、重庆的中高速机和 MPV 研发中

心、西安的重卡研发和重型变速器研发中心、潍坊的高速发动机及整车匹配研发中心、扬州的客车及小功率动力研发、杭州的运算中心，此外还有布局在国外的美国芝加哥前沿技术研发中心、德国威斯巴登的叉车和液压研发中心、意大利弗利的豪华游艇研发中心、法国马赛的整机研发中心。同时，潍柴动力还建设了具有潍柴特色的全球协同研发平台，供内部不同国度、不同时段、不同语言、不同设计工具的研发工程师在同一平台进行协同设计。为了更进一步加快研发速度，提高设计质量，从设计源头开始控制产品成本，加强企业对产品的全面管控。潍柴动力又联合上游具有较强研发能力的供应商成立"研发共同体"，同时搭建供应商协同设计平台。"研发共同体"的成立和供应商协同设计平台的建设不仅在日常发动机研发过程中，实现了潍柴动力与上游供应商的良好协同，而且在承担国家新能源客车研发任务时，实现客车、发动机、变速箱、车桥、轮胎等产业链企业在协同研发平台中共同工作、信息共享，取得预期的效果。

搭建供应链协同平台，通过供应链信息的共享互联，如仓储信息、物流信息等，实现供应链整体拥有最低成本。搭建协同服务平台，通过将潍柴动力300万保有量的客户及4000余家维修站、经销商纳入一体化服务体系，为客户提供一站式服务解决方案。此外，目前潍柴动力正积极研发自主的ECU产品，通过对发动机运行过程参数的在线远程监测、分析与控制，实现预防性维修、智能化省油控制、油耗统计分析及融资贷款支持服务等，为客户创造更大价值。

（三）通过以客户价值为牵引的核心业务流程的纵向集成，优化企业内资源配置、消除职能壁垒，大幅提升运营效率

装备制造行业正在经历由卖方市场到买方市场的转变，企业必须更加关注客户价值，并具备对客户需求的快速响应能力。潍柴动力一直致力于5个以客户为中心的端到端业务流程的贯通，即客户洞察到产品组合、客户意向到客户订单、客户订单到产品交付、客户

服务诉求到问题解决,并通过战略到落地的 KPI 考核体系落实到每一位员工的个人绩效合约中。在过去的十年间,潍柴建立了覆盖全价值链的"6+N+X"(业务运营平台+管理平台+基础平台)的信息化支撑平台,支撑业务流程的高效运营:通过产品全生命周期管理平台 PLM,支撑了企业"五国十二地"的全球协同研发;通过 ERP 和 MES 平台支撑了潍坊、重庆、扬州的协同网络化制造;通过客户关系管理平台 CRM,实现售后服务费用大幅降低,目前服务费用已经从 10 亿元降低到 7 亿元。通过成本精益系统(统计精细化),潍柴能精确地掌握潍柴动力年产几十万台发动机中每一台发动机的实际成本,为管理提升与优化提供数据支撑。这为潍柴动力的跨越式发展提供了强有力的保障,也是未来潍柴动力实现智能制造的软实力。

(四)建设潍柴智能管理与决策平台,通过各大系统无缝集成,实现智能工厂科学管理,全面提升运营精细化水平

潍柴动力采用信息物理融合 CPS、高精度感知控制、虚拟设备集成总线、云计算与大数据和新型人机交互等先进信息技术来达成全流程信息交互。

建立智能工厂的统一智能管理与决策分析平台,无缝集成与优化企业的虚拟设计、工艺管理 WPM、制造执行 MES、质量管理 QMS、设备远程维护、能耗监测、环境监控和供应链 SCP 等,实现智能工厂的科学管理,全面提升智能工厂的工艺流程改进、资源配置优化、设备远程维护、在线设备故障预警与处理、生产管理精细化等水平。

三、经验效果

"互联网+制造业"就是把互联网的创新成果与制造业领域深度融合,推动技术进步、效率提升和组织变革,提升实体经济创新力和生产力,形成更广泛的以互联网为基础设施和创新要素的工业企业发展新形态。这在潍柴动力得到了充分体现。

潍柴动力产品研发以互联网为基础,在全球范围搭建了"五国

十地"协同研发平台,提升新产品研发效率 20%以上。以生产配套海监船的发动机为例,通过北美先进排放技术研究、潍坊和法国博杜安研发中心协同设计、杭州仿真验证的四地协同研发模式,研发周期由原来的 24 个月缩减至 18 个月,整体研发效率提升 25%。生产制造打造发动机数字化生产车间,以潍柴动力 WP10/12 系列发动机生产车间为例,关键设备数控化率达到 80%,生产效率提高 30%,年产能达到 40 万台;能耗降低 30%,人员减少 40%。

潍柴动力正在开展的智能制造基地建设与互联网密不可分。互联网将继续在研发、工艺、制造、销售、服务、管理方面发挥更大功效,在终端层、传输层、平台层、应用层、决策层充分利用互联网优势,进行商业模式、运营模式、业务模式创新。

潍柴动力智能制造基地建设,当前取得的成效得益于两大建设思路。

(一)深刻理解国家推行"互联网+"的重大意义,体现对互联网的主动性思维

智能制造基地的建设过程正是企业两化深度融合的过程,伴随着重大的管理变革和流程再造,需要通过互联网技术落地实现。在"互联网+制造"建设过程中,要始终坚持业务导向和问题导向,每一项工作,都要想清楚解决什么问题,对业务提升多少,并按照业务的重要程度和实施难度对问题解决的先后进行排序,保证价值较高而实施难度较低的问题优先解决,提高投入产出比。

(二)企业两化融合与企业战略密切结合,并形成规划扎实推进

如果没有一个强有力的组织,智能制造基地建设工作将举步维艰且效果不佳。两化融合工作是企业整体变革创新的重要内容,是"一把手工程",企业需要成立一个两化融合推进组织,负责整体的两化融合推进工作,根据行业最佳实践,结合企业自身特点,编制企业基于两化融合要求的战略规划,并推动规划在企业范围形成统一

认识。同时,每年及时更新信息化战略、年度建设计划及预算,对重大项目进行评审把关,保障两化融合工作与企业战略有效衔接。

案例3 北京农信互联:猪联网,创建"互联网+养猪"生态圈

北京农信互联科技有限公司

导读:针对我国养猪业存在的问题和弊端,北京农信互联科技有限公司创造性地通过移动互联网、物联网、云计算、大数据等技术手段与传统养猪业进行深度融合,创建了生猪产业链大数据服务平台——猪联网,为猪场提供猪服务、猪交易、猪金融等一系列服务,形成"管理数字化、业务电商化、发展金融化、产业生态化"的商业模式,为养猪户打造了一个360°的智能化服务体系。北京农信互联科技有限公司已成为国内服务养猪户最多、覆盖猪头数规模最大的"互联网+"养猪服务平台。猪联网的建设将实现"互联网+健康养殖"的跨界融合,以数据驱动生猪全产业链变革升级,适当抚平猪周期,为国家生猪产业的宏观调控提供决策数据支持。

一、基本情况

(一)北京农信互联科技有限公司介绍

北京农信互联科技有限公司(以下简称农信互联)是大北农集团控股的一家农业互联网高科技企业,全面承担"智慧大北农"战略的实施,以"用互联网改变农业"为使命,专注于农业互联网金融生态圈建设,致力于成为全球最大农业互联网平台运营商,推动中国农业智慧化转型升级。

农信互联以"农信网"为互联网总入口,"智农通"APP 为移动端总入口,已经初步建成"数据+电商+金融"三大核心业务平台,形成"三网一通"产品链,构成了从 PC 端到手机端的快乐生态圈,实现对农业相关产业全链条的平台服务。

（二）猪联网介绍

在党中央、国务院深化供给侧结构性改革的要求下,针对我国养猪业存在的问题和弊端,农信互联创造性的通过移动互联网、物联网、云计算、大数据等技术手段与传统养猪业进行深度融合,创建了生猪产业链大数据服务平台——猪联网,为养猪户打造了一个360°的智能化服务体系。

猪联网作为农信互联推出的智慧养猪战略核心平台,专注于猪业互联网生态圈建设,通过猪服务、畜牧市场、国家级生猪交易市场、猪金融等产品贯穿从生产资料企业到屠宰场的整个产业链的生产、经营和管理等环节;将与猪相关的养猪人、猪贸易商、屠宰场、饲料兽药厂商、中间商、金融机构等主体通过互联网联接形成闭环,变外部产业链为内部生态链,形成猪友圈,构建智慧养猪生态圈,开创了"互联网+"时代的智慧养猪新模式。

"猪联网"包括猪服务、猪交易与猪金融三大核心平台。猪服务是入口级产品;猪交易把产业链链接起来,形成内部生态链;猪金融为用户提供金融增值服务。从大数据到电子商务到金融,实现了从入口到整个产业生态链的整合,最终形成服务全国生猪行业的公共服务平台。

二、主要做法

我国生猪养殖存在规模偏小、分散、管理水平落后、出栏到消费环节过多、交易成本高、效率低且不易追溯、农业征信体系缺失、养猪户无可抵押物、贷款困难、价格波动剧烈、养殖风险高等问题。为解决上述问题,农信互联利用多年来在生猪领域积累的经验和数据,创建了专门针对生猪产业的互联网平台——猪联网,形成"管理数字化、业务电商化、发展金融化、产业生态化"的商业模式,为猪场提供猪服务、猪交易、猪金融等服务,以促进我国生猪产业转型升级,实现生猪产业供给侧改革与创新,使"互联网+生猪产业"成为我国农业经济创新驱动的重要领域。

(一)猪服务:国内最大的互联网养猪 SaaS 平台

猪服务是专门为生猪养殖企业、养猪户等用户开发的日常生产经营管理工具,为从业者提供市场信息、猪场管理、物资管理、财务管理、技术培训、猪价查询、猪病远程诊断和养猪知识学习等一系列服务,提升单头生猪的盈利能力,同时通过平台全方位了解猪场信息,建立生猪养殖大数据。

1.猪场管理系统。猪场管理系统以猪养殖周期为基础,帮助猪场轻松实现规范化管理和精细化生产,为养殖户提供个性化的日常管理决策支持。猪场管理系统详细记录了每头猪的出生、转舍、配种、分娩、免疫、销售等相关生产数据,对生产事件进行提示和预警,并对生产指标进行实时分析,生成标准化、专业化、图形化、可视化的生产报表,帮助猪场管理人员明晰猪场的生产状况,合理安排生产。同时,结合物资管理和财务管理,为猪场管理人员提供自动实时的经营绩效分析,为养殖户的经营决策提供数据支持。此外,农信互联还可结合猪场管理系统,根据养殖人员需求提供定制化服务,包括员工培训、生产数据分析等,通过专业服务进一步提升猪场经营绩效。

2.行情宝。农信互联自主开发的互联网行情发布产品——行情宝,是一款针对生猪价格的波动性、区域性、阶段性等特征,为养殖户及猪产业链相关主体提供生猪及大宗原材料价格跟踪和行情分析的应用。当前,行情宝的价格数据主要来自猪联网猪场出栏价和生猪交易市场生猪成交价,生猪价格的真实性和准确性极高。用户可以随时随地了解全国各个地区生猪价格、猪粮比、大宗原材料价格、行情资讯、每日猪评等信息,合理安排采购、生产和销售计划,极大地降低了生产与交易的盲目性。

在此基础上,2017 年 5 月,农信互联与重庆农信生猪交易有限公司共同发布了全国覆盖范围最广、数据真实可信的生猪市场(交易)价格指数。该指数以国家级生猪交易市场的真实交易数据为依托,以交易量和交易价格作为数据基础,样本选取范围覆盖20个省、直辖市,能够综合测度、全面反映我国生猪交易价格整体水平及变化,反映生猪供求关系,为生猪养殖企业、养殖户、猪肉屠宰加工业及上下游产业和政府提供借鉴参考,也将对减轻"猪周期"危害、推动生猪期货上市起到积极作用。

3. 猪病通。为减轻生猪养殖行业疫病的危害,提升从业者养殖水平,农信互联利用大数据分析和建模技术,研发了"猪病通"平台,面向全国养殖户、业务人员、经销商、兽医、技术员等行业人员提供猪病多终端自动、远程诊断服务及交流学习机会。目前,猪病通平台主要包括猪病远程自动诊断、兽医在线问答、猪病预警、智农通课堂及检测平台等五大系统。

同时,农信互联参与了国家重点研发计划"猪重要疫病远程诊断技术研究",利用计算机网络技术、多媒体技术并与现代兽医技术集成、创新,实现猪疫病的同步诊断和异步诊断,持续提升服务能力。

(二)猪交易:生猪交易平台

猪交易是面向生猪产业链中生产资料生产企业、经销商、猪场、猪贸易商、屠宰场等各个生产经营主体提供的交易平台,旨在解决交易信息不对称、交易链条过长、产品品质无法保证、交易成本居高不下、交易体验差等问题。猪交易目前包括两大板块:连接生产资料生产企业和猪场的"畜牧市场",以及连接猪场与屠宰场的"生猪交易市场"。

1. 畜牧市场。畜牧市场汇集了饲料、原料、动保产品、养殖设备等生产资料的知名生产商和经销商在平台开设店铺,上线千余种优质商品,为养殖户提供一站式采购服务。养殖户线上下单,厂家线下配送,生产资料采购变得更为简单方便。为了保障交易的真实性和产品质量,畜牧市场采用保证金模式,有效约束了卖家行为,保护了用户利益。同时,畜牧市场推出"农信优选",用大数据帮助用户采购。通过利用农信云积累的大数据,选择或开发质优价廉的产品作为"优选商品",根据用户采购记录和浏览记录进行推荐,并能够就近撮合,减少了中间环节和物流成本,切实保障用户买到优质优价的商品。

2. 国家级生猪交易市场。国家级重庆(荣昌)生猪交易市场是原农业部和重庆市人民政府按照国家"十二五"规划布局的全国唯一的国家级生猪交易大市场,旨在打造我国生猪产业航空母舰,破解猪周期的魔咒,促进我国生猪产业健康稳定可持续发展。市场由代表市场承建地政府(重庆荣昌区政府)的国有企业——重庆科牧科技有限公司、北京农信互联科技有限公司共同出资组建的重庆农信生猪交易有限公司负责建设运营。市场结合传统生猪流通行业的特点,借助移动互联网及电子商务的先进技术,在成功解决线上交易标准、疫病防控及实物交割三大难题的基础上,以 SPEM 为线上平台,以生猪调出大县为线下平台,实现生猪活体电子商务+线下上平台,以解决生猪调出大县交易过程中公平缺失、链条过长、品质难保、质量难溯、成本难降、交易体验差等问题,成功建立中国生猪网络市场。生猪交易市场按照市场经济规律采用自由、公平、方便、快捷的生猪定价交易模式,同时探索生猪竞价交易等多种模式,满足多元化的市场需求。

3. 农信货联。农信货联专门为服务农业物流而设计,集找货、找车、结算、保险等服务于一体,通过农信大数据,能够精确匹配人、货、车三方需求,提高整体货运效率,降低运输成本。目前,农信货联整合了农信商城、生猪交易市场、各地生猪运输信息部的货源信息和数千家专业货车车主资源,帮助货主和车主无缝对接,极大方便了饲料、疫苗、兽药、猪场设备等生产资料和活猪的物流运输,有效解决了整个生猪产业物流中车与货匹配度低、空驶率高的问题。

（三）猪金融：基于农业大数据的场景金融

猪金融业务发展战略目标是基于猪联网平台，为猪管理和猪交易中的生产资料生产企业、养殖户、经销商、猪贸易商、屠宰场等不同主体，提供既不同于商业银行也不同于传统资本市场的第三种农村金融服务，建立行业内第一个可持续的农村普惠金融服务体系。"猪金融"通过"猪服务"获取的生产经营数据和"猪交易"获取的交易数据，以及公司近2万名业务人员对养殖户深度服务获取的基础信息，利用大数据技术建立农信资信模型，形成较强的信贷风险控制力，为符合条件的用户提供不同层次的金融产品。目前，公司金融服务体系涵盖了征信、借贷、理财、支付、保险等产品。

"猪金融"服务产品

业务类型	产品名称		产品说明
征 信	农信度		反应农户或涉农企业的信用程度，依据用户使用农信云产品的行为特征，结合外部数据，运用大数据及云计算技术客观呈现用户的信用状况。
支 付	农付通		农付通是农信集团为广大农村用户及产业链上下游相关客户提供的支付服务，致力于为农业产业链生态圈提供安全便捷、经济高效的综合支付解决方案。
理 财	农富宝		由农信互联与银华基金管理有限公司共同推出的一款现金理财产品，资金存入农富宝等同于购买银华货币基金。
借 贷	农信贷	农富贷	农信小贷公司利用自有资金为客户提供的随贷随还的互联网小额贷款产品。
		农银贷	农信互联根据自身征信数据为银行等金融机构推荐优质客户，并协调其为公司用户提供贷款服务。
保 险	农信险		依托农产品交易场景，为农业从业者量身定做各类保险产品。目前主要面向生猪产业从业者推出了生猪价格指数险、生猪运输险、借款人意外险。

三、经验效果

猪联网——生猪产业大数据服务平台通过提供猪联网管理/国家生猪市场（SPEM）的交易管理及猪金融解决我国养猪效率低、交易质量管理差、效益差等实际问题，以数据驱动生猪全产业链整体变革与升级,这对推进标准化养猪、生猪交易和完善质量追溯体系有着重大意义。同时,利用生猪产业大数据服务平台进行金融服务,解决猪业相关经营主体的资金难题,为我国生猪产业发展提供了新型金融保障。

（一）开创智慧养猪新模式,提升养殖效益,保障食品安全

猪联网依托猪服务、猪交易、猪金融,变传统养猪为数字化、可视化、智能化、电商化的养殖方式;以猪为核心,将猪产业各经营主体连接起来形成猪友圈;通过服务的方式,积累用户和数据,形成生猪产业大数据平台,实现以数据驱动生猪全产业链变革升级;最终,提升生猪养殖效率和经营效益,升级传统的养猪管理模式,开创了"互联网+"时代的智慧养猪新模式。

（二）创建生猪产业大数据,完善生猪价格预测和预警体系

通过猪联网上生成的养殖和交易等数据,建立模型计算分析,以可视化工具呈现,帮助行业实现全产业链产品追溯、趋势预测等。同时数据服务平台向行业开放、实现融合互通,为行业和政府管理提供有效的数据支撑。此外,猪联网可实时获取全国各地生猪养殖存栏和出栏数据、疫病数据、生猪价格数据等,形成最真实可信的生猪养殖、行情和疫病大数据,从而建立生猪养殖、疫情和价格预警预测机制,指导产业的健康持续生产和经营,避免猪周期、疫病等对产业造成的损失。

（三）建立行业内最早的可持续农村普惠金融服务体系,提高金融效率,降低融资成本

农信金融根据猪产业各主体的生产经营和交易数据进行资信评级和授信,利用互联网金融平台提供多元化的金融服务,提高生猪产业中的资金周转效率,帮助闲置资金理财,解决贷款难、农业保险产品少等问题,提高整个产业的金融利用效率。依托猪联网平台帮助贫困地区养猪户、合作社及生猪养殖企业精准管理猪场,提高单头猪

盈利能力,实现"造血"式扶贫。贫困户可通过猪联网加入合作社养猪,得到工资或分红,实现产业扶贫;同时,养殖户可通过农信商城解决采购、销售难题,实现电商扶贫;通过猪金融平台获得贷款、理财、保险等金融服务,从根本上解决资金短缺问题,实现金融扶贫。另外,政府可通过猪联网精准发放扶贫款并全程监管,同时为贫困户提供贷款及保险等贴息政策支持,保障养殖场、合作社等健康持续发展,真正实现"互联网+"产业精准扶贫。

(四)建立国家级生猪交易平台,带动农产品上行

国家级生猪交易市场实现活体生猪时获取"线上+线下"交易的互动融合,创建的生猪竞价、定价模式有助于生猪品牌的建立和推广;畜牧市场则将饲料、动保、种猪等生产资料从线下转移到线上,使养殖户轻松购好物,快速提升了农产品上行的速度。猪联网目前已经聚集了超过1.3万个中等规模以上的专业化养猪场,80万专业养猪人,覆盖生猪超过2200万头,成为国内服务养猪户最多、覆盖猪头数规模最大的"互联网+"养猪服务平台。截至2017年11月6日,国家生猪市场共完成网上交易607亿元,日平均交易额超过1亿元,畜牧市场累计完成网络交易额超过700亿元,农信金融为养猪户累计发放无抵押无担保贷款101亿元,帮助农户管理闲置资金447亿元,累计为养殖户实现理财收益8500万元。预计至2019年,平台可服务商品猪至少4600万头,发放科技金融贷款100亿元以上,实现生猪电子交易量2亿头,交易额3000亿元。同时,猪联网所构建的全产业链服务模式,大大加快了养猪业的产业升级步伐,取得了巨大的社会效益。

案例4 上海多利:农业物联网,实现蔬菜生产提质增效

上海多利农业发展有限公司

导读:上海多利农业发展有限公司是目前中国有机农业行业最

具影响力的公司之一,也是"互联网+"发展的积极倡导者与实践者。2012 年多利开发的物联网平台到 2015 年推出的智慧农业管控中心系统,成功示范并推广,顺利实现蔬菜高质高效生产。多利智慧农业管控中心系统现已成功对上海大团、崇明及成都郫县三大基地实现实时管控,构建了农业生产环境自动化控制、有机蔬菜仓储管理、冷链物流管理、质量溯源、农业生产可视化管理,与物联网产业上下游一道,致力于构建开放、共赢的"互联网+"有机农业,打造经济社会发展新引擎。

一、基本情况

(一)企业介绍

上海多利农业发展有限公司(以下简称多利农庄)成立于 2004 年 3 月,位于上海市浦东新区大团镇川南奉公路 7007 号,总占地面积 1750 亩,总投资达 2.5 亿元,其中财政补贴 1.3 亿元,企业自筹 1.2 亿元。基础设施相对完善,包括:仓库 4500 平方米、水泥道路及明沟 17 千米、水泥场地 5000 平方米;围墙 7120 米、涵洞、桥梁、农电线路(包括变电站)配套齐全,玻璃温室 4000 平方米,8 米管棚 18 万平方米,6 米管棚 12 万平方米,8430 连栋大棚 3200 平方米,喷淋灌溉系统 1000 亩等。多利农庄还建有高新科技示范中心、测试中心(蔬菜、水、土),已经建成"设施菜田、工厂化育苗、种源培育、特色基地、有机蔬菜、仓储保鲜、生产与物流"等 7 大特色产业。

(二)主营业务

多利农庄采用个人与企业会员制服务模式,现在上海地区有个人会员 10000 多个,企业会员 100 多个,初步建立了符合大都市特点的有机蔬菜营销模式,取得了较好的经济效益。

(三)近三年收入

2014 年多利农庄营业额为 9763 万元;2015 年营业额为 10926 万元,2016 年营业额为 10960 万元。

（四）物联网技术水平

多利农庄物联网管控中心是整个园区的大脑中枢,负责监控、指挥、调度、优化、管理整个农庄的人、车、物、资金。通过分布在园区各处的传感设备,感知整个农庄的运营态势,确保农庄的生产安全、运营高效、低碳环保,实现农庄绿色、安全、畅通、智慧、优质运转。物联网管控中心也是一个向客户集中展示农庄各种生产信息的可视化场所,集日常管理与指挥调度于一身,对农庄农产品进行全流程监控,协调各子系统安全、有序运行。

二、主要做法

（一）实施背景

2012年8月,多利农庄开始在上海两个基地实施上海市战略性新兴产业重大项目——《现代智慧农业园物联网关键技术集成与综合示范》;2013年1月,多利农庄开始实施上海市商委项目——《多利农庄电子商务平台及物流配送实施建设》;2013年12月,多利农庄开始实施上海市科技兴农项目——《农业物联网示范基地建设》;2015年12月,多利农庄获得全国农业农村信息化示范基地物联网应用示范单位荣誉。2016年12月,多利农庄成为物联网协会理事单位。

（二）建设内容

1.园区基础网络建设。完善园区的基础网络覆盖,做好GSM/TD/WLAN基站、传输与宽带等互联网基础设施建设、优化工作,为多利农庄物联网应用提供可靠的基础通讯及IT基础架构。

2.搭建园区物联网各项应用平台。根据园区物联网各项应用需求,构建相应的功能平台,把每项物联网应用系统架设在平台上,对该应用进行统一、规范化的终端接入和管理,为该物联网应用平台与园区其他系统(如BOSS系统、多利电商系统、CRM客户管理系统等)的信息交互打好基础,完成了以下应用:

（1）实现园区物联网应用需求

（2）农业生产环境自动化控制及二维码溯源系统

（3）农业生产可视化管理系统

（4）物联网管控中心

（5）冷库监控系统

（6）有机蔬菜冷链物流管理系统

（三）解决的问题与方法

1. 农业生产环境自动化控制。在此模块中,前端的无线传感器网络负责信息的采集与汇聚,整个农业园区的采集信息在单点或者少数几个中心基站汇聚,然后再接入局域网或移动通信网络完成远程信息传输,大大地降低了使用成本。

2. 有机蔬菜仓储管理系统。建立二维码标签生成软硬件系统,完成产品信息的标定。主要功能包括产品出入库管理、包装二维码打印、产品库存管理、产品损耗管理、订单计划查询等。

3. 多利有机蔬菜冷链物流管理系统。本系统是基于移动车辆定位系统搭建的、用户自有的车辆监控管理平台,平台可实现基于物联网的各种信息化应用。主要功能为:一是车辆定位,即显示车辆基本信息,包括位置信息、用户标准、路径优化、历史轨迹等。二是地图操作,即对电子地图进行自动漫游、显示全图、缩放地图等。三是车辆监控,即灵活设置超速报警、区域报警等。四是车内信息采集,即实时获取车内的温度、湿度等,并将数据传递到中心平台。

4. 有机蔬菜质量溯源系统。通过建立农产品质量可追溯体系,对农产品从原料采购到播种、生产过程、生长环境、收割包装、运输和销售等环节实现监测与安全管理,实现"农田到餐桌"的全过程产品质量控制及可追溯,保障食品安全。

溯源系统主要包括基础信息管理、农资管理、生产管理、质检管理、仓储管理、物流管理、系统管理、追溯码管理。

消费者可通过网上查询、手机扫码获得有机码认证信息,既包括国家认监委管理的信息,也包括其他附加信息,即多利农庄自己管理的额外产品信息,以及种植过程中的信息,如有机肥料信息、生物防治信息、物理防治信息、有机植保信息、质检信息等。

5.农业生产可视化管理系统。多利农庄农业生产可视化管理系统可通过视频监控系统平台来实现。视频回传方式为有线和无线两种。该系统特点为监控点分布广、支持远程监控、事前防范及事后取证。考虑到业务的方便开展,在平台内不但提供了强大的告警联动功能,还提供了联动预案功能。

充分考虑到多利物联网项目的视频监控需求,多利远程可视化系统主要分为前端系统、网络传输、监控中心三大部分。项目中期已完成了多利农庄大团基地全园区监控,室内包括包装间、冷库、育苗间、展示中心、肥料间等,室外包括农庄集装箱办公楼、农庄全景一览、各主要进出入口、停车场等。另外,在两个关键的进出入口安装了2台智能人脸识别摄像头。

三、经验效果

(一)效益分析

1.业务效益分析。精准农业有助降低成本,提升效率,有助改变粗放经营模式。通过土壤性状智能监测、大棚环境参数自动调控等,从而实现合理灌溉、合理施肥、环境可控,为蔬菜植株提供最为舒适的生长环境,进而增加蔬菜产量,提高蔬菜品质,提高企业产品附加值。

2.财务效益分析。通过物联网系统研发,在生产环节,农业物联网综合应用示范园蔬菜产量平均提高约10%,示范园每年增收1000万元以上,节约投入成本约20%。物联网上线运行后,生产部每30亩节省生产工人1人,一年内可降低成本约2.16万元。质检部工作效率的提高大大改善了质检效果,其中根茎类蔬菜的出库不合格率在0.5%以下,叶菜的不合格率在1%以下。

3.社会效益分析。多利物联网的建设,能有效推动产品质量不断提高。物联网系统对质量信息的反馈,可促进当地农业产业结构不断升级,加快产业结构调整步伐,增加企业收入。对上海及全国种植业质量管理体系的建立具有很好的示范推广价值。多利物联网技术的推广对本市物联网上游企业如传感器、通信设备供应商,对本市物联网下游企业系统集成、信息服务商等企业的发展起到积极促进作用,有利于推动上海物联网产业价值链的形成,占领物联网新高地,带动城市经济发展模式转变。

(二)客观评价

多利物联网系统对农产品销售、农业园区管理具有积极促进作用,获得了政府及业内专家的广泛认可。在销售方面,客户关于产品质量方面的投诉明显降低,个人与企业会员人数增加,先后与平安保险、联通公司签订合作协议。在园区管理方面,对整个园区的生产环境安全有了明显效果,园区失窃率降低了20%,事后取证效率提高了70%。在政府及专家认可方面,多利先后获得上海智慧城市建设十大创新应用奖、上海名牌、全国农业农村信息化示范基地物联网应用示范单位等荣誉,依托于多利的上海有机蔬菜工程技术研究中心也成功授牌。

(三)实施意义

多利农业物联网是在利用现代科技手段实现初步设施农业的基础上,将农业设施从"工业化"向"智能化"推进,实现以往粗放式农业种植向精确化农业种植转变,以更加有效地利用农业资源,减少对资源的消耗,减少农药、化肥对环境的污染。从目前国内发展来看,采用移动通信技术、物联网技术来装备设施农业,提升农业生产信息化、数字化和智能化能力,仍属初步发展阶段。这代表多利物联网成功应用示范将再一次把上海设施农业带入到新的发展阶段,进一步强化上海农业的科技领先地位。

从服务角度来说，多利物联网系统的建设使消费者清晰地了解有机蔬菜的生产种植过程，增加了其对有机蔬菜的放心程度，消费者还可以向客户服务部门提出自己的看法和见解，增加了消费者对产品质量管理控制的参与度和成就感，也在一定程度上提升了企业的品牌形象。

案例5　中国石油：能源物联网，实现"创新发展，降本增效"

中国石油天然气集团公司

导读：中国石油天然气集团公司作为国有重要骨干企业，始终将保障国家能源安全和市场稳定供应作为首要责任。"十二五"以来，中国石油应用物联网技术，在勘探开发生产和工程技术服务领域进行了一系列有益的探索和实践，实现了信息化系统与传统的工业自动化系统整合，构建了与信息化相适应的新型管理模式，达到了增产增效不增人，促进了产业从劳动密集型向知识密集型的转变，降本增效作用显著，为后续持续推广应用奠定了坚实的基础。

一、基本情况

中国石油天然气集团公司（以下简称中国石油）是我国特大型石油石化企业，实行上下游、内外销、产销一体化，按照现代企业制度运作，跨地区、跨行业、跨国经营的综合性石油公司。中国石油的勘探和生产活动主要分布在中国东北、华北、西南、西北等地区，拥有大庆、辽河、长庆、塔里木、新疆、西南、吉林、大港、青海、华北、吐哈、冀东、玉门、浙江、南方勘探和煤层气等油气田，大部分油气田生产地域相对分散、自然环境恶劣。

传统的油气生产组织方式主要依靠人工巡井，劳动强度大，生产方式以手工操作为主，依赖于员工的责任心和熟练程度，劳动生产率低，安全风险大；生产现场数据采集水平相对较低，数据的时效性和准确性有待提高,同时油气生产各专业数据共享、协同作业、前后方技术指导和支持难度较大。

针对以上问题,中国石油在《中国石油"十二五"信息技术总体规划》中设立了油气生产物联网系统(A11),旨在利用物联网技术,建立覆盖全公司油气井区、计量间、集输站、联合站、处理厂的规范、统一的数据管控平台,实现生产数据自动采集、远程监控、生产预警,支持油气生产过程管理。通过生产流程的优化、管理流程的优化、组织机构的优化,实现生产效率的提高和管理水平的提升。

"十二五"期间,油气生产物联网系统在中国石油16家油气田得到了大规模推广应用,累计实现了10.68万口油气水井、4695座站场、180万套设备的数字化管理。通过物联网项目的建设与应用,在实现油气田生产方式变革、组织结构优化、管理流程优化、生产效率提升、运营成本降低等方面创造了显著的经济和社会效益。

二、主要做法

中国石油以改革创新为核心,以"互联网+"为手段,以智能化为基础,以经济效益为中心的指导思想,促进能源和信息深度融合,促进工业化与互联网的融合,推动物联网新技术、新模式和新业态的发展。

(一)以标准为规范,指导建设

项目建设前期,中国石油编制了《中国石油物联网系统建设规范》(已作为企标发布),对数据采集与监控、数据传输、井场组网、生产管理、数据管理、信息安全、建设施工等方面进行了统一规定,科学地指导了物联网系统的设计、采购及施工等工作。项目建设过程中,中国石油还编制了《油气生产物联网系统测试与验收规范》、《油气生产集输工艺流程组态图标图例规范》、《油气生产物联网系统运维规范》;中国石油已立项开展《油气生产物联网系统技术规范》行业标准制定工作,同时利用在物联网方面取得的经验,参加了国家物联网基础标准工作组的国标研制工作。通过一整套标准规范的指导，借助信息化手段进一步促进业务流程化、规范化、系统化地有效管理。

（二）以平台为依托，统一集成

基于云计算技术，自主研发了开放的可扩展物联网 PaaS 平台，为油田信息系统集成和扩展应用提供了支撑平台。中国石油物联网 PaaS 平台以"SOA+云"的设计理念，以开源组件为基础，具备自主知识产权。平台按照功能分为企业 App Store、应用开发和运行平台、服务集成平台、服务管理平台和监控管理平台五部分。为开发者提供了开发、测试和部署的完全自动化，大大缩减了开发时间并提高了开发质量。目前，该系统已在中国石油 16 家油气田的物联网系统实施中得到应用，实现了与油田已建系统的集成和融合，避免了重复开发，节约了成本；同时解决了应用系统需求不断扩展等问题，为应用开发提供了通用解决方案，实现了应用的快速开发、部署、分享以及动态扩展。

（三）以示范为探索，稳步推进

物联网系统涉及到的关键技术、实施模式均处于探索发展阶段。在物联网系统的建设中，按照试点先行、逐步推进的总体思路开展工作。系统建设充分考虑了各个油田生产业务的不同、所处地理环境的差异，以及数字化程度的差别，在各个油田分别选取几个具有代表性的采油厂、作业区进行示范工程建设。在试点建设过程中，充分利用老油田改造和新产能建设，设计数字化应用环节，经过反复优化，积累丰富的经验。建成一批不同类型、不同规模的试点示范项目，取得效益后，逐步推广覆盖整个中国石油。

（四）以创新为导向，智能共享

中国石油的物联网项目紧密围绕建设模式创新、信息技术创新和应用创新，积极探索物联网与能源行业的深度融合。中国石油研发了具有自主知识产权的数据采集与通信接口协议（A11-GRM），实现了不同厂商不同型号传感器以及远程终端控制单元（RTU）之间的互联互通互换，为数据的接入、系统的集成以及后期运行维护奠定了基础；取得了《一种油田生产现场物联设备远程智能管理方法和系统》发明专利，实现了跨互联网和工控网的油气生产现场仪表、传感器、RTU等物联设备运行状态信息的实时监测与远程管理；研发了基于大数据技术的机采系统参数优化方法，为油田生产方案优化分析提供了新的手段。

三、发展成效

中国石油物联网系统搭建了统一的平台，制定了统一的标准，完成了一批示范工程建设，积累了丰富的能源物联网建设经验，对电力、交通、水利等行业的"互联网+"探索和应用具有很强的借鉴意义。主要体现在以下几个方面：

（一）促进管理模式的变革，提高生产效率

在油气生产领域，通过项目建设，建立了油气田公司、采油采气厂、作业区三级集中管理模式。油气田现场实现了由分散管理向集中管控的模式转变，由劳动密集型向知识密集型的转变，促进油田生产管理组织机构按"纵向扁平，横向压缩"的方式优化，基本实现中小型站场无人值守，精简合并部分基层班组和作业区，为优化用工结构奠定了基础。大庆油田通过物联网的建设，按照"专业整合、区块优化、人机组合和现代高效"的原则，重新优化整合劳动组织结构，实现了作业区专业化管理，把传统的"定岗值守、按时巡检"转变为"集中监测、按需巡检"的新型生产管理模式。青海油田通过物联网建设，生产管理组织机构持续优化，全面实现中小型场站无人值守，同时精简合并采油厂和作业区，采油气厂由8个精简到4个，作业区数量由28个精简到8个。通过物联网实现生产现场的远程管理，将行政管理重心后移至敦煌基地，截至2016年底，机关搬迁600余人，一线转岗 800 余人。华北二连油田通过物联网的建设，精简管理机构，成立东部作业区、中部作业区、西部作业区，将作业区由原来的 9 个调整为 3 个，实现了技术的融合、也实现了管理的融合，由站控中心直接管理到运维班，实现了"纵向扁平，横向压缩"。将管理层级由传统五级模式（分公司—作业区—联合站生产调度—队站—岗位）压缩为三级模式（分公司—站控中心—班组）。调整生产用工方式，撤销队站级机构及值守型岗位，成立运维型班组用于生产维护。

（二）实现生产方式的优化，节约生产成本

在油气生产领域，使用先进的"电子巡井"替代了传统的"人工巡井"，节省了人力，降低了劳动强度，提高了工作效率。实现了生产过程和工艺流程的实时监控，实现了关键生产参数和工况状态的报警、预警，由传统的经验型管理转变为智能化管理。大港油田通过物联网的建设，港西油田全面实现了软件量油、稳流配水，全面取消了计量站，极大简化了地面工艺，单井地面投资降低了 20 万元，油水井管理水平得到显著提升。王徐庄油田形成了"实时采集、集中监控、自动预警、优化生产"的"王徐庄"模式，实现了中小型场站无人值守，大型场站少人值守，转变了生产组织方式，优化了劳动组织结构。吐哈油田鲁克沁采油厂原有巡检岗位每人年均巡检里程 3 万公里，实施物联网后，年巡检里程降低为 1 万公里，单车年节约运行费用 2.5 万元，以每个工区 15 辆巡检车计算，年节约车辆运行费用 187.5 万元。鲁克沁油田采用智能注水、远程控制后，取消了配水间，减少了注水支线，平均单井投资降幅达 46%。

（三）提升了生产安全水平，降低生产风险

在油气生产领域，通过对实时数据进行监测，分析故障发生前的模式，对故障实现提前感知，达到故障预测、预警的目的，在故障发生前即可通知生产人员，提前消除生产隐患，避免因故障带来的损失。塔里木油田通过生产可视、数据自动采集等功能，有效降低生产能耗,并可及时发现生产异常情况,避免因异常发现较晚而造成对设备的损坏;对油气生产、处理和输送过程进行实时监测,实现防盗防泄漏,有效地避免因油气泄漏造成的环境污染;通过实时监测、自动计量、过程监控、智能预警等系统功能应用,减少员工在高温、高压、有毒有害环境下的现场操作时间,降低安全生产风险,保障安全生产。新疆风城油田实现了油气生产、油气处理、配套工艺的全流程监控,实现关键参数、节点工况、突变信息的报警、预警,油田安全环保事件大幅降低,生产时率、运行效果显著提高,年均可节约生产运行费用近5000万元。吐哈三塘湖采油厂通过智能管理、电子巡井,减少一线员工在艰苦、危险地带工作时间。每年减少员工艰苦环境下工作时间5.4万小时,减少巡检里程19万公里,安全风险和劳动强度降低60%以上。

案例6 许继集团:四表集抄工程,推动能源互联网发展

许继集团有限公司

导读:为贯彻落实《关于推进"互联网+"智慧能源发展的指导意见》(发改能源〔2016〕392号),许继集团秉承"能源互联、信息互通、多态协调、开放共赢、创新节能"理念,依托国家电网用电信息采集和"四表合一采集"体系,整合社会资源,打造"互联网+四表集抄"的多能源大数据共享服务平台,实现电、水、气、热表统一采集与管理,为政府部门能源监管、能源公司创新服务、能源用户互动节能、售电公司综合服务等提供数据支撑、技术手段及增值服务。许继集团"互联网+四表集抄"以运营模式创新、采集技术创新和服务体系创新为驱动,构建"四种典型配置方案+一套数据共享平台+一套共享服务系统"体系,形成"互联网+四表集抄"整体解决方案,进一步应用"互联网+"技术,实现能源的数据整合、数据价值转换(能源计费管理和移动支付)和移动运维,打造完整的能源数据服务生态系统,

促进能源消费管理方式优化变革,为我国能源互联网建设奠定坚实基础。截止到2017年10月,已在国内15个省份应用,涉及用户近百万。

一、基本情况

为推进能源互联网发展,国家发展改革委等三部门发布了《关于推进"互联网+"智慧能源发展的指导意见》,旨在发挥互联网在能源生产和消费革命中的基础作用,推动能源基础设施合理开放,促进能源生产与消费融合,提升大众参与程度,加快形成以开放、共享为主要特征的能源产业发展新形态。2015年7月,国家发展改革委发布了《关于促进智能电网发展的指导意见》(发改运行〔2015〕1518号),鼓励完善煤、电、油、气领域信息资源共享机制,支持水、气、电集采集抄,建设跨行业能源运行动态数据集成平台,鼓励能源与信息基础设施共享复用。同年,国家电网公司营销部下发了《国网营销部关于加快推进四表合一采集应用工作的通知》,提出加快推进供电、供水、供热、燃气"四表合一"采集建设应用工作。2016年许继集团参与国网公司标准制定,并在辽宁、内蒙古、四川等10个省份承建了国网四表集抄工程。截至2017年10月,许继集团市场范围扩大到15个省份,并拓展到大型公建、高耗能行业、售电公司、基站管理等领域,积累了大量的建设运营经验,取得了明显的社会经济效益,具有较强的示范意义。

二、主要做法

四表集抄系统建设是一个涉及运营模式、技术方案、项目实施和功能提升的系统工程。许继集团与电力公司、水气热企业开展合作,采用"协作示范、先试先用"的合作策略,在四表数据集抄的基础上,优化能源配置,创造能源计量收费新模式,提升能源使用效率。

2016年,四表集抄系统充分利用现有用电信息采集资源,构建系统架构,完善系统功能设计,开发水、气、热表档案管理、数据采集管理、采集运维平台、综合查询等功能,实现电、水、气、热表统一采集与管理。经过大量工程实践,许继集团总结并提出了4种产品配置方案、32类工程实施方案,全面覆盖现场各种应用场景。

2017年,许继集团充分应用"互联网+"技术,实现了能源的数据整合、数据价值转换(能源计费管理和移动支付)和移动运维,逐步打造了完整的能源数据服务生态系统,并成功拓展到大型公建、高耗能行业、售电公司、基站管理等领域。

四表集抄整合电、水、气、热用能数据,建立能源数据共享平台,实现多方参与的数据共享,推动能源网络分层分区互联和能源资源的全局管理;通过数据挖掘利用,建设基于能源大数据的业务服务体系,对政府、企业、用能客户提供能源服务和增值服务,提升能源的综合使用效率。本系统建设在技术方案、项目实施和功能提升方面,突出了"互联网+"模式创新、技术创新和服务创新。

(一)运营模式创新

四表集抄需要打破能源壁垒,使电、水、气、热能源达到互联互通。在政府支持下,许继集团与电力公司组织燃气公司、水务公司、热力公司协调沟通,实现了四表数据的统一采集。在此基础上,进一步探索数据的共享与互动模式,创造能源计量收费的新运营模式。通过整合能源居民客户资源,建设能源公共事业的集中数据中心,实现电能、供水、热力、燃气等能源消费的实时计量和信息交互,达到电、水、气、热能源的"统一采集、统一账单、统一收费"。基于电力公司现有网络公共服务平台建设公用事业综合服务平台,实现用户用能情况的实时查询和推送,整体提升了公用事业单位的服务水平和服务效率。

四表集抄推动多能形态灵活转化,联合众多利益相关方共同参与,形成智能协同;通过构建新型的能源信息融合,重塑能源公司与用户的关系,实现产业的聚合成长;通过能源自动调配,综合优化社会资源配置,实现多类能源的开放互联、多种能源的耦合互补和调度优化,为能源的综合开发、梯级利用和能源共享提供了条件,最大化地提高能源的综合利用效率。

（二）能源采集技术创新

当前能源数据采集的通信标准、技术规范不统一,许继集团与电力公司、燃气公司、水务公司、热力公司共同制定统一技术规范、通信标准,建立起统一的量测传感网络,加强多能协同综合能源采集体系,促进不同能源网络接口设施的标准化、模块化建设,支持各种能源生产、消费设施的"即插即用"与"双向传输",实现能源监测、能源互联共享。

四表集抄具备多层网络结构,主要分为远程网络和本地网络,远程网络主要由 GPRS/3G/4G/Internet 组成。本地网络为表计采集网络,包含微功率无线（RF）、电力线载波（PLC）、M_BUS、RS485 等方式。本地网络最为复杂,可以由以上方式组合而成。根据不同的通信条件和表计安装位置,设计了多种采集方式,以适应复杂多样的现场。数据采集方式还可以自由组合,为现场提供了稳定、经济、可靠的四表集抄应用方案。

（三）构建能源互联网数据共享平台

四表集抄建设开放的数据公共平台,加强能源互联网信息共享。通过建立贯穿能源全产业链的信息公共服务网络和数据库,加强上下游企业能源信息对接、共享共用和交易服务。鼓励互联网企业与能源企业合作挖掘能源大数据商业价值,促进能源互联网的应用创新。推动能源网络分层分区互联和能源资源的全局管理,支持终端用户实现基于互联网的平等参与。

通过建设能源大数据中心,逐渐实现与相关市场主体的数据集成和共享。在安全、公平的基础上,以有效监管为前提,打通政府部门、企事业单位之间的数据壁垒,促进各类数据资源整合,提升能源统计、分析、预测等业务的时效性和准确度。

通过能源大数据与智慧城市业务的深度融合,促进以智能终端和能源灵活交易为主要特征的智能家居、智能楼宇、智能小区行业发展。给家庭、社区、区域不同层次的用能主体提供能耗数据管理和发布、一体化缴费、一卡通、安全管理等服务,可以有效支撑"智慧城市"建设。

(四)创建能源大数据的业务服务系统

四表集抄创建面向政府、企业、用户等各级应用主体的业务服务系统,通过数据挖掘利用,促进基于能源大数据的服务创新,开展面向能源协调、消费的新业务应用和增值服务,实现对用户的各类数据进行归类,整理,分析和深度挖掘,协助多行业做出正确的决策。

政府方面,一是提供区域能源使用比例及使用结构差异分析,为政府节能降耗、减排增效策略调整提供数据支撑;二是综合能源调配,为政府能源监管提供技术和数据支持。

企业方面,一是提高能源质量和能源网设备利用率,将季节性、时段性能源供需矛盾给社会和企业带来的不利影响降至最低程度;二是通过技术手段,加强用能管理,改变用户用能方式,根据能源网络负荷情况,采取一系列有序用能措施,达到对用户的负荷精准控制,避免无计划限制用能,确保能源网络安全运行和供能秩序稳定。

用户方面,一是提供用能联合分析,通过分析用能数据间的潜在联系,综合判断现场设备运行状态和客户用能情况;二是通过智能互动方式,向用户提供互动节能及多样化的服务体验。

三、发展成效

截至 2017 年 10 月,许继集团已经完成了辽宁、四川、内蒙古等 15 个省的工程建设,涉及用户数近百万,市场占有率处于第一梯队,并拓展到居民小区、高耗能行业、商业建筑等领域。居民小区,应用"四表集抄"+移动支付,节约了管理成本,方便了用户交费;

高耗能行业,应用"四表集抄"+能源监管,实现了企业能源的精细化管理和能源成本的实时管控;商业建筑,应用"四表集抄"+能源管理,实现商业建筑的能源精细化管理和商户的手机交费。项目实施后,获得了企业、用户的高度认可。四表集抄工程的建设已经为能源系统部署积累了丰富的经验,取得了显著的社会和经济效益。

(一)降低系统建设和运维成本

四表集抄建设以强大成熟的智能电网用电信息采集系统为依托,借助电力信息采集系统的既有数据采集平台和资源,实现水气热表的采集,促进资源的最大化利用和节约。经测算,四表合一安装调试费用约为2—4元/平方米(不含表计等主材费用),比四表单独安装调试费用节约1—3元/平方米;运维费用每年约0.25元/平方米,比四表单独运维费用节约0.20元/平方米;代售网点收取2%的手续费,如果四表统一缴费,每年每户能够节约20—30元的手续费。由此可见,四表集抄大幅降低了用能信息采集系统建设和运维的成本,也为能源消费用户降低了用能成本。

(二)促进行业应用变革

四表集抄建设了统一用能信息采集系统和用能数据分析系统接口。接口的统一和标准化,促进整个能源行业的变革。主要体现在以下四个方面:一是通过电、水、气、热用能数据的采集和监测,为能源互联网行业发展奠定了数据支撑。二是解决了水气热行业现有抄表难题、漏损难题,对实现能源监测,减少能源浪费,提升行业服务质量起到了显著的作用。三是通过对水气热表数据集抄的接口标准化,减少了地域差异,加大各能源行业间的资源共享与合作,促进了水气热行业发展的规范化。四是通过开展统一采集、统一缴费业务,不断创新商业合作模式,带动了整个能源数据信息采集业务共享的行业应用变革。

（三）促进产业升级

四表集抄是能源数据采集产业的基础平台,也是互联网与能源传输、量测、消费深度融合的能源产业发展的新形态。它从多个方面为能源产业发展营造了良好的生态环境,促进了产业升级。

一是有效提升电、水、气、热等市政行业用能信息采集自动化水平,大幅提高抄表效率和客户满意度,有力支撑智慧城市的能源管理基础建设和智能需求响应;整合用能服务范围,提高能源监控水平,降低社会投资成本,实现政府、行业和用户多方利益协同发展的新模式。

二是推动能源产业与信息通信产业的共同发展,促进智能终端及接入设施的普及应用,为大数据采集应用与物联网行业发展带来巨大的源动力。对发展能源大数据应用,拓展能源大数据采集范围起到了关键的支撑作用。

三是通过用能数据的采集和监测分析,给出科学合理的能源配置方案,促进能源产业结构性调整,对提高可再生能源比重、促进化石能源清洁高效利用、提升能源综合效率、推动能源市场开放和产业升级、形成新的经济增长点具有重要意义。

（四）创新能源服务模式

四表集抄形成能源网络分层分区互联和能源的全局管理,创新了能源数据互联共享服务模式。

一是通过构建一体化的用能数据采集平台,建设面向智能家居、智能楼宇和智能小区的能源综合服务中心,实现多种能源的智能定制、主动推送和资源优化组合。

二是通过能源数据服务平台,提供面向用户终端设施的能量托管、交易委托等增值服务。拓展第三方信用评价,鼓励企业拓展独立的能源大数据信息服务。

（五）打造基于"互联网+"的能源数据服务生态系统

基于"互联网+"技术,打造完整的多能源数据服务生态系统,包括能源数据产生(电、水、气、热多表及采集终端)、数据采集(通信和采集系统)、数据分析(高级分析应用系统)、数据整合(多能源数据集成)、数据价值转换(能源数据的计量计费管理)、数据价值实现(移动支付)、移动运维的完整系统解决方案和相关产品,并成功拓展到大型公建、高耗能行业、售电公司、基站管理等领域,实现了能源客户的数据流、业务流、资金流的无缝整合和应用,为客户提供能源数据的价值最大化。

案例7 共生物流:物流产业互联网平台,打造"互联网+"高效物流生态圈

安徽共生物流科技有限公司

导读:共生物流平台综合利用互联网连接线下资源、专业人员、大数据、共享服务协助众多物流企业实现互联网化,为物流行业提供运营、采购、销售、资金、财务等方面的支持服务。共生物流平台致力于帮助物流企业提高产业链资源利用效率和客户服务质量,降低管理成本和交易成本;帮助物流企业直达一手货主,扩大业务,提高盈利。在此基础上,平台还提供规范财务服务、运营资金和买车资金支持、注册、财务代理一条龙服务,以及加油、路桥费、保险集中采购、用工优化等服务。

一、基本情况

(一)共生物流科技有限公司介绍

安徽共生物流科技有限公司(以下简称共生物流)成立于2015年10月,现有员工98人,其中技术研发人员40人。共生物流利用互联网技术成功打造了安得物流、宝供物流的信息平台和"一站网"物流互联网平台,主营业务包括物流信息技术开发,物流数据技术服务、网络开发、物流设备销售、物流信息咨询、普通货物道路运输、国内货物运输代理、仓储服务(危险化学品仓储除外)、货物装卸服务、

财务咨询、代理记账、商标代理、代办公司注册申请手续、档案整理、无车承运等。公司致力于在物流行业缔造共赢生态圈，为有效降低国内流通成本做出应有贡献，力争做国内最具价值的第五方物流平台。

共生物流在全国各地拥有多名物流骨干，有十五年以上物流行业的资深工作经历，有物流互联网公司的成功经验。共生物流核心团队对各地物流市场有深刻的了解和影响力，可以迅速搭建起全国性的物流网络。共生物流的核心团队成员有多次试错并最终成功的模式沉淀，并具有团结、奋进的企业文化和超强的执行力，拥有快速成功复制的基因。共生核心价值观是：自主、共赢、开放、创新。共生经营理念是：第一，信任重于一切；第二，用户价值至上；第三，技术促进效率。

（二）共生物流平台介绍

共生物流平台以互联网共享服务模式为建设思路，利用移动互联网、大数据、物联网、智能技术、车联网、云计算等技术，向国内的货主企业、物流企业、物流创业者、货运车辆提供专业的互联网信息服务。平台综合利用互联网连接线下资源、专业人员、大数据、共享服务，协助众多物流企业实现互联网化，为物流企业提供运营、采购、销售、资金、财务等方面的支持服务，帮助物流企业提高产业链资源利用效率和客户服务质量。平台具有 PC 端、司机微信端、司机 App 端等多种版本，可以让用户更方便地使用平台的各项服务。

（三）共生物流平台发展成效

共生物流平台自 2016 年 1 月 19 日上线运行，发展势头良好，2016 年实现交易额近 12 亿元、营业收入 27382 万元、纳税 2826 万元。预计 2017 年全年交易额达 32 亿元，营业收入 6 亿元。目前已上线 800 多家企业用户，4 万多车主用户，已成为国内物流产业互联网领域和大数据领域的排头兵；随着平台为上线用户创造的价值逐步体现,用户将产生规模化增长,到 2020 年预计交易额可突破 1000 亿元,成为中国最具价值的第五方物流平台。

二、主要做法

(一)创新利用"互联网+"物流技术驱动供应链优化变革

平台旨在用"互联网+"的先进技术优化传统物流运作模式,实现透明化、智能化的物流管理,将物流业与互联网深度融合,带动物流业"双创"发展,实现产业升级变革。共生物流平台通过独特的平台服务模式和全面的云企业增值服务,帮助企业实现了供应链过程的优化升级,缩短了供应链的流程环节,降低了供应链服务成本,初步估算实现供应链成本下降 5%左右。

(二)创新打造"B2B2 车"业务模式帮助企业转型升级

共生物流平台创新打造 B2B2 车全链条物流互联网交易,在国内首创 B2B2 车发展模式,也是国内第一个打通从项目招标、到运营管理、再到运力采购全链条的物流平台,透明化连接物流项目交易与运力服务交易,减少物流的中间件环节,提高效率,降低成本,帮助制造企业、物流公司和车主用户成功转型升级。

1.物流需求 B 端用户。第一个 B 端用户以制造企业、大型物流公司为主,也就是物流服务的需求方。共生物流平台通过平台提供的一系列产品和服务,帮助这类用户接触到更多优质的供应商;通过平台透明化的交易机制,让物流交易和物流业务更有保障;通过平台的云 TMS 服务,帮助提高物流管理水平;通过平台的云企业服务,帮助物流需求方优化物流供应商体系、提高物流服务效率、降低物流成本。

2.物流组织 B 端用户。中间的 B 端用户以物流服务方为主,主要是各类物流企业和供应链服务企业。共生物流平台提供运力直采服务、运力资源共享服务、云 TMS 服务、云企业增值服务等,帮助物流服务方优化运力采购模型、提升管理水平、提高运营效率、降低采购成本等。第一,物流运力智能匹配竞价直采模式,优化运力调度,降低采购成本,扩大车辆筛选范围,让更多的车参与运单竞价,可以降低15%的成本。第二,建立物流服务运力共享资源池,促进运力资源的共享,优化行业资源配置,提升物流服务能力。第三,通过平台的云TMS产品,实现物流服务在途跟踪管理功能,车辆轨迹精准追踪,提升物流服务的透明化水平和管理水平。第四,通过云企业服务提供的金融、财税、集采等服务,充分降低服务方的经营管理成本,间接提高其服务的质量。

3.承运端车辆用户。承运端车辆用户是物流服务的实施方,是物流服务的关键一环。共生物流平台通过技术创新提高车辆运作效率,减少空载,降低加油成本,扩大货源,从而让车主有更大的盈利空间。"B2B2车"模型全面优化了物流的模型,全面重构了物流的服务过程,通过平台的产品和服务,促进物流行业形成全链条模式。"B2B2车"在变革物流模型的同时,还可以为现在供应链环节上的各方创造新的价值,帮助提升各个环节上参与方的竞争力,实现多方共赢。

(三)坚持以技术创新带动效率提升

平台通过整合各项国际国内领先的数据及软件技术,不断进行技术研发,使共生物流在国内物流互联网技术领域处于领先水平。目前团队已取得授权发明专利4项、实用新型专利3项,软件著作权31项,进入实审阶段发明专利11项,新申请发明专利5项。主要技术如下:

1.物流设备智能化学习技术。平台注重物联网技术、人工智能技术、大数据技术在物流与制造领域中的应用,在打造具有自学能力的物流智能设备和智能制造设备领域尤为突出。平台深度研究物流领域的人工智能应用技术,并通过云平台连接各类智能设备,如联网智能叉车、智能货柜、智能托盘、自动化智能仓库、智能感知货架、智能数字机床、智能生产机器人等,不断优化物流、制造业智能设备的智能化水平,提高这些设备的自动化作业的精准度。

2. 基于新型通讯技术下的智能货物追踪设备应用技术。平台运用新一代移动通信技术,结合物联网技术,研发新型货物智能 RFID 标签、智能货运车辆前装设备、货运车辆便携式智能设备、智能货柜、智能托盘、智能货物传感器等货物追踪物联网智能设备技术,进一步提升物流运输过程中的货物追踪能力,提供货物数据采集的全面性,提供数据采集的实时性,从而构建起全程可回溯跟踪的货物状态追踪体系。

3. 多维度物流物联网数据采集技术。平台研发多种通信模式下的物流数据采集及智能修正技术,将多种数据采集通道有效融合管理,大大提高物流数据采集的成功率,并实现多模数据的智能修正,使物流数据精度可以达到99%。在此基础上,构建全维度公路运输物流数据采集服务平台,实现公路货运运途全维度数据的实时采集,包括运输位置信息、运输速度信息、运输时间、货物状态信息等,并基于大数据存储技术构建数据存储平台,高效地存储各种类型数据。

4. 基于多态数据关联分析的物流智能优化技术。基于物联网的数据开放公路运输管理平台,通过物联网、移动互联网、PC 互联网、北斗等技术构建公路货运智能平台,包含货运车辆数据和物流企业数据采集,实现交易智能化和透明化管理。通过物流数据智能分析及服务,为物流企业和货运司机提供智能车货匹配、运输异常监测、路线智能规划、物流 KPI 分析等智能服务,利用大数据技术帮助物流行业实现透明化运营、提高行业效率、降低行业成本。

5. 弱耦合、多态接口、多终端智能适配的云平台构建技术。基于 SaaS 的软件架构模式的云服务体系,研发弱耦合功能模块、多态接口、多终端适配技术,在 SPI 云应用基本框架的基础上,构建公路运输互联网云服务体系。通过智能采集、智能匹配、智能推送技术,实现物流流程的重构,推动物流转型升级。通过全维度账户安全管理技术和数据安全技术,平台实现严密账号安全管理功能,包括密码管理、权限管理、登录异常检测;通过数据多点备份技术、数据加密存储技术保证用户数据安全。

6.跨平台物流运营数据实时采集技术。平台覆盖 PC、移动设备、智能手机,为物流人提供全网、全时在线的一站式物流互联网信息服务模式。系统在提供物流互联网信息服务的同时,也构建起双向的数据交互模式,在后台从各个连接设备上采集物流信息数据,如用户所在地、物流运输地点变化、物流路线运输状态等,通过这种跨平台式的数据采集模式,为系统采集全面的物流运营数据。

7.海量物流数据的存储管理技术。数据是系统运行最为基础和重要的元素,为保证信息管理系统运行的稳定与高效,必须解决如何将已经运作和正在运作的海量数据从原有系统中挖掘出来,并正确识别有效信息的问题。同时,已挖掘的数据必须结合未来的需求进行整理,规范化和法典化之后导入系统中。

8.基于数据可视化技术的物流智能调度管理技术。数据可视化技术是近些年最流行的大数据分析技术。本项目运用大数据可视化技术,构建可视化的物流数据分析模型,从海量的物流运营数据中,基于数据挖掘和数据分析技术精准抽取物流关联运营数据,并以图形化的可视化模式直观展示物流运营数据,为物流运营管理人员提供高效的数据分析管理工具,协助物流管理人员构建数字物流的调度管理模式。

三、主要成效

(一)为企业降本增效共筑物流生态圈

目前平台已有企业用户 800 多户,车主用户 4 万多个。平台赢

得了上线用户的一致认可,为用户创造了诸多价值:

1.通过车货匹配系统,货主用户可以直接采购到车辆运力资源,从而避免了中间环节的层层加价,为货主企业节省了5%—20%运费成本,同时也解决了很多车主空车待货、空驶回程的问题。

2.通过集中采购原油、保险等服务,可为用户降低1%—3%的运营成本。

3.通过线上的交易保障规则,在发生问题时,平台通过有效手段对责任方追责,乃至直接向守约方先行赔偿,让用户放心的在平台上进行交易。

4.通过接入金融服务,解决了中小物流企业融资难的问题,让用户在需要资金的时候,能够得到及时的、低成本的资金,为用户降低5%的资金成本。

5.通过共生物流平台提供的云 TMS 物流管理系统和交易管理系统,有效地提高用户的业务管理水平。

(二)"互联网+"高效物流创造社会效益

平台对行业结构调整和各行业发展有重要促进作用,并能有效降低相关企业的物流运营成本、增强产业的竞争力、提高经济运行质量和效率、促进物流行业规范发展,产生巨大的社会效益:

1.通过平台,可以使货运经营者按照货运市场的需求自发调节运力结构,从而使运力构成趋于合理。

2.通过运力资源智能交易服务,对货运企业提高效率、降低成本、增强竞争力将起到巨大的作用。

3.通过平台云服务,实现交易透明化,避免欺行霸市、收受贿赂、逃避税收等不正当行为,规范行业运营。

4.通过众包服务机制,将大幅降低生产企业的物流成本,提高生产企业的竞争力,提高产业竞争力。

5.通过平台互联网标准化体系的建设,将极大地促进公路货运物流业的快速发展,为全国物流业的经济快速、健康发展作出应有的贡献。

6.通过平台的创业支持、销售支持服务,让中小物流创业者借助平台资源,拥有和大中型物流公司竞争的能力,可以新增上万人创业,实现几十万人创业、就业,实现物流行业"大众创业、万众创新"。

7.通过引入智能物流货车共享服务,利用智能货车降低承运人的运输成本,减少尾气排放,同时让发货人可视化追踪货物轨迹,引领物流行业货运车辆的升级改造,达到物流运输智能透明化、降低运输成本、减少二氧化碳排放、保护大气环境的成效。

8.通过云服务管理系统,提供免费的 TMS、CRM 等管理系统,优化、改变、提升物流行业信息化管理水平,通过管理促进效率的提升。

9.通过互联网结合大数据技术,在运输线路智能规划、可视化的货运跟踪、多要素车货实时匹配、金融数据智能分析、公共数据统计分析等方面,为企业、政府、协会、银行等机构提供相应的物流信息数据,为相关产业分析、决策提供依据,使交通、银行、港口等行业及政府部门协同工作,降低社会成本。

未来十年是物流的黄金十年,物流互联网平台也将迎来巨大的发展机会。共生物流平台将继续秉持"信任重于一切、用户价值至上、技术促进效率"的经营理念,充分利用移动互联网、大数据、物联网、云计算等先进技术,形成强大的智能化、标准化、透明化的物流产业互联网平台。共生物流平台的目标是:到 2020 年实现 1000 亿元交易额,为 10 万企业用户提供物流产业互联网服务,成为行业领导性平台,打造百万物流共赢生态圈,成为中国最具价值的第五方物流平台。

第二节 "互联网+"催生新兴业态

案例8 工商银行:多样化互联网金融服务,实践互联网金融创新

中国工商银行股份有限公司

导读:作为国内最大的商业银行,中国工商银行一直以来持续推进经营转型,因时而变、因需而变,利用自身的信用优势、信息优势和专业优势,不断加快互联网与金融的融合创新,率先发布实施e-ICBC 互联网金融发展战略,构筑起以"三平台、一中心"为主体,覆盖和贯通金融服务、电子商务、社交生活的互联网金融整体架构,成功走出了一条互联网金融创新发展的道路,不仅开启了自身互联网金融发展的新篇章,也为"互联网+"和双创时代带来了新的金融推动力量。

一、基本情况

(一)企业情况

中国工商银行成立于 1984 年,是国内最大的商业银行,依据相关法律和法规,在国内外开展存款、贷款、投资银行、金融市场交易等业务。通过持续努力和稳健发展,工商银行已经迈入世界领先大银行行列,拥有优质的客户基础、多元的业务结构、强劲的创新能力和市场竞争力,向全球 607 万公司客户和 5.46 亿个人客户提供广泛的金融产品和服务。

中国工商银行持续推动改革创新和经营转型。资产负债业务在结构调整中保持稳定的盈利水平,零售金融、资产管理和投资银行成为盈利增长的重要引擎,领先的互联网金融发展推动了经营管理模式和服务方式的根本变革。国际化、综合化经营格局不断完善,境外

网络扩展至 42 个国家和地区,海外业务和基金、保险、租赁等综合化子公司的盈利贡献不断提升。

中国工商银行自觉将社会责任融入到自身发展战略和经营管理活动中,在支持经济社会发展、保护环境和资源、支持社会公益活动、发展普惠金融等方面受到社会广泛赞誉。连续五年蝉联英国《银行家》全球银行 1000 强、美国《福布斯》全球企业 2000 强及美国《财富》500 强商业银行子榜单榜首,并位列英国 Branch Finance 全球银行品牌价值 500 强榜单榜首。

2014—2017 年 6 月工商银行资产总额与净利润　　（单位:亿元）

	2014 年	2015 年	2016 年	2017 年 6 月
资产总额	206,100	222,098	241,373	255,140
净利润	2,763	2,777	2,791	1,537

数据来源:2014 年、2015 年、2016 年、2017 年中国工商银行年报、半年报

（二）战略简介

2015 年 3 月,中国工商银行在国内率先发布互联网金融品牌——e-ICBC,半年以后又发布了 e-ICBC2.0 版,以金融为本,创新为魂,互联为器,构筑起以"三平台、一中心"为主体,覆盖和贯通金融服务、电子商务、社交生活的互联网金融整体架构,形成了更清晰、更完善的互联网金融发展战略。其中,e 代表业务的互联网化,ICBC 又分别代表"三平台、一中心",I 是信息,information,是即时通讯平台"融 e 联";C 是 commerce,是电商平台"融 e 购";B 是 banking,是开放式网银平台"融 e 行";最后一个 C,是 credit,是网络融资中心。2017 年 6 月,传承 e-ICBC1.0 和 2.0 的发展成果,工商银行进一步推动互联网金融战略升级,全面打造 e-ICBC3.0 智慧银行。e-ICBC3.0 智慧银行的战略愿景是,秉持传承与创新的宗旨,推进传统金融服务的智能化改造,构建开放、合作、共赢的金融服务生态圈,建

设智能化的营销、产品、服务、风控体系,重塑银行信息和信用中介的中心地位,形成线上线下一体化的经营发展模式,打造线上线下一体化获客、活客、黏客的新型客户关系管理体系,推进全行向服务无所不在、创新无所不包、应用无所不能的"智慧银行"转型。

二、主要做法

面对客户行为和市场环境的深刻变化,中国工商银行锐意进取,利用自身强大的信用优势、科技优势和渠道优势,以开放的心态拥抱互联网金融变革。围绕 e-ICBC2.0 发展战略,中国工商银行通过金融科技应用实践,依托"三平台"和"一中心",实现了互联网金融业务跨越式发展,形成一个服务数亿客户群的互联网金融新生态,在银行同业树立了启动最早、发展最快、影响最大的阶段性领先优势,以大银行的新业态、新生态,为促进实体经济提质增效增添新动力,为推动自身经营转型提供新引擎。2017 年,中国工商银行线上业务占全行业务的比例超过了 94%,相当于替代了 4.7 万网点、47 万柜员的业务量,为全行节约经营成本约 900 亿元。

(一)打造开放式网络金融平台"融 e 行"

2015 年和 2016 年,中国工商银行陆续推出了开放式手机银行、开放式个人网银,实现了"融 e 行"品牌和服务的全面升级。"融 e 行"最大的特点是"五化",即业务开放化、客户开放化、平台开放化、智能化和个性化。在业务开放方面,改变传统封闭的电子银行交易系统,用互联网思维重新设计交易界面、业务流程,实现客户无须登录即可浏览金融产品、行情和营销信息,为客户提供一站式的交易服务体验。在客户开放方面,以人民银行个人结算账户改革为契机,充分应用 II、III 类账户体系,支持工商银行和非工商银行客户均可在线享受工商银行金融服务。在平台开放方面,中国工商银行采取聚合的方式,吸引各方资源,集合总行、分行和第三方商业合作方的力量,共同在平台发布金融增值服务、产品和信息,不断丰富平台服务内涵,通过金融服务与用户生活场景的相互结合,提升平台获客、活客和黏客的能力。此外,基于全行大数据应用体系,借助对平台浏览轨迹、常用交易功能、产品购买偏好等客户行为数据的分析,完善客户画像,推断客户需求,提供猜你喜欢、智能推荐、便捷导航、精准广告投放等服务,实现了平台的智能化、个性化发展。截至目前,融 e 行客户达到 2.74 亿户,领跑国内银行业;在知名咨询机构易观智库的报告中,实现了行业内"三个一",即客户数第一、用户黏性第一和市场份额第一;移动端月活跃客户数近 5000 万户,日活跃客户数突破 1000 万户,日均活跃用户、日均启动次数、日均使用时长在银行 APP 中均排名首位;移动端每年交易额以 90%以上的增长率高速增长,年度交易额已经突破 28 万亿元。

(二)打造"融 e 购"特色电商平台

"融 e 购"电商平台自 2014 年 1 月 12 日正式对外营业以来,始终以建设"集 B2C、B2B、B2G、跨境电商业务于一体的综合化电商平台"为目标,坚持"以商促融、以融引商"的发展策略,现已汇集数码、食品、旅游、交通、地产、汽车等 20 余个行业,形成了一定的规模效应和市场影响力。在总体发展思路上,"融 e 购"结合银行系电商自身特点,注重"遵循电商规律、体现银行特色、发挥金融优势"。在策略定位方面,坚持"品质为先"的差异化发展思路,立足于"名商、名品、名店",突出强调品质与信誉,商户直营率达到 60%。在营销推广方面,注重打造渠道特色,整合行内行外、线上线下渠道资源,特别是依靠中国工商银行近两万家实体网点形成与纯互联网公司差异化的 O2O 优势。在市场拓展方面,注重开拓金融属性强、交易规模大的房地产、汽车等电商蓝海市场。房地产行业在全国率先实现纯线上按揭贷款,已覆盖万科、恒大、保利等国内 TOP30 房企。坚持发挥金融优势,通过提供 e 支付、线上 POS、积分支付,以及个人逸贷、商户逸贷等创新型 B 端、C 端融资和供应链融资产品,打造"支付+融资"

的特色金融服务方案。融e购经过三年的发展,C端客户规模突破7900万户、B端商户达到1.7万户、上架商品102万件,年度交易额突破1万亿元。融e购上线的商户中,32%的客户是未和工商银行合作过的新客户,成为银行获客新渠道,带来新增存贷款业务达到亿级以上;跨境电商共开立19家国家地区馆和2家跨境专区,覆盖全球五大洲,受到了境内外政府机构的高度关注,其中"捷克馆"开馆仪式更获捷克总理与工商银行易会满董事长的现场见证。

(三)打造即时通讯平台"融e联"

"融e联"是中国工商银行适应移动互联网时代客户服务方式移动化、碎片化的趋势,建立的银行与用户、商户与用户、用户与用户之间的移动金融服务平台,旨在构建开放金融生态、为用户提供随时随身的金融服务。作为目前国内唯一一款由大型金融机构主导的移动金融服务平台,"融e联"以多功能的安全金融信息通知服务、便捷的客户经理咨询及业务服务、专业可靠的金融资讯服务、本地化的特色金融生态服务为主,为用户提供更为便捷的金融服务体验。自2014年12月2日正式上线后,"融e联"的用户规模和活跃程度迅速发展壮大,三年内客户从无到有,达到1.03亿户。根据中国互联网市场领先的大数据分析公司易观千帆数据统计,在金融专业类榜单中,根据活跃用户规模排名,"融e联"分别位列金融类APP第七名、银行类APP第四名。下一步,中国工商银行致力于将"融e联"打造成为安全可靠的信息平台、合作共赢的开放平台和一体化的服务平台。一是打造线上流量入口。"融e联"平台基于强大、安全、免费的全新多功能信息交互服务,发挥与银行核心业务系统松耦合的架构优势,成为中国工商银行通过线上连接内外部合作场景、线上获客渠道的流量入口和中转站。二是提供线上线下一体化营销服务。"融e联"平台因其多层级、多中心和网格化的特点,可有效解决当前金融服务中的"效率洼地"现象,聚合中国工商银行数万名实名客户经理及上万家网点的线上服务能力,提供本地化深度金融服务,为基层行及客户经理提供线上拓展和维系客户的平台,并将线上客户流量交还给基层行和客户经理运营,释放全行各节点的营销服务能力。三是构建开放的金融服务场景生态。"融e联"平台通过向行内外各类机构开放 API 接口,依托银行在经济社会运行中的枢纽地位,以众包、众创的方式激活金融服务创新潜力,构建丰富的服务应用模块,打造高效、安全的社区金融和商圈金融服务体系,从而使"融e联"成为中国工商银行流量价值整合平台,构建起移动互联网金融生态圈的基础。

(四)网络融资中心

网络融资中心是中国工商银行在"互联网+"的时代背景下,着手对信贷经营模式实施的变革,提供贷款额度相对较小、信息对称、适合标准化的法人客户尤其是小微企业信贷,以及无抵押、无担保、纯信用、全线上的个人消费信贷业务。自 2009 年以来累计发展供应链超过 3200 余条,涵盖品牌汽车、现代农业、装备制造、信息通讯、医药健康等 10 多个行业,为近 1.1 万户小微企业发放融资超过 8000 亿元。2017 年 7 月,工商银行进一步推出了融资流程全程在线办理、系统自动审批的"秒贷"产品网上小额贷款,在不到四个月时间已在全国 31 个省份地区实现了业务落地,共为 1668 户小微企业发放纯信用方式贷款 8.29 亿元,户均融资 50 万元。截至目前,工商银行网络融资金额达到 8000 亿元,持续巩固国内最大的网络融资银行地位。

三、经验效果

中国工商银行发展 e-ICBC 战略,最终的、最核心的目的是做金融。"三平台、一中心"对传统金融业务的带动效应开始显现,为全行转型发展提供新的动力,并更好地服务于实体经济转型升级和大众创业万众创新的时代需求。

（一）创新金融服务，助力实体经济

互联网金融作为金融业态的新组成部分，其产生、成长和壮大无不源自实体经济的发展需要，这也从根本上决定了互联网金融与实体经济唇齿相依、同枯共荣。中国工商银行在推动 e-ICBC 过程中，始终坚持服务实体经济的本源，把自身在互联网技术以及跨界融合应用等方面的创新实践和比较优势，积极转化为服务实体经济的新模式、新手段，目的是让互联网金融联通工商百业、惠及千家万户、服务国计民生。

例如，"融 e 购"电商平台促进了单一金融服务向综合化服务的延伸，帮助客户改变了销售模式甚至生产模式，创新了金融与商业相融合的新型客户关系。2016 年以来，"融 e 购"以农产品和旅游为突破口的"电政合作"为政府推动"互联网+转型"提供了平台，与海南、大理、延安、桂林等当地政府合作，打造集"吃、住、行、游、娱、购"于一体的线上旅游集合体，在为各地区的旅游业输送客源的同时，也取得了良好的社会效益和经济效益，在 2016 年短短两个月时间内为大理销售旅游产品 4 亿元。与全球最大的建筑企业中国建筑合作探索的 B2G 采购业务已经上线，与之配套的"三流合一"、系统直驱、无需人工干预的全线上贷款业务成功突破，未来面向建筑行业的开放式服务将创造万亿级支付业务和千亿级融资机会。与新疆生产建设兵团合作的线上棉麻销售预计达到了百亿量级交易额。与原农业部绿色食品管理办公室合作创新"三农"服务模式，签约上线了全国 90% 以上具备电商运营服务能力的绿色食品企业，绿色食品累计销售规模超过 6.6 亿，客户复购率超过 2.5 次/人，让绿水青山走进了千家万户，有力支持了农业供给侧改革。

（二）践行普惠金融，助力服务民生

互联网金融具有交易成本低、覆盖范围广、服务效率高等先天优势，与发展普惠金融高度契合，为解决普惠金融"最后一公里"问题提供了平台。中国工商银行作为互联网普惠金融的实践者和引领者,致力于为客户提供更普及、更便捷、更安全的服务。

例如,"融e购"借力互联网打造电商扶贫新模式。以商业扶贫的形式,为贫困地区特色产品销售、特色资源开发提供宣传销售平台,促进贫困地区企业销售增长、就业增加、收入提升。同时,通过"互联网+公益"和"义卖+捐赠"的形式分别与政府、非营利性基金会等合作,并鼓励社会爱心人士和企业投身公益扶贫事业。截至2017年7月,"融e购"平台共上线贫困地区商户近500户、商品3200余种,实现销售过百亿元,覆盖特色农产品、旅游等多个行业,遍布四川、贵州、新疆、西藏多个省市自治区,其中工商银行定点帮扶贫困县万源、通江、南江、金阳四县共实现交易额800万元。

再如,中国工商银行借助"融e联"平台构建消费者保护教育和商融互促的新模式。适应移动互联网时代客户沟通移动化、碎片化的发展趋势,一方面,融e联通过实时推送账户资金变动、金融产品信息等功能,为用户提供安全的信息获取渠道,并利用加密传输等手段,保障客户个人信息安全;推出各种公众号、订阅号,主动宣传金融基础知识、安全知识和各类金融产品,提高客户对风险的认识和投资决策的能力。另一方面,"融e联"以开放合作共赢的理念,与外部企业开展场景对接和合作,将银行服务融于无处不在的场景之中,共建"网络+场景+金融"的商融互促新业态新生态。

再如,"融e行"以公平为理念构筑开放式网银平台。"融e行"开放式网络银行平台,破除了手机银行和网上银行"围墙",通过业务开放、客户开放、平台开放,实现整个网上业务的全面直销,让工商银行与非工商银行客户都可以接受到工商银行优质的金融服务,秉承让社会各阶层平等获取金融服务、平等享有改善经济条件的机会这两大目标,是工商银行践行普惠金融的重要内容。"融e行"增加经济欠发达地区金融服务可得性,解决了物理网点在该类地区难以覆盖带来的问题;"融e行"强大的支付功能满足用户多元化的支付需求,支持用户通过电脑、智能手机等终端随时随缴纳水、电、燃气、手机、固话等费用,避免了长时间排队给生活带来的不便;创新开发了医疗挂号,购买火车票、机票,缴纳交通罚款等新功能,在为群众带来便利的同时节约了大量的公共资源。根据测算,每年通过"融e行"移动端办理业务而减少碳排放25.5万吨,相当于种植了1425万棵树。

(三)转变经营模式,助力小微企业

中国工商银行发挥自身专长和优势,借助互联网渠道,转变经营模式,突出加强对小微企业、"三农"等实体经济薄弱环节的支持,借助"互联网+金融"为小微企业与个人客户提供更优质的服务。

例如,"融e购"电商平台利用客户黏性好、品牌优势强等优点,持续助力小微企业发展。例如安徽詹氏食品股份有限公司(壳壳果)是"融e购"最早试点的客户之一,在工商银行总分行大力推动下,为其开展多场营销活动,2015年在"融e购"销售额3800万元,一跃成为"融e购"坚果类行业的销售冠军,"融e购"也成为壳壳果销售主渠道之一。

再如,网络融资中心是中国工商银行互联网金融创新的一个重要里程碑,也是银行信贷经营模式变革的新起点。其运用互联网思维和大数据技术,在信息收集分析判断的基础上,实现安全高效的资产转换,促进资金的有效配置,最终完成由存款向贷款转换的关键一跃。它能促进信贷业务尤其是小微和个人金融业务在风险可控基础上的线上批量化发展,给客户带来"无地域、无时差、一键即贷"的良好体验。

面向未来,中国工商银行将积极打造一个以平台战略为牵引、以智能金融服务为重点、以线上线下交互为特色、以大数据全面应用为支撑的金融服务新模式。中国工商银行愿意与各方加强合作,互相促进,打造"平台+网点+场景+金融"的全新生态,共同提升互联网金融的价值创造能力、服务品质和普惠水平,为促进实体经济提质增效增添新动力。

案例 9　农业银行:农村互联网金融平台,助力"三农"普惠金融发展

中国农业银行股份有限公司

导读:作为我国最主要的综合性金融服务提供商之一,中国农业银行致力于建设面向"三农"、城乡联动、融入国际、服务多元的国际一流大型商业银行。近年来,农业银行在互联网金融服务"三农"和小微企业方面进行了诸多尝试,积极开展互联网金融服务"三农"一号工程,推出了以网络融资为重点,以网络支付结算为基础,以电商金融为支撑的"惠农 e 通"平台,大力促进城乡协调发展。

一、基本情况

2017 年,中国农业银行迎来 66 周岁生日,其前身最早可追溯至 1951 年成立的农业合作银行。20 世纪 70 年代末以来,中国农业银行相继经历了国家专业银行、国有独资商业银行和国有控股上市银行等不同发展阶段,走过了一段极不平凡的发展历程。

作为我国最主要的综合性金融服务提供商之一,中国农业银行致力于建设面向"三农"、城乡联动、融入国际、服务多元的国际一流大型商业银行,凭借全面的业务组合、庞大的分销网络和领先的技术平台,向广大客户提供各种公司银行和零售银行产品和服务,同时开展金融市场业务及资产管理业务,业务范围还涵盖投资银行、基金管理、金融租赁、人寿保险等领域。

随着信息时代的到来,中国农业银行积极跟踪互联网技术创新趋势,大力发展电子银行业务,逐步建立和形成功能齐全的网上银行、电话银行、掌上银行、自助银行等多元化电子渠道。持续推动网络金融业务转型升级,大力推进互联网金融服务"三农",搭建功能

完善、产品丰富、开放共享的"三农"互联网综合金融服务平台,建立互联网金融服务"三农"产品、制度、科技、运营和风控体系。围绕"市场、产品、用户、数据、体验、风控"六个关键点,做强 B 端商户,做活 C 端客户,健全运营支撑,强化风险管理。截至 2017 年 6 月,全行各类网络金融客户总量达 7.65 亿户,2017 年上半年新增了 5,414.3 万户,电子渠道交易笔数 200.5 亿笔,同比增长 52.8%;电子渠道金融性交易占比达 97.0%,同比提高了 2.7%。

二、主要做法

(一)建设背景

近年来,伴随着农业信息化、农村数字化、农民网络化的推进,运用互联网服务"三农"的条件已经成熟。作为一家以服务"三农"为宗旨的国有大型商业银行,中国农业银行一直在努力发展体现自身优势、突出自身特色的互联网金融业务。前期,中国农业银行立足"三农"电子渠道广覆盖、"惠农通"工程"三农"客户强渗透、电子商务业务精管理的"三个基础优势",在互联网金融服务"三农"和小微企业方面进行了诸多尝试,大力开展互联网金融服务"三农"一号工程,推出了以网络融资为重点,以网络支付结算为基础,以电商金融为支撑的"惠农 e 通"平台,引起了社会的广泛关注,并得到了客户的充分认可。

一是充分利用中国农业银行在县域农村的基础优势。中国农业银行长期践行服务"三农"历史使命,始终致力于县域农村地区的支付环境建设,线下渠道覆盖较广、客户基础较好。截至 2016 年底,农业银行在农村地区发行惠农卡 1.94 亿张,全国行政村服务覆盖率达 75.1%。县域网点 1.27 万家,县域离行式自助银行 7000 多家,设立"惠农通"服务点 62.2 万余个,为广大农户提供方便快捷的转账、存款、小额取现、缴费等金融服务。

二是选择县域商品流通市场作为互联网金融服务"三农"的突

破口。一方面,县域商品流通市场是沟通城乡的桥梁,是连接生产和消费的纽带,在保障城市农产品供给、提高农民收入、改善城乡居民生活质量和繁荣城乡经济方面发挥着不可替代的作用。另一方面,县域商品流通领域主要以县域批发商和小型农家店为主体,互联网覆盖范围较广,电脑或智能手机使用频次较高,商户和店主对金融产品特别是电子商务的接受度较高。因此,大力优先发展县域商品流通市场的电商化服务,才能更好地发挥农业银行服务"三农"主力军作用,促进城乡协调发展。

三是破解县域农村地区融资难、融资贵问题。一直以来,由于农村贷款主体缺乏有效的抵押物、农业信贷担保体系不健全等原因,制约着农村信贷业务的发展,农村地区融资难、融资贵的问题亟待解决。发展电子商务,积累可信数据,可为数据授信、数据增信打下基础。

(二)建设内容

1. 推广"惠农 e 通"平台深化服务"三农"

为深入贯彻落实中央关于经济金融的方针政策和支持农业经营主体生产、供销、信用"三位一体"综合合作的要求,农业银行积极运用互联网思维和技术,推出互联网金融服务"三农"统一平台"惠农 e 通",以网络融资服务为重点,以网络支付结算服务为基础,以电商金融服务为支撑,创建"三农"金融服务互联网化新模式,提高农村金融服务的效率和可获得性,把服务"三农"做得更好,把县域竞争力做得更强。"惠农 e 通"平台服务对象主要为县域品牌代理商、批发商和乡村百货超市,服务内容主要是提供核心企业供销存管理和下游超市货品管理、收银管理、订购管理等服务。通过采购管理、销售管理、库存管理、财务管理等四个模块,实现了农村超市与县域批发商之间的采购活动的线上化和农民日常购物活动的电子化,是农业银行深化服务"三农"的重要举措,具体模式有:

一是构建特色化的"三农"电商金融服务体系,打通工业品下乡,农产品进城的双向流通渠道。农业银行从县域流通领域入手,为客户提供进销管理、订单管理、财务管理、信息撮合一揽子服务,向上延伸到农业产业化龙头企业,向下延伸到农家店、农户,促进农业产业链从生产到消费的各个环节的有效衔接,降低经营和交易成本,实现供需匹配和实体商业的转型升级,为农业供给侧结构性改革提供支撑。

二是做精、做细、做优基础金融服务,提升普惠金融的广度和深度,解决好"最后一公里"的问题。在惠农卡、惠农通服务点等服务模式基础上,顺应移动互联的发展趋势,利用智能手机把丰富的金融服务融入到农民的日常生活中去,让农民足不出户就能够享受到和城里人一样的高效、便捷、安全的金融服务,逐步改善农村地区基础支付环境,培养农民的现代支付习惯。

三是因地制宜创新"三农"网络融资服务,破解融资难、融资贵的问题。农业银行针对不同地域经济发展的特征,根据村民的富裕程度、农村的信用状况、种养殖产业特点的差别,对用户金融资产数据、"惠农 e 通"平台上积累的交易行为数据和可对接的外部可信数据进行深入挖掘,创新基于数据决策的"三农"网络融资新产品。一方面,通过数据的挖掘与分析建立客户信用画像,以重信用、轻担保、无抵押的模式破解融资难的问题。另一方面,通过网络化、自动化的流程设计提升业务效率,降低成本,贷款可以随借随还,精准匹配实际用款时间,有效减轻利息负担,破解融资贵的问题。

"惠农 e 通"平台面向县域商品流通领域,以"三农"地区商品流通体系的最末梢的农村超市购销需求为切入点,通过联动县域批发商的进销存管理,建立了线上电子商务、线下转账电话支付的一体化电商服务模式;通过抓住县域核心企业(品牌代理商、批发商等),可以有效黏住下游超市类客户,并使其成为"三农"服务的入口。

2. 推出"惠农 e 通"平台助力企业向电商转型

"惠农 e 通"平台针对供应链上下游企业、商品批发市场个体工商户和各类中小微企业需求，通过供应链金融管理、多渠道支付畅通、线上交易线下体验等一系列创新，为客户提供在线交易、支付结算、财务对账、库存管理等服务，助力中小企业等实体经济主体向电商转型。

平台具有如下特点：一是线上销售渠道快速构建。企业可通过平台直接向经销商销售商品，经销商可通过 PC、手机、平板智能终端等订购商品、支付货款。二是全流程供应链管理。平台为企业提供采购、销售、库存等全流程供应链管理，打通生产企业、农批市场、县域批发商、农村超市和农户全产业链，方便企业及时掌握生产经营情况。三是线上线下支付一体化。平台支持线上、线下等多种支付方式，满足企业、经销商多种应用场景的资金支付结算需求。

作为垂直电商平台的一种，"惠农 e 通"平台按照熟客模式，以核心企业为抓手，实现了现有经销商供应链关系的电子化和网络化，解决了企业传统的购销管理手段下，收款渠道多样、收款管理繁琐、对账处理费时、信息沟通频繁等问题，提升整个供应链效率。"惠农 e 通"平台的推出，在服务实体经济、破解传统企业转型电商困局方面作出的有益探索。

(三)解决的主要问题及方式方法

一是服务农业产业链。依托"惠农 e 通"平台，与涉农电商、专业市场和农业产业链核心企业对接，搭建线上采购和销售渠道，为圈内或链条上的企业提供商务、支付、融资等一揽子金融服务，提高企业资金使用效率和生产经营水平。

二是服务县域商品流通体系。依托"惠农 e 通"平台，为上游县域批发商户提供商品销售、订单管理、财务管理、存货盘点、经营分析等服务，帮助其实现低成本电商转型、提高销售管理效率、丰富销售资源;为下游农村超市商户提供商品展示、订货下单、支付收款等服务,帮助其提高购销管理、购货议价能力。对于农民,足不出村即可享受更便捷的金融及电商服务、提高生活品质、降低生活成本等。

三是解决农村电商支付难题。在传统线上支付的基础上,创新推出"线上电商+线下终端支付"的多渠道支付模式,通过智付通、平板电商终端等各类终端,实现订单支付,解决农村电商的支付难题,促进农村生产经营电商化转型。

三、经验效果

截至2017年10月,"惠农e通"平台吸引商户140多万户,覆盖全国31个省、自治区、直辖市,基于涉农产业链和惠农圈的场景化金融服务能力进一步增强,实现产业互联网金融服务的规模化发展。同时,依托"惠农e通"平台,已推动685个贫困县实现"触网",为13万个贫困县农企农户提供电商金融服务。2017年8月与商务部携手打造"惠农e通"电商扶贫专区,为贫困地区特色产品提供网络销售的绿色通道,着力提升电商扶贫能力。目前已覆盖全国8个省区、12个国家级贫困县,带动150余种特色商品产地直销。

下一步,中国农业银行将继续加大"惠农e通"平台的推广力度,不断优化整合平台服务模式和产品功能,并围绕互联网金融特色服务、城乡生活一体化、农业生产服务、农民征信服务等更多业务场景和行业应用,加大资源投入,逐步建立面向"三农"客户的、全方位嵌入农村社会生产生活的互联网金融生态圈,在农村普惠金融服务领域走出一条新路,向社会交出一份满意的答卷。

案例10 小红书:社区与跨境电商新模式,助力供给侧结构性改革

行吟信息科技(上海)有限公司

导读:在"大众创业、万众创新"的大潮下,小红书创新"社

区+电商"模式,帮助品牌提升价值,帮助消费者选择商品。借助大数据技术和人工智能应用,小红书将口碑信息和商品销售有机融合,成功探索出基于用户口碑的跨境电商新模式。作为"互联网+外贸"的典型应用,小红书跨境电商的发展得到了各级政府大力支持。通过不断提高商品供给质量,优化供给效率,小红书脚踏实地,为供给侧结构性改革作出贡献。未来,小红书把握"双创"时代的历史机遇,将把成功经验拓展应用到出口领域,展示中国新兴互联网企业的新兴力量,提升中国品牌的附加值和海外影响力,助力中国经济发展。

一、基本情况

行吟信息科技(上海)有限公司(以下简称"小红书")成立于2013年8月,主要通过手机端APP,向用户提供社区及跨境电子商务服务。通过打通"社区"与"电子商务","小红书"着力拓展口碑传播,开创了崭新的"互联网+"应用范式。在供给侧结构性改革大背景下,通过大数据技术挖掘用户的商品需求,"小红书"提供更有品质的商品,引领用户的消费习惯,成为跨境电子商务领域的标杆。

2015年,国家相继出台了《国务院关于积极推进"互联网+"行动的指导意见》《国务院办公厅关于促进跨境电子商务健康快速发展的指导意见》等重大战略,各部门纷纷出台鼓励政策,上海市等地方政府也结合自身特色出台了相关文件。受此鼓舞,2015年,公司开始提供跨境电子商务服务,当年销售额达到15亿元人民币。2016年,公司销售额增长3倍,缴纳各项税收近2亿元人民币。2017年销售额预计突破100亿元人民币,注册用户突破1亿。目前,公司在郑州、深圳、宁波、武汉、北京等地设有分公司及研发中心,在美国、日本、韩国等国家及我国香港地区设有办事处,租赁保税仓约15万平方米,在香港租赁海外仓约1万平方米。公司现有员工800人,平均年龄27岁,海外留学人员占比超过10%。

二、主要做法

"小红书"发展历程虽然不长,但一直走在模式创新的创业道路上,紧密围绕"互联网+"不断尝试,为供给侧结构性改革贡献自己的力量。

(一)聚焦用户,打造最大海外购物口碑数据库

成立初期,"小红书"以提供"海外购物分享社区"服务为主营业务,迅速吸引了大量用户。在社区里,用户被亲切的称为"小红薯",社区和客服工作人员被称作"薯管家",关注某种商品被成为"种草",而最终买到称心如意的商品则被叫作"拔草",购买的行为叫作"剁手"……大量拟人化、接地气又具有网络特色的新词在用户中广为流传。

在使用中,"小红薯"们在社区里"晒"出自己在海外买到的质优价平的商品,互相点赞、评论,营造出健康理性的社交氛围。在社区管理上,通过精选、会员等制度设计,激发大家分享和互动的热情。与此同时,"小红书"结合网友关注点,积极组织线下品鉴等交流活动,引导网友关注品质消费,满足网友的社交需求。

目前,"小红书"拥有庞大的海外商品口碑数据库。商品口碑能够直接帮助品牌提升价值,还可以帮助消费者进行消费选择。目前,社区已积累超过两千万篇海外购物笔记。

(二)顺应政策,积极发展跨境电商业务

2015年初,顺应国家鼓励发展跨境电商的大环境,基于丰富的社区内容数据,以及旺盛的用户购买需求,"小红书"推出跨境电商服务,主要包括两种业务模式:

1.保税备货:海外商家通过集中采购,运送至保税区仓库,客户通过手机下单后,"小红书"代为报关、报检、缴税,并通过境内物流配送给客户。这种模式适用于常规、用户广泛需求的商品。

2.跨境直购:在海外根据用户订单生成包裹,通过国际快递方

式,直接寄到用户手中。这种模式适用于个性化、价格高的商品。

通过"保税备货"和"跨境直购"等模式的有机结合,"小红书"整合海外供应链,将优质的海外商品提供给境内的广大消费者,并结合口碑营销,促进信息消费和升级。

(三)模式创新,独创"社区+电商"新模式

"小红书"巧妙地打通了社交与电商之间的关联,通过大数据技术,将社区关注的热点口碑商品自然的转化为采购环节的重点,并且最终成为销售环节的"爆款"商品,这就是"小红书"独创的"社区+电商"模式。

与传统电商类似"网上超市"的做法不同,社区电商以"UGC+大数据+人工智能"为核心,提供的服务"of the user,by the user,for the user",即:商品信息来源于用户分享,采购需求基于对用户分享内容的大数据挖掘,通过人工智能分析为用户提供个性化服务。

1. UGC(User Generated Content,用户产生内容)。"小红书"社区用户超过 7000 万,购物笔记(帖文)超过 2000 万篇,是最大的全球购物分享社区之一。用户构成中 90% 为女性用户。年龄结构上,着眼于下一代新中产人群,"85 后"用户比例超过 80%,其中"90 后"用户达到 56%。

年轻化、去中心化的用户构成使得社区长期保持着快速健康的发展态势,并为大数据应用提供了坚实的数据基础,并成为"小红书"不可复制的竞争优势。

2. 大数据+人工智能。通过自身庞大的海外商品口碑数据库,"小红书"创新引入大数据挖掘技术,自动挖掘和筛选社区用户关注度高、口碑好的商品,然后积极组织海外采购。相比传统电商企业的做法,大数据的应用体现出以下几方面优势:

一是提高效率,系统自动完成热门商品比选,而传统电商企业往往依靠人力去寻找和推荐商品;

二是优化库存,由于筛选出来的都是用户关心的热门商品,避免了采购大量不好销售的产品从而导致增加库存成本;

三是紧跟市场,在"小红书"社区里,一旦海外有新的款式,立即会有"达人"用户使用分享,并且很容易受到追捧;

四是提高收益,热门商品的发掘,使得采购团队可以大批量进行采购,从而在货源和价格上取得优势。

与此同时,"小红书"通过引入人工智能技术,进行精准人工画像,让每个用户都拥有自己个性化的内容和商品页面,从而做到了"千人千面",增加了用户黏性。

(四)着眼未来,积极谋划发展方略

"小红书"模式在进口业务中的成功应用,为利用跨境电商平台,帮助中国商品"走出去"提供了可行的解决思路。对于今后的发展,"小红书"提出三个发展目标:一是帮助中国人买到海外的好东西。实践证明,"小红书"的模式是成功的。二是帮助中国人买到国内的好东西。"小红书"已成功在时尚、数码、美妆、日用品等品类中提供国产品牌商品。三是帮外国人买到中国的好东西,也就是拓展出口业务。在"小红书"用户中,约10%为海外用户,这些将成为"小红书"今后拓展出口业务的种子用户。

为此,"小红书"计划做好以下几方面工作:一是深入大数据和人工智能应用,以新技术引领企业发展;二是积极拓展第三方商家,进一步丰富商品构成;三是优化物流网络,进一步健全境内保税仓储网络,积极拓展海外物流网络,把商品更快更好的交到消费者手中。

三、经验效果

"小红书"作为"互联网+外贸"的新兴代表,自2015年初推出电子商务服务以来,快速健康成长,受到了政府领导的肯定,也得到了资本市场的认可。在助力供给侧结构性改革方面,积累了一些初步的经验:

（一）提高供给质量

商品类型上，"小红书"并没有走奢侈品路线，而是围绕核心用户的消费习惯，提供了很多类似百元级别的化妆品、数百元的包和服饰等在内的优质进口商品。大量质优价平的海外商品，很好地满足了用户的需求，引导年轻消费者品质消费、理性消费、按需消费，而不是高档消费、跟风消费、攀比消费。

（二）优化供给效率

"小红书"从以下几个方面着手，不断优化供给效率：一是坚持B2C模式。"小红书"自创业初期，就坚持B2C模式，将跨境B2C与第三方商家有机结合，丰富商品种类，保证商品和服务质量。目前，"小红书"平台上的第三方商家已突破1000家。二是坚持移动端战略。"小红书"自创建之日起，就聚焦手机端。研发过程中不断收集用户反馈意见，通过"小步快跑、快速迭代"，持续完善优化APP，服务好广大移动互联网用户。

（三）促进产业升级

优质海外商品的涌入，客观上会对部分价高质平的国产商品形成冲击，推动国内相关企业进行产业升级，加大研发和设计投入，提升生产工艺，优化产品质量，提升国际市场竞争力。一些数码、美妆厂商结合国内的消费习惯和市场规模，利用先进技术和工艺，已推出不少质优价廉、有竞争力的商品，在"小红书"平台上取得了不错的销售成绩。未来，"小红书"将把这些口碑优秀的国产商品推广到国外市场。

案例11 河南保税物流中心：跨境电商综合服务平台，积极布局"一带一路"

河南省进口物资公共保税中心集团有限公司

导读：河南保税物流中心位于河南省郑州市经济技术开发区航海东路1508号，凭借郑州得天独厚的区位优势与国家跨境电子商务服务试点、郑州航空港经济综合实验区的政策优势,河南保税物流中心逐步探索开展仓储、配送、信息配载、物流服务、货物包装、货运代理、货物中转、自营和代理各类商品的进出口业务,吸引带动电商、网商、物流商、支付商等多类企业入驻,成为全国领先的跨境电子商务贸易综合服务商。河南保税物流中心在全国创新了"电子商务+保税中心+行邮监管"通关监管模式,并在全国推广复制,同时通过体制机制创新和商业模式创新实现了跨越式发展。河南保税物流中心立足河南,不断打造区域经济发展新引擎,鼎力支撑中部崛起,让世界的产品走进中原,让中原的产品走向世界,成为务实推进"网上丝绸之路"的典范。

一、基本情况

河南省进口物资公共保税中心集团有限公司(以下简称公司)是河南保税物流中心(B型)的运营管理企业,是郑州市跨境贸易电子商务服务试点工作(以下简称E贸易)的承建单位。公司位于郑州经济技术开发区,占地面积840亩,注册资金6155万元,其中郑州经开投资发展有限公司占41.43%股份,香港高鹏占39.81%股份,深圳东银富海投资合伙企业(有限合伙)占18.76%股份,属国有参股的中外合资企业。

2015年11月27日,郑州E贸易试点顺利通过国家验收,被国家试点验收组称为"全国最具创新性和复制推广最完善的模式"。2016年1月,中国(郑州)跨境电子商务综合试验区获得国家批复,公司成为跨境综试区建设的核心支撑单位。2016年12月6日,国务院正式批复同意整合河南保税物流中心(B型)和河南郑州出口加工区,设立郑州经开综合保税区,河南保税物流中心从此开启融合新生的历史新征程。

河南保税物流中心占地55万平方米,拥有包含28万平方米多功能立体智能化保税仓库和7.8万平方米郑州跨境贸易电子商务综合监管分拨中心,规划打造全球智能仓储物流中心。目前,公司拥有子公司21家,在北、上、广、深等地设立办事处,在欧洲、美国、俄罗斯、韩国、澳洲等国家和地区设立分支机构,建立了一个连接国内外物流网络,成为中国跨境电子商务领域的领头羊,推进郑州跨境贸易电子商务服务发展。

公司以保税物流为基础业务,主要涵盖全球采购、国际分拨、物流配送、第三方物流、国际中转、转关运输、货运代理、信息处理和咨询、保税仓储、普通仓储、加工增值、融资服务、保税贸易、出口退税、转口贸易等业务,是重要的公益性平台、外向型综合服务窗口和河南对外开放的重要门户。

二、主要做法

跨境电子商务是新兴业态,是传统外贸的补充。跨境电子商务推动了传统外贸由单一大宗贸易向小额贸易、跨境零售等多元模式发展。但小额贸易和跨境零售在发展过程中出现了清关难、退税难、结汇难的"三难"问题。基于此,公司大力推动郑州市跨境贸易电子商务服务试点工作,在政府监管模式创新、外贸通关流程创新、物流服务模式创新、商业模式创新等方面做了大量尝试和努力,取得了阶段性的创新成果。

(一)创新政府监管模式

围绕解决跨境电子商务中存在的支付难、税收难、结汇难和通关效率低、物流成本高等问题,公司积极探索"电子商务+保税区"的监管模式,将海量、碎片化的消费品跨境网购交易行为汇集到保税平台上,实现了国家对信息流、物流、价值流和质量安全的有效监管和高效服务。

(二)创新外贸通关流程

公司在保税区建设信息化服务平台,通过对交易信息、支付信息、物流信息的有效采集,替代传统的装箱单、合同、发票,实现对跨境电商的 24 小时通关服务和全覆盖的税收征管,大大提升了通关效率。通关实测能力提高至每秒 100 单,设计通关能力达到每秒 500 单。

（三）创新物流服务模式

以降本增效为目标,公司建立了物流主体多元化、运输方式多样化、服务方式集约化的保税物流服务新模式,打破了国内外航空快递物流企业垄断,对物流实行了全链整合,实现了由碎片到集成、由垄断到普惠。目前,从消费者下单到收到产品的时间由原平均 2 周缩短为现在的 48 小时,物流成本降低 70%。

（四）创新商业模式

实施"互联网+",在河南保税物流中心创新开展"单一窗口"、"一平两融多合一"等商业服务模式,目前处于全国领先地位。单一窗口项目包括买卖全球网、贸易政务单一窗口和政务监管端。它集电商、贸易商、物流商、支付商的企业需求、个人消费者贸易诉求、企业面向监管部门的监管申报要求和政府对全产业链价值管控功能为一体,打造立体、复合的商务综合服务系统。贸易政务单一窗口是承接政务服务与企业经营作业的桥梁,提供跨部门的协同处理能力支撑,实现了企业的最大限度运营便利化,降低了企业运营成本,提升了企业的运营效率。在政务监管逻辑和政务监管数据上,建立了一套完整的标准和体系,以"河南自贸试验区"为基础政策环境,为实现由河南发起的 eWTP(电子世界贸易平台)奠定充分基础,为国家制定全新的国际贸易规则提供理论和实际运营管理经验。

三、经验效果

公司的试点工作充分发挥先行先试政策优势,积极搭建"网上丝绸之路",使不沿边、不靠海的郑州形成跨境电子商务生态产业链,对地方经济具有较大的拉动效应,得到了党和国家领导人、社会各界的高度认可。

（一）发展成效显著

一是业务量全国领先。2013年7月15日，E贸易开始实货测试，当年实现跨境电商进出口（B2C）0.96万单，进出口交易额0.04亿元。到2016年，跨境电商进出口（B2C）达8290.30万单，同比增长65.75%，进出口交易额达63.99亿元，同比增长64.95%；2017年上半年，郑州进出口包裹总量3434万单，占全国各试点的33.45%，交易额46.89亿元，同比增长76.16%，缴纳关税5.9亿元，同比增长253%。自2013年E贸易开始测试至今，跨境电商进出口商品已突破1.6亿单，业务量持续保持全国首位。

二是法人注册企业稳步增长。截至目前，园区海关备案企业已达1101家，法人注册企业108家，聚美优品、网易考拉、小红书、中通国际、中国邮政等全国前十位的贸易及物流平台型企业入驻率达90%。园区法人注册企业稳步增加，不仅搭建了互融共生的产业链，更把企业营业收入和税收留在河南，为河南经济发展作出巨大贡献。

三是物流企业货物吞吐量显著增加。2016年E贸易共向空、铁、公、海各种运输方式提供货运总量达13.98万吨，对郑州航空港、国际陆港产生极大拉动作用。E贸易极大拉动了快递业发展，2016年各快递公司E贸易营业总收入1.84亿元，共缴纳税款1231.88万元，业务量和纳税额均增长45%。

（二）形成发展特色

一是不断创新业务模式，业务量迅速增长。河南保税物流中心开展的跨境物流业务，亮点是B2C跨境保税业务模式，以跨境物流为核心，利用保税政策开展E贸易业务，以此为切入点带动中心整体发展。通过"研究制定跨境贸易电子商务的通关、结汇、退税"等方面的管理办法及标准规范，建设进口服务、出口服务、用户管理、外部数据接入、安全认证保障、应用支撑、基础支撑等系统，构建郑州市跨境贸易电子商务服务平台，解决困扰跨境电子商务物流"清关难、结汇难、退税难"等三大核心难题,在推动跨境电商发展的基础上,带动跨境物流业务的高速增长,形成跨境贸易电子商务的跨境物流向郑州集聚的优势,为内陆城市郑州引来众多的跨境物流业务量。

二是巧借区位优势,发展国际物流服务。结合中心区位及郑州市米字型高铁区位、拥有航空港国际全货机航线 35 条,出口加工区、综保区、陆港、郑欧班列、青岛五定班列等优势,公司构建跨境电子商务全程门到门服务,国际集疏+国内干线运输,实现国内 50 小时到货、国际 7 个工作日到货。(1)通过河南保税物流中心的 E 贸易平台已经整合了 90 多个国家和地区的进口货物资源进入国内。(2)通过中大门国际物流服务有限公司提供国际干线物流集成、国内干线集运服务,能够发挥郑州航空港、郑欧班列、豫青无水港、陆港等多式联运优势,整合 37 条国际航空干线资源、9 个海运航线资源,能够为全球 55 个国家提供进口国际物流服务,为 77 个国家提供出口物流服务。(3)整合国内终端派送资源,实现服务 34 个地区的目标,为 600 多家企业提供仓储服务,为 2600 多个电商提供跨境贸易电子商务物流服务。河南保税物流中心进行 360 度全程监控,基本实现自动化管理。

三是带动国内物流及关联产业发展,助力地方经济发展。2016年,河南保税物流中心货物吞吐量 14 万吨,境外辐射 77 个国家和地区,境内覆盖所有省市。公司直接投资 8.08 亿元,增长 428.10%,间接拉动跨境电子商务产业投资 70 多亿元。E 贸易试点吸引众多大中小型报关、物流、金融、支付等企业纷纷落户郑州,提供一站式报关报检、物流配送、金融资金匹配等一系列增值服务,为跨境电商产业链的搭建提供强大的后备保障,降低电商企业运营成本的同时,也不断助推了河南省中小型企业的创新发展与壮大。

第三节 "互联网+"助力普惠民生

案例12 宜昌卫计委:"互联网+分级诊疗"服务体系,破解"看病难、看病贵"难题

宜昌市卫生和计划生育委员会

导读:近年来,宜昌市委、市政府高度重视医药卫生体制改革,以提高人民群众就医获得感为突破口,坚持"创新、协调、绿色、开放、共享"的新发展理念,着力推动体制机制创新,通过引入第三方社会资源,以服务病人为中心,以"互联网+"为手段,将群众就医需求、第三方就医服务和分级诊疗政策管理有机结合,搭建"系统+服务"于一体的分级诊疗转诊协作平台,形成了"全程服务人性化、转诊过程智能化、政策管理规范化、服务平台社会化、患者利益最大化"的分级诊疗"宜昌模式",较好地破解了"看病难、看病贵"的难题,基本实现了"首诊在基层、大病不出县"的目标。

一、基本情况

宜昌市卫生和计划生育委员会是根据《国务院机构改革和职能转变方案》和宜昌市委编委《关于组建市卫生和计划生育委员会的通知》(宜编〔2013〕76号)、宜昌市人民政府办公室《关于印发宜昌市卫生和计划生育委员会主要职责内设机构和人员编制规定的通知》(宜府办发〔2014〕8号)等设立的政府工作部门,其主要职责是拟定卫生和计划生育发展规划和政策措施,协调推进全市医药卫生体制改革和医疗保障。

2014年起,宜昌市卫生计生委与健康之路(中国)信息技术有限公司合作,搭建分级诊疗转诊协作平台,实现医疗资源、信息服务的互联互通,极大地方便了群众就医。2015年,宜昌"互联网+分级诊

疗"模式获国务院通报表扬,全国仅20个市(州)获此殊荣。2016年,"互联网+分级诊疗"改革被湖北省委确定为全省三个重大改革推广项目之一。目前,该分级诊疗转诊协作平台已纳入"智慧宜昌"统筹建设,嵌入宜昌市人口健康信息平台。

二、主要做法

(一)项目实施背景

多年来,"看病难、看病贵"屡屡为百姓所诉病,大医院门庭若市、一号难求与基层医疗机构门可罗雀、医疗资源无法得到有效利用形成强烈反差,日益增长的医保基金无法满足医疗费用的非理性增长。为深入推进我市医药卫生体制改革、促进医疗资源合理利用、建立科学有序的就医秩序、缓解看病就医矛盾,宜昌市卫生计生委于2014年启动了分级诊疗服务体系建设。

(二)政策依据

2014年,国务院办公厅印发的《深化医药卫生体制改革2014年重点工作任务》明确要求健全分级诊疗体系,综合运用医疗、医保、价格等手段引导患者在基层就医,推动形成基层首诊、分级诊疗、双向转诊的就医秩序;2015年,国务院办公厅《关于推进分级诊疗制度建设的指导意见》(国办发〔2015〕70号)、《关于印发进一步改善医疗服务行动计划的通知》(国卫医发〔2015〕2号)、《国务院关于积极推进"互联网+"行动的指导意见》等重要文件指导了分级诊疗制度建设。

(三)建设内容

1.建设目标。建立基层医疗卫生机构、县级医院、城市三级医院长期稳定的分工协作机制,逐步形成基层首诊、双向转诊、急慢分治、上下联动的医疗服务模式,加快实现小病不出乡(社区)、大病不出县和县域内就诊率达到90%的医改目标。

2.建设思路。结合宜昌市现有情况,采用互联网、大数据、云计算等核心技术,搭建覆盖各级各类医疗卫生机构的"互联网+分级诊疗"转诊协作服务平台,实现医疗资源、信息、服务的互联互通。

3. 整体框架。基于宜昌市现有的医疗信息化基础,结合互联网与移动互联网的技术创新优势,构建宜昌市分级诊疗服务体系的整体框架,完成一个协作平台、一个公众门户、一个医生终端、一套运营体系的建设工作:

(1)宜昌市分级诊疗转诊协作服务平台:充分发挥互联网"连接"的特性,整合连接各层级、各类别医疗服务机构,构建基于互联网络的区域医疗协同服务平台,免费开放给各层级、各类别医疗服务机构入驻使用;基于该平台,医疗机构之间可以高效便捷的开展多种形式的医疗协同服务,包括但不限于双向转诊、远程会诊、远程诊断等,最大化提升区域医疗资源使用效率。

(2)宜昌市居民健康服务门户:在区域医疗资源聚合的基础上,借助移动互联网的技术创新优势,打造宜昌市居民健康服务门户,为广大居民提供更加高效便捷、丰富实用的便捷就医服务和公共卫生服务,服务模块包括但不限于:

——公共卫生服务:签约医生、健康教育、疫苗接种、医生随访、慢病管理、健康设备、健康档案等;

——便捷就医服务:智能分诊、预约挂号、智能导诊、检查查询、订单推送、医师咨询等;

——医务人员服务终端:为医务人员度身定制患者管理工具和行业交流平台(健康之路 APP),通过 APP,医务人员可以更加高效便捷的连接、管理与服务患者,还可以与更多医学同行在线交流,相互学习借鉴,提升医疗水平;

——整体运营服务体系:构建一套完整的运营服务体系,以确保宜昌市分级诊疗服务平台的实际运行效果能够达到预期,运营服务内容包括但不限于:系统运维服务、平台迭代服务、机构入驻服务、操作培训服务、在线客服服务、推广运营服务、合作方接入支持。

4.业务模块。基于统一的标准规范和完整的安全策略，"互联网+分级诊疗"平台从技术架构上分为渠道层、应用服务层、业务逻辑层、基础平台层与硬件环境层等五个层级，平台业务主要涵盖转诊协作系统、电子签约系统、医生随访系统、慢病管理系统、健康档案系统等。

（1）转诊协作系统：转诊协作系统优化各级医疗机构转诊流程、提高转诊效率。本系统采用 BS 架构的云服务体系将区域内各级医疗卫生服务机构整合连接在一起，实现各医疗机构间转诊信息的互联互通，帮助各级医疗机构真正实现转诊过程标准化、转诊信息电子化、转诊服务优质化，让转诊流程更加便捷高效、易于管理。

（2）电子签约系统：电子签约系统是针对社区居民和社区医生建立起家庭签约制服务的平台，通过签约建立起签约家庭与社区医生之间长期稳定、连续、可及的契约式服务关系，强化基本公共卫生服务任务的落实，促进分级诊疗和有序就医格局的形成，不断提升社区居民健康保障水平。签约医生为签约居民建立健康档案，提供常见病、多发病的一般诊治，将超出诊治能力的患者及时转诊到上级医疗机构，针对慢病患者提供上门、随访和检查等服务。

（3）医生随访系统：随访系统，以医生为主体，以服务病人为核心，满足签约医生实际随访工作需求、优化随访工作流程、减轻随访工作人员劳动强度、提升随访工作效率。签约医生通过随访，可以对签约的患者进行有效的健康管理，制定有效的随访计划。签约居民可通过医生随访，回答随访问卷、查看我的随访详情等，更有效地实现健康自我管理。

（4）慢病管理系统：慢病管理系统贯彻慢性病标准诊疗指南，针对慢性病治疗，提倡一体化的病程干预及管理机制。鼓励预防、治疗与教育环节的有效结合，引导患者强化自我管理、改善生活习惯，并通过推动家庭医生签约服务制,促进医生、患者以及第三方健康服务之间的交流协作,加强病情控制,防止病情恶化,并最终控制整体医疗成本。

(5)健康档案系统:通过与区域居民健康档案平台对接,可以提供不同形态的健康档案浏览模式,满足不同用户群体调阅患者健康档案的需求。

(四)平台技术架构与安全机制

1.信息网络拓扑图

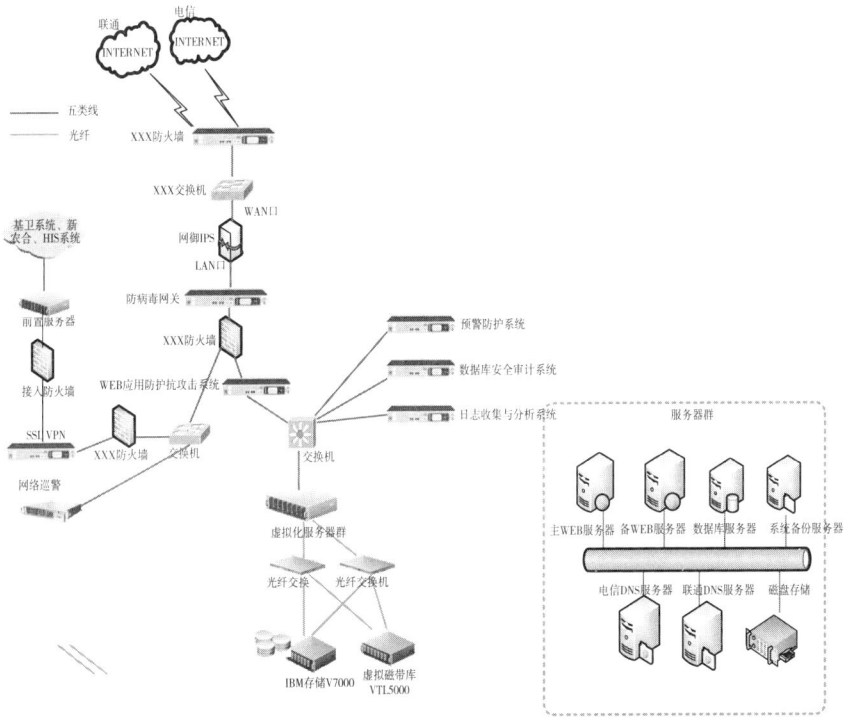

信息网络拓扑结构

2.安全机制

(1)安全体系建设标准:平台在严格遵循GB17859-1999的等级化标准思想的基础上,以公安部《信息系统安全保护等级定级指南》

和《信息系统安全等级保护测评准则》为主要指导,按照信息系统安全保护等级的"第三级"标准进行建设。

(2)安全方案框架:根据《信息系统安全等级保护基本要求》,分为技术和管理两大类要求。技术要求包括物理安全、网络安全、主机安全、应用安全、数据安全及备份恢复;管理要求包括安全管理制度、安全管理机构、人员安全管理、系统建设管理及系统运维管理。

本方案严格根据技术与管理要求进行设计。根据本级具体的基本要求设计本级系统的保护环境模型,根据《信息系统等级保护安全设计技术要求》,保护环境按照安全计算环境、安全区域边界、安全通信网络和安全管理中心进行设计,内容涵盖基本要求的 5 个方面,形成如下图所示的保护环境模型:

安全管理	安全管理平台	系统管理	审计管理	安全管理		安全管理
安全管理制度	通信网络安全	计算环境安全		区域边界安全	人员安全管理	系统建设管理
	网络结构安全	身份鉴别		边界访问控制		
		系统安全审计				
	网络安全审计	入侵防范		边界完整性检查		
		主机恶意代码防范				
	网络设备防护	强制访问控制		边界入侵防范		
	通信完整性	软件容错				
		数据完整与保密性		边界安全审计		系统运维管理
安全管理机构	通信保密性	备份与恢复				
		资源控制		边界恶意代码防范		
	网络可信接入	客体安全重用				
		抗抵赖				
	物理安全	物理选址	机房环境	机房管理	设备与介质管理	

系统安全保护框架

(五)配套政策及措施

1. 坚持政府主导,系统谋划到位。围绕分级诊疗的核心和精髓,宜昌市委、市政府出台了"1+5"改革方案。1 就是 1 个总体实施意见,即《关于全面推进"互联网+分级诊疗"惠民医疗服务的实施意见》,5 就是 5 个配套实施方案,即《宜昌市一体化智慧健康医疗信息支撑体系建设实施方案》《宜昌市城乡基层医疗卫生机构人事制度改革方案》《宜昌市医保政策支持"互联网+分级诊疗"惠民医疗服务实施方案》《宜昌城区医疗联合体建设实施方案》《宜昌市加强基层卫生服务能力建设实施方案》。

2. 建立协作机制,规范转诊行为。出台《关于进一步完善分级诊疗制度的实施意见》《常见疾病分级诊疗指南》等规范性文件,按照市、县、乡三级医疗机构功能定位,制定 336 个病种转诊目录标准,并指导各地根据辖区内各医疗机构的服务能力,分类编制转诊目录,规范双向转诊工作,最大程度地发挥了市县乡三级医疗机构的分工协同作用。

3. 通过医保调控,引导合理就医。合理设定各级定点医疗机构住院起付线标准,适当拉开不同级别医疗机构报销比例级差,报销政策向基层倾斜,发挥医保付费调节作用,引导一般诊疗下沉。目前,我市乡级、县级、市(州)级、省级定点医疗机构住院报销比例级差达到 15—20% 左右。同时,基层首诊不搞"一刀切",急危重症、异地就医等特殊情况可就近就医。

4. 创新支付方式,降低医疗费用。大力推进总额预付、按床日付费、单病种(分组)定额付费等支付方式改革,降低群众就医负担,提高基金使用效率,确保基金安全。

大力推进门诊统筹、总额预付、按床日付费、单病种(分组)定额付费等支付方式改革,降低群众就医负担,提高基金使用效率,确保基金安全。

5. 提供落地服务,畅通转诊通道。引入第三方社会专业团队,构建转诊"绿色服务通道",为转诊患者提供免费落地服务,解决跨区域跨机构就医服务断层问题。有效解决了转诊病人挂号难、住院难、找专家难等问题。

三、经验效果

（一）方便群众就医、转诊

分级诊疗往往卡在"信息壁垒"。以往，由于各医院之间信息难以连通，转诊、审批、报销靠人工办理，患者需来回跑路。由于转诊手续繁琐，不少群众放弃转诊直接前往大医院。分级诊疗是不同层级、不同类别医疗机构之间在医疗服务上的一种分工合作的状态，其实质是一种基于医疗服务需求的逐级筛选过程以及医疗资源配置和使用效率最大化。宜昌市分级诊疗服务平台充分发挥互联网"连接"的特性，主动连接分级诊疗涉及的各行业机构信息系统（医院 HIS 系统、基卫系统、医保管理系统、健康档案系统等），实现医疗资源互联互通，实现服务、信息的跨系统流动，大大提升了区域医疗协同服务效率，降低医疗服务成本。

传统医疗服务行为习惯于线下完成，服务效率低、患者感知差、针对性弱。基于"互联网+"的分级诊疗服务体系，可以使患者与各级医疗机构、医务人员建立互联网连接，医疗机构与医务人员能够更加高效便捷的管理与服务患者，强化医患沟通，便于将部分原有的线下医疗服务需求分流到线上完成，从而获得连续性的医疗服务。

通过开辟预约挂号、转诊导诊、电子签约、咨询、随访、慢病管理等多项互联网服务功能，患者可以通过电子签约与医生建立长期稳固关系，通过 APP、微信、网站、电话等多种方式享受就医服务，极大地方便了群众就医。

（二）患者受益度逐步提高

实施分级诊疗以来，患者在大医院候诊、候床时间减少，医院诊疗效率提高。同时，群众看病就医负担开始减轻，2016 年下半年全市人均门诊费用负担较上半年下降 0.59%；医保病人住院自费比例下降 1.8%；患者实际费用支出降低，受益度逐步提高。

（三）医疗资源得到合理利用

实施分级诊疗以后，基层医院就诊人次上升、上级医院接诊压力下降，患者就医行为更加合理、有序。基层医疗机构月均门诊量上升3.71%，等级医院月均住院量下降2.38%，全市住院病人县域内就诊率达到90%左右。病人的合理分流，缓解了大型综合医院的压力，确保了医疗质量和安全；基层医疗机构业务饱和运转，经济运行效果趋好，服务能力也得以提高。

（四）促进了不同层级医疗机构的功能定位

分级诊疗的实施，促使医疗机构更加注重医疗技术和服务水平的提升。医疗机构之间由过去采取各种方式垄断基层病人资源的竞争逐步转变为依靠医疗服务质量的竞争，由过去同质化竞争转向差异化发展，促进了医疗机构的自我功能定位。

（五）提升了患者对分级诊疗制度的认可度和依从性

通过引入第三方社会力量，免费向转诊患者提供便民的就医服务，既节约了政府的财政支出和管理成本，又提高了患者对基层医疗机构的信任度和满意度，增加了患者就医的获得感，减少了对基层首诊的抵触情绪，促进了患者就医行为和就医习惯的转变。

案例13　联合卡车：智能重卡互联公路港服务平台，助力"互联网+"便捷交通

集瑞联合重工有限公司（联合卡车）

导读：作为中国国际海运集装箱（集团）股份有限公司控股企业，集瑞联合重工有限公司以"推进物流装备智能升级，提升物流运输效率和加快物流服务转型"为核心理念，以"智能"和"互联"为创新方向，打造中国领先的智能重卡互联公路港服务平台——联合通。联合通以"一个升级，两个创新"为依托，开发利用移动互联网和大数据，为客户提供个性化重卡产品方案设计定制、智能终端、互联网

金融租赁、O2O 交易、车队远程智能管理和问题诊断服务的"六合一"智能服务,为物流行业提供"互联网+智能重卡"系统解决方案,实现全方位创新升级,为我国物流互联网化夯实基础,为我国从物流大国升级成物流强国提供有力保障。

一、基本情况

（一）企业情况

中国国际海运集装箱（集团）股份有限公司（以下简称中集集团）是世界领先的物流装备和能源装备供应商,总部位于中国深圳。公司致力于如下主要业务领域:集装箱、道路运输车辆、能源和化工装备、海洋工程、物流服务、空港设备等。作为一家为全球市场服务的跨国经营集团,中集集团在亚洲、北美、欧洲、澳洲等地区拥有 200 余家成员企业,客户和销售网络分布在全球 100 多个国家和地区。2016 年 8 月,中集集团在"2016 中国企业 500 强"中排名第 232 位。集瑞联合重工有限公司（以下简称联合卡车）位于安徽省芜湖三山经济开发区,为中集集团控股企业,是集研发、生产、销售、服务和零部件生产一体化的大型重型卡车企业。联合卡车拥有国内一流的冲焊、涂装、车架、总装、调试五大工艺生产线,主要生产设备、检测试验设备均达到国内先进水平,主要重卡车型包括牵引车、搅拌车、自卸车、专用及载货车等。凭借集团在产业整合和资源利用方面强大优势,以及商用车自身在行业中的重要地位,联合卡车取得了长足发展。

（二）项目情况

联合卡车开发的联合通是一个颠覆传统的商业模式和销售服务模式的创新型增值服务平台,依靠车载智能终端设备,利用物联网、云计算、大数据等技术,采集车辆工况、故障等信息,客户可以在手机、电脑等客户端实时监控,而联合卡车可以据此远程诊断车况,实现 24 小时专业贴身咨询服务,同时为客户提供量身定制的智能车辆和物流解决方案。涵盖 O2O 与 F2C 两大业务模块,结合独特的微信和 APP 移动互联功能,旨在通过线上线下资源的高效整合与信息传输,为使用者带来便捷、高品质的消费体验与长期、稳定、高附加值的复合增值服务。联合卡车采用特别开发的"O2O+F2C+会员制"模式,为大型物流企业或组织提供技术支持服务包,打造一个多维共享的增值服务平台。

联合通运行至今,已在全国大部分地市落地应用。这种连接车辆与设备的物联网形式,通过提升车辆智能化特性和服务水准,进一步提高了车辆的服务增值空间,联合卡车截至 2017 年 10 月累计销售收入达 60 多亿元。

二、主要做法

货运行业目前使用的运输装备比较落后、车队规模比较零散、管理模式较为落后,随着物流行业竞争的加剧和互联网时代的到来,利用互联网技术优化货运行业信息传递、提升货运行业的运输效率、降低货运运营成本迫在眉睫。联合通通过"互联网+智能重卡货运管理平台"的建设,打破货物发运商、货物承运商、货运司机和车队管理者之间的信息壁垒,实现信息、资金和人才在该平台的信息互通和数据共享,解决货运技术落后和信息孤岛的问题,实现对货运管理和车队管理的智能化升级,提升整个货运行业的运营效率和市场竞争力。

(一)创新智能重卡管理新模式

联合通是联合卡车专门为用户打造的智能化卡车运营解决方案。联合卡车在行业内率先使用 CAN 总线技术,能有效支持分布式控制和实时控制。CAN 总线的数据通信具有稳定性、时效性和安全性等特点,为联合卡车的智能化提供强有力的通信保障。联合卡车在车辆上创新性加入胎压监测系统、道路防偏离系统和前车碰撞预警系统等配置,实现车辆技术超前的智能化装备。

该系统依靠车载智能终端设备采集"北斗、GPS 双卫星定位信息"、"车辆发动机 ECU"和"车身中央控制器 CAN 总线"等信息,通过云计算和大数据技术帮助用户实现对联合卡车的远程定位、行车记录、车辆故障报警、胎压监测、调度信息管理、油耗分析、油箱监测、驾驶行为分析等多种功能,实现对车辆的精确管控。

(二)打造智能重卡互联公路港服务平台

智能重卡互联公路港服务平台——联合通,利用移动互联网和大数据,为客户提供个性化重卡产品方案设计、智能终端、互联网金融租赁、O2O 交易、车队远程智能管理和问题诊断服务的"六合一"服务模式,致力于构建"物流网络运营系统",通过线上"互联网物流平台"与线下"公路港实体网络",有效解决物流运输技术落后和信息孤岛等问题,提升公路物流效率,降低公路物流成本,打造"物流+互联网+金融服务"为特征的物流运输行业新生态。

利用移动互联、云计算、大数据和智能感知技术,打造行业领先、市场需要的"智能互联重卡云管控平台",该平台包括自主研发的"智能互联重卡远程监控系统"、"智能互联重卡车辆管理系统"和"智能互联重卡驾驶行为优化系统"等。项目建成了智能互联重卡云管控平台和 APP 客户端,从安全性和经济性出发,实现智能线路规划、车辆成本控制和司机安全管理,提高车辆运输效率,降低车辆运营风险。

"智能互联重卡远程监控系统"通过联合通 smart 终端与车辆CAN 总线数据的对接,实现对车辆运行状态的智能感知读取,并通过 4G 信号回传到云平台,云平台将车辆按照行驶、怠速、熄火和离线四种状态分别展示,司机疲劳驾驶、超速和异常停车等状态在平台上一目了然,实现对客户的远程增值服务。通过大数据对车辆质量信息进行分析和总结,从而进一步优化车辆装配工艺和零部件质量,持续提升车辆整体质量。

"智能互联重卡大车辆管理系统"从实现对重卡运输大车队的数据化、移动化和智能化管理,尤其加强油耗管理,在油耗分析中嵌入司机驾驶行为信息,分析影响油耗的真正原因。打造智能化调度功能,实现车队的智能管理,能提升车辆运营效率17%左右,降低车队平均油耗10%左右,用智能化为客户创造直接的经济效益。

"智能互联重卡驾驶行为优化系统"从行业刹车、行业超速、行业急刹车、行业急加速、行业刹车距离占比、行业超转速和行业紧急事件七大指标出发,全面收集司机的驾驶行为数据,并通过司机卡,将驾驶行为精确到人。通过优化驾驶行为能降低单车油耗10%左右,减少安全事故20%左右。

(三)创新智能物流商业新模式

通过实施车联网与财务系统相结合,实现对部署的物流公司的物流、信息流和资金流的管理,规范业务运营流程。实现信息在公司、车队长和驾驶员中的透明共享,打造物流行业互联网运输第四方IT平台。实施内容包括:

第一,部署车队管理系统(PC和APP),对合同、车辆调度、运营等业务进行管理。

第二,部署结算平台,对运费、ETC、加油数据、租赁费等进行统一管理,对车队的费用进行精确核算。

第三,部署财务系统(金蝶),并打通与结算平台的接口,实现业务触发财务,财务信息反馈到业务系统的功能。

通过"互联网+联合通"项目平台的建设,加速制造业服务化转型,基于互联网开展故障预警、远程维护、质量诊断、远程过程优化等在线增值服务,满足客户的需求,实现从制造向"制造+服务"的转型升级。

(四)实施移动互联新战略

用户可通过实施移动互联项目,建立了微信和APP双通道信息化解决方案。在移动终端车辆直观地在地图上(包括运行轨迹)进行展示,并且通过表格统计车辆状态的相关信息(包括车辆是否绑定、锁定),便于对车辆的管理。在移动终端查看车辆的实时和历史工况信息,以表格展示各种信息,方便用户管理。联合通系统通过对车辆 CAN 总线数据的收集,实现对车辆安全监测的功能。包括对发动机、变速器系统、BCM 控制模块、底盘控制模块和 ABS 控制模块等。通过对以上模块的检查,出具《车况监测报告》。查看车辆当前和历史报警信息,并能查看相关故障代码。对报警信息进行分类,对车辆行驶有安全隐患的单独显示。

通过移动互联客户端的实施,联合通集成 DMS 系统数据,以电脑、APP 和微信等众多形式展现,以车主和车辆管理者为系统使用的核心人员,成为行车、管车的重要工具。

(五)打造联合通安全管控平台

联合通从日常安全管理和途中安全管理两大主线出发,推出联合通安全管控平台。该套设备由三个部分组成:实时数据采集(3G 视频和随即拍照)、疲劳状态检测、实时主动预警(ADAS)。

联通安全管控平台通过 Argus 算法实现了预知,预知货运过程中的安全及延误风险,实现了在途实时异常报警、智能取证判责、智能风险预警、系统和人工施行双重干预、智能安全分析报告等,帮助车队降本增效,加强运营安全管理。

三、主要成效

该项目已解决货运技术落后和信息孤岛的问题,在货运行业快速普及智能重卡和智能管车系统,实现对货运管理和车队管理的智能化升级,提升整个货运行业的运营效率和市场竞争力。

(一)创造产品附加值,打造智能 IT 平台

联合通运行至今,已有 103 家经销商、260 多家车队使用,系统管理车辆 2.1 万台,车辆联合通使用率达 89.6%,2017 年"联合通"

点击量已高达 190.3 万次。联合通还将业务延伸至金融行业,与徽商银行、中集租赁、普洛斯和三井等金融机构合作,管控金融和经销商风险车辆 6073 台,帮助金融机构增强资产管控力。公司还利用联合通大数据收集与分析的优势,创新对物流企业还款能力的评估方式,破解物流企业融资瓶颈。目前,联合通平台已经帮助物流企业与银行达成贷款 2.4 亿元,新增 1000 多辆智能卡车,缓解了银行与客户之间信息不对称的难题。

(二)参与车队运营管理,实现人、车的智能互动

联合卡车为 260 多家客户提供行业领先的"智能管车"服务,指导客户提升车队运营效率,平均降低油耗 10% 左右,可有效降低车辆事故率。通过"智能管车"指导客户对车辆进行维修和保养,提供网上配件采购、智能限时服务,通过车辆运营大数据分析,精准布局服务站和配件储备。

联合通集成车辆所有的智能单元,打造连接"客户"、"车辆"与"车厂"的智能 IT 平台,实现车与人的智能互动。以此提升联合卡车智能化特性和服务水准,用智能化为客户创造更大的价值。

(三)提升行业标准,创新物流管理新模式

为适应物流设备设施智能化、运营自动化的发展趋势,联合通寻求新的技术突破,在智能管车的基础上推出了驾驶员面部识别系统和碰撞预警系统等功能,稳居行业领先位置。这不仅对联合卡车的发展起到强有力的推动作用,同时创新了物流管理行业的管理模式。

打造智能重卡互联公路港服务平台——联合通,构建"互联网+物流装备"开放融合的互联网生态圈,将进一步促进互联网与物流业的快速融合发展,有利于提升我国物流行业的管理效率,激发我国物流行业的创新能力,构建全球领先的中国智能物流行业标准及产业体系。

案例 14　百度公司：智慧交通云平台，利用 "互联网+" 构建智慧出行生态

北京百度网讯科技有限公司

导读：百度地图 2005 年正式上线，持续推进技术变革和服务创新，占据市场领导地位。百度公司不仅是用户出行服务和相关生活服务的首选入口，更将成为未来地图服务的行业规则制定者。百度地图目前已覆盖全球 209 个国家和地区，预计到 2020 年，百度地图 50% 的用户将来自海外，成为全球用户使用的"世界地图"。百度构建了包含智慧互联、智慧地图、智慧服务三位一体的智慧汽车生态，助力公众智慧出行。百度开放了数据处理、地图影像、定位、出行、轨迹、分析六大核心能力，联合数十万合作伙伴打造了智慧出行生态。百度与交通管理部门开展"互联网+智慧交通"战略合作，打造政企合作共建智慧交通云平台，真正实现了合作共赢和优势互补。

一、基本情况

(一)百度公司介绍

百度公司于 2000 年成立于北京中关村，经过十八年的发展，现已成为全球最大的中文搜索引擎和中文网站。截至 2016 年 12 月，百度移动搜索 MAU(月活跃用户)达到 6.65 亿，同比增长 2%。截至 2017 年第二季度，百度地图 MAU(月活跃用户)超过 3 亿。

(二)百度智慧出行的基础平台——百度地图介绍

2005 年百度地图正式上线，一步步变革创新，如今已走过十二年历程。截止到 2017 年 10 月，百度地图已有超过 3 亿月活跃用户，车主用户超过 1 亿，每日提供导航服务超 3 亿公里，每日提供位置服务超过 800 亿次，百度地图开放平台开发者数量超过 125 万，为超过 65 万活跃 APP 及网站开放地图服务能力，各项数据均为业界领先。

目前，百度地图已聚合了全国所有城市的实时路况、344 座城市

区县的高清卫星图和热力图服务、4600万地标信息、670万公里道路数据,46座城市的全景数据,为人们提供交通运行状态查询、出行路线规划、用车、周边旅游、景点门票、美食休闲、酒店预订、智能停车等综合服务。百度地图已成为用户出行的必备工具和"一站式"服务的重要入口,不仅有效提升了公众出行的品质,更将成为未来地图服务的行业规则制定者。

二、主要做法

(一)持续推进地图技术和服务创新

基于强大的自采能力以及领先的处理技术,百度地图目前已拥有全面准确的POI数据,全球POI总数超过1.5亿,行政区域3.5万个,路网7000万公里;全国POI总数超过4500万,生活类POI超过2000万,百度地图内提供闭环服务POI超过100万。与此同时,百度地图还不断升级导航等基础功能,创新推出熟路模式导航、双屏导航、高架导航、3D导航等全新导航模式,全面引领地图行业发展方向。

基础功能的日益强大和不断演进,成为百度地图超出单一导航工具向综合服务平台升级的坚实基础。在O2O服务方面,百度地图现已接入餐饮、景区、商场、电影院、酒店和用车等数项服务,基本实现覆盖出行"前—中—后"三个阶段的O2O服务体系,打造了完整的出行生活服务生态圈。

强大的技术能力是百度地图生态建设的基本条件之一。以百度慧眼为代表的地图技术,通过场景定位精准锁定人群,为商户和用户提供定制化的生活解决方案。同时,以高精地图及地磁定位为代表的地图应用,更定义了以地图为基础的未来应用走向。

商户平台方面,百度地图拥有天然的连接商户服务的场景,为此,百度地图为商户打造出从营销管理到交易闭环的定制化解决方案——"地图商+"。商户可通过"店铺页机制"接入百度地图,获得

"优选址"、"树品牌"、"促活跃"的三项服务,这些服务目前已接入客如云、肯德基、万达广场等多个品牌商家。

(二)打造智慧汽车生态,服务公众智慧出行

百度智慧汽车生态由智慧互联、智慧地图、智慧服务构成。以智慧互联为例,为了让车主可以实时不再受交通复杂、路况不明等困扰,百度推出了包含 CarLife、MyCar 和 CoDriver 在内的三大核心应用平台,为车主打造智慧出行服务。其中,CarLife 手机车机互联可以将手机地图导航、娱乐内容、车生活服务等内容投射到车机上,使车主的导航娱乐体验更丰富便捷;MyCar 车辆私有云则致力于为每一辆联网车辆装上"百度大脑",让用户可以远程对汽车进行各种控制操作;而 CoDriver 智能语音副驾则借助百度的智能语音技术,为用户提供一个车载版的"度秘"。

智慧汽车致力于通过这三大技术平台,将应用场景从车机智能互联、远程车辆操控、智能语音交互等方面,全方位地覆盖驾驶过程。这相当于给汽车装上了一个"大脑"和行车助手以及虚拟管家,让驾驶者从繁琐枯燥的驾车程序中解脱出来,让行车更安全、便捷、经济。例如在安全体验方面,智慧汽车融入了高级驾驶辅助功能和百度高精地图信息,在车主驾车的时候,会同时辅以智能判断,减少由于车主驾车疲劳等原因造成的失误和事故。另外,智慧汽车支持语音等人机交互方式,通过联网,车主可以远程控制和管理车辆状态,让行车更便捷。

目前,百度车联网已与奔驰、宝马、奥迪、长安、通用、现代、比亚迪等十数家车企达成合作。截至 2016 年 6 月,已有近 150 多款车机车型搭载的百度 CarLife 面世,CarLife 车机端的激活总量已经达到20 万,这也使得 CarLife 成为最流行的车联网产品之一。

(三)全球拓展打造国际化出行生态

百度地图国际化探索始于 2014 年。当年 11 月,百度地图率先

上线中国港澳台地区服务,并加快了国际化步伐。2016 年春节前夕,上线了日本、韩国、泰国、新加坡四国版本。4 月,百度地图推出了亚太 11 个国家的地图服务,包括马来西亚、马尔代夫、菲律宾、文莱、越南、印度尼西亚、斯里兰卡、尼泊尔、印度、澳大利亚和新西兰。6 月 6 日,百度地图正式登陆欧洲 32 个国家,法国、德国、西班牙、意大利、英国、土耳其、波兰、芬兰、希腊、瑞典、葡萄牙、奥地利、匈牙利、瑞士、罗马尼亚、比利时、丹麦等,百度地图将最大范围满足中国用户的欧洲游出行需求。

百度地图国际化战略分为三个阶段:第一阶段,面向 1 亿中国出境游用户提供地图服务,并在 2016 年覆盖全球 209 个国家和地区;第二阶段,选择合适的目标市场提供本地语言版本的地图服务,提升百度地图在当地的影响力;第三阶段,将百度地图打造成全球知名品牌。到 2020 年,百度地图 50% 的用户将来自海外,成为真正的"世界地图"。

为了更好地提升出境游用户的使用体验,百度地图除了提供精准的基础数据以及海量生活服务信息之外,还针对不同国家地区的使用场景、用户行为进行差异化定制。例如通过地图可以预约日本商家的服务并接收商家优惠券;在中国香港、台湾地区推出了展现当地特色景点的"城市探索"功能等,帮助用户更好地体验当地风情。

百度地图今后将不断完善基础功能。除了使用自身先进的采集技术,百度地图还将通过采用用户 UGC 众包方式,不断优化定位基础数据,实现全球最精准的定位。同时,百度地图将逐步支持多语言检索,在全球推出公交、驾车路线规划等服务。未来,百度地图将立足于国内坚实的行业基础,快速融合海外各方面资源,把地图产品打造成为百度全球化的优质服务产品,让世界各地的用户体验到最好的中国互联网服务。

（四）百度迁徙大数据助力政府决策

"百度迁徙"利用百度地图LBS开放平台、百度天眼，对其拥有的LBS（基于地理位置的服务）大数据进行计算分析，并采用创新的可视化呈现方式，在业界首次实现了全程、动态、即时、直观地展现中国假期前后人口大迁徙的轨迹与特征，既能为广大群众提供科学权威精准的出行参考，也能为政府决策提供有价值的参考。

以2017年春运数据为例，春节前，热门净迁出的省份集中在广东、京津沪、江浙和福建等省，热门迁入省份有安徽、河南、湖南、江西等，明显地呈现出由一线城市向二、三线城市迁徙的样态。

（五）政企合作共建智慧交通云平台

百度在与交通部和各地交通部门开展"互联网＋交通"战略合作，政企合作共建智慧交通云平台。百度借助领先的地图产品和LBS技术，对各地公交、出租车、轨道交通、"两客一危"等交通数据进行全面整合，助力全国交通运输行业云服务平台建设。根据各地数据基础、交通环境和应用需求，采用了资源置换、购买服务、无偿服务等不同模式，将百度大数据技术和资源与各地交通部门和企业的数据进行融合，为公众提供综合交通出行信息服务，为交通部门提供决策支持服务，真正实现了"合作共赢、优势互补"。

2015年11月，江苏省交通运输厅与百度达成战略合作共建智慧交通。江苏省交通运输厅将逐步向百度提供包括实时公交、实时路况、出租、交通公共设施信息、道路管养等丰富、权威的交通出行大数据，百度也将利用大数据和云计算技术、地图产品以及开放平台优势，向社会公众提供江苏出行信息服务，为江苏交通"十三五"发展提供大数据分析服务。

目前，百度地图结合江苏省交通运输厅提供的实时公交数据，为市民提供精准的实时公交服务，已覆盖南京的650条公交线路，覆盖率达85％，准确率更高达95％，极大地优化了市民的出行体验。此前,苏州市的实时公交服务已经在百度地图上线,目前在百度地图上线实时公交的城市也达到 13 个,覆盖线路超过 7000 条,每天约有 5000 万人次享受百度地图提供的公交出行服务。

2017 年 9 月,凭借海量的出行大数据和领先的人工智能技术,百度地图还为北京市交管局定制了国内首个城市灯控路口路况监测平台,实现信号灯路口拥堵分钟级发现、实时报警、主动处理,优化城市道路使用效率。这是国内首次城市交警信号系统与互联网平台打通,为全面开启全国信号灯领域的创新示范探索打下基础。

三、经验效果

(一)地图开放平台为生态伙伴发展提供强大的平台能力

2016 年,百度地图开放平台率先面向广大开发者开放了自研的海外定位服务、鹰眼轨迹服务、地图影像服务和全球时区服务。2017 年开始,百度地图 API 升级为全球地图 API,为有国际业务需求的开发者提供专业、稳定的海外地图服务。百度地图开放平台目前拥有来自互联网、企业、政府等各领域的开发者,覆盖了 75% 的地图开发者,使用百度地图开放平台的 APP 和网站达到 65 万个。依托开放平台强大的数据处理、地图影像、定位、出行、轨迹、分析六大能力,百度地图逐渐形成了出行用车、商业地理、智慧交通、上门服务、快递物流等行业解决方案,打造了完整的智慧出行和服务生态链。

(二)业内唯一规模化生产的高精地图为出行保驾护航

百度作为国内唯一拥有规模化生产能力的高精地图数据产品和服务提供商,将 ADAS(高级驾驶辅助系统)和 HD Map(高精地图)这两项行业领先技术进行融合,打造了智慧地图。它可以自动识别交通标志、地面标志、车道线、信号灯等上百种目标,准确率超过 95%。此外,依托百度车联网生态系统和在建的 learning map 能力,实现数据的分钟级更新,为车主出行提供更准确的出行服务。

（三）政企合作模式打造智慧交通云平台，真正实现"合作共赢、优势互补"

借助于百度公司的大数据分析技术，利用百度地图交通云平台所融合的公安、交通等管理部门的海量数据，双方联合深度挖掘交通大数据的综合使用价值，共同展开交通大数据分析建模、监测预警和交通规划设计等工作，开展如道路拥堵分析、出行通勤分析、人群热力分析、人口迁徙分析、运输经济辐射等全方位的分析服务，有助于提升政府管理决策的科学性和前瞻性。

案例 15　回收哥："分类回收"O2O 平台，促进绿色经济发展

回收哥（武汉）互联网有限公司

导读：回收哥O2O平台是国内首个针对再生资源的全方位分类回收平台，由回收哥公司自主创新研发，于2015年7月正式上线。公司主要通过开发手机 APP、微信、400 电话和网站，搭建"互联网+"分类回收电子商务平台和高效的逆向物流体系，实现居民线上交投废品与回收哥线下上门回收的快捷对接，用互联网推动中国废物回收与处理行业转型升级。2017 年，作为"互联网+"分类回收业务的延伸与拓展，回收哥公司自主研发的汽车报废回收平台已正式投入使用，通过互联网和大数据，回收哥提供从车辆正规报废到补贴领取的全方位服务，开创中国报废汽车"规范回收、环保处理"的绿色回收模式。回收哥致力于构建以后消费数据分析和机器深度学习为引领的社会生产和消费大循环体系，是全球唯一以消费者后消费数据集成与分析为驱动的技术公司。

一、基本情况

（一）企业情况

回收哥（武汉）互联网有限公司于 2015 年 8 月 12 日由格林美股

份有限公司发起成立,注册资本为1000万元,并通过设立全资子公司方式成立了回收哥(天津)互联网科技有限公司、回收哥(深圳)互联网有限公司与回收哥(湖北)互联网有限公司。2016年3月30日,格林美股份有限公司、湖北省供销合作总社、武汉市供销合作总社以及创业团队联合对回收哥(武汉)互联网公司进行首次增资扩股,现注册资本为9390.385万元。

公司位于武汉东湖新技术开发区光谷金融港,主要从事互联网技术开发与服务,电子商务平台的运营管理,生活垃圾经营性清扫、收集、运输、处理服务,废弃电器电子产品、废旧生活用品、废旧金属制品、报废机动车等的回收,以及对互联网项目、环保产业与高技术产业、新兴产业的投资等。

(二)项目情况

公司以"回收哥"为形象主体,采用O2O(online to offline)方式,利用互联网、大数据等现代信息手段,搭建科学、高效的逆向物流体系,全面改造传统回收队伍的形象,提升工作方式,利用手机APP、微信和网站实现居民线上交投废品与回收哥线下回收的深度融合,打造国内最先进、最接地气的"互联网+分类回收"模式,突破性解决城市垃圾分类回收难题。2017年前三季度,累计回收废纸、废塑料、废金属、废电器、废电池、废衣物等各类废品8千余吨,O2O用户数增长约18万。

回收哥不断找寻业务增长点,在进行线上线下传统废品回收业务之外,开辟报废汽车线上线下回收业务,搭建了报废汽车线上回收平台,将"互联网+"分类回收业务进行延伸与拓展,成为"互联网+汽车报废"的先行者。2017年前三季度,通过回收哥汽车报废平台交投报废汽车的用户已累计过万辆。

二、主要做法

(一)构建"互联网+分类回收"电子商务平台

在"互联网+"行动的大背景下,回收哥利用互联网,开发手机

APP、微信和网站等线上回收平台,搭建"互联网+分类回收"电子商务平台和科学、高效的逆向物流体系,通过位置服务(LBS,Location Based Services)技术,以老百姓和回收哥为双中心,信息在各自5公里范围内进行匹配。针对居民家庭产生的生活废品建立中国首个可再生资源价格指数,完善再生资源交易的定价体系。同时采集回收哥回收量的动态变化数据,实现系统自动化实施"首次授信+动态押金"模式。建立回收哥云数据中心,对回收的订单量进行实时监控。创新破除中国城市垃圾分类回收难题,打造互联网时代的城市废弃物分类回收新型模式,助力两型社会建设,建立互联网时代垃圾分类回收的中国模式。

(二)打造"互联网+"汽车报废的新模式

回收哥以科技为支撑,通过互联网和大数据,连接人流、资金流、信息流、物流,为车主提供从车辆正规报废到补贴领取的全方位服务。车主通过回收热线、微信公众号、网站均可提交报废,一键呼叫,预约上门。

与传统的汽车报废服务不同,回收哥通过互联网促使整个报废流程可视化,独有的全程可追踪系统直击汽车报废流程中的痛点,信息公开透明,自动推送实时处理状态信息给车主。同时配备专业服务人员跟踪车辆核档/核销进展,满足车主对于车辆指标更新速度的需求,为资深车主提供安全、专业、环保的汽车报废服务。回收哥所回收的报废汽车交由正规的具有拆解资质的公司进行拆解处置,开创中国报废汽车"规范回收、环保处理"的绿色回收模式。

(三)探索"互联网+"社区回收与汽车报废协同运作机制

一方面,回收哥以社区为根据地,创办"分类回收环保运动讲习所",宣传"分类产生价值"的理念,用市场化方式引导居民将垃圾分类交投、单独清运,从源头上实现了对社区垃圾的减量,为破解垃圾围城、缓解后端填埋、焚烧等处置压力提供良好基础。另一方面,回收哥通过社区根据地深入触达车主群体,让车主更便捷地享受汽车报废全流程服务。这种短平快的渠道建设模式将更加有力推动回收哥顺利扎根社区,同时有助于全面提升企业的形象与影响力,创建了"互联网+"的社区分类回收新模式、新业态,受到广大居民拥护。

(四)争当后消费时代的数据先驱(A Post-Consumption Company)

回收哥通过物联网技术深入包括工厂和社区的城市神经末梢,实时、精准采集浩如烟海的后消费数据,形成超大规模、包罗万象的数据洪流。通过深度学习、分析家庭消费产品的废弃原因、居民的消费习惯和倾向,使原本割裂和片面的非结构化数据结构化与格式化,形成具有指标意义的数据平台,并将前瞻性、预测性、战略性数据和分析反馈回正向供应链和正向物流体系。通过独特的逆向数据来架设链接供给与需求的桥梁,引导生产和消费的大循环,推动产业升级、促进供给侧的结构性改革,实现绿色可持续发展。

(五)打通线上线下全面回收体系

回收哥开创"一体三基三柱"的运营模式,以"互联网+"为主体,以"废品、垃圾、数据"为基础,构建三大支撑,即抓好面向居民家庭废品的一线回收,抓好面向废品站的渠道回收、抓好面向大工厂废料的整厂回收。回收哥将建立终端废品加工场,装配精细化分选设备,对可回收物进行精细化分拣。分拣加工是回收体系的核心,分类产生资源,精细化分拣将带来最优的资源化处理的产品,提高产品附加值。

通过"前端回收+物流中转+终端处理"的体系建设,打通从分类回收、废旧物品交易到废弃物资源化利用的完整产业链,形成城市废旧物资向回收哥聚集、向规范的再生资源产业园流动的线上、线下分类回收网络,实现上下游一体化,基于"废旧物品、垃圾与数据"搭建盈利模式,并加速商业模式的复制与业务扩张。

（六）推动"互联网+"再生资源回收与环卫清运两网融合

回收哥积极推动、发挥互联网在再生资源企业、环卫作业两网融合中的运用,构建城市管理的"垃圾+资源+数据"的环卫云,形成"互联网+废物回收+环卫清运"的城市垃圾分类回收综合模式。通过再生资源回收与环卫清运的两网融合,从源头上抓好分类回收,将城乡生活垃圾、工业废物、二手商品和再生资源的回收、处理与交易进行一揽子环境服务打包,打造"互联网+分类回收+环卫清运+城市废物处理"全流程产业链。

回收哥不仅要做到覆盖各类资源的回收,还要辐射不同经济发展区域,走城市辐射农村的道路,实行"回收哥根据地"方式,积极开辟农村再生资源市场,建设"互联网+分类回收"城乡全网回收体系,以"互联网+"升级改造农村垃圾的回收转运,纳入城乡废物一体化处理体系,从源头上破解中国垃圾分类难的问题,提高再生资源回收率和利用水平,形成"资源—产品—废品—再生资源"的循环发展模式。

（七）实现智能化新能源回收物流体系

回收哥采用格林美公司与东风汽车公司合作的新能源汽车作为再生资源与报废汽车回收运输的主要交通工具,以新能源电动车为移动回收站点,对武汉、天津、荆门各个社区开展定时定点回收,整合改造千余个再生资源回收网点,构建新能源逆向物流回收体系。所有物流车辆装备 GPS,将新能源回收车与云数据中心、400 监控指挥中心进行衔接,智能化办公区域以及配套建设分拣中心和仓库,实现互联网+再生资源分类回收的智能化物流回收体系。

三、经验效果

（一）引领再生资源互联网发展,促进再生资源产业升级

回收哥打破传统城市垃圾回收方式,建立"互联网+分类回收"新模式,打造资源聚集、资源交易、资源收益的 O2O(online to offline)

电子商务模式。通过互联网线上服务平台和线下回收服务体系两线建设,形成"线上投废、线下回收"的模式。2016 年,回收哥由于创新的商业模式及快速的业务增长速度被武汉市认定为"瞪羚企业",成为"互联网+"再生资源行业发展的领头羊。

回收哥系统所回收的废品均交给正规环保处理企业,确保废品不流入其他落后处理渠道,让正规环保处理企业有力治污,提升垃圾分类回收利用行业的发展水平。

(二)创新改革,成为"互联网+"汽车报废的先行者

回收哥积极探索"互联网+"再生资源的商业运营模式,创造性提出"车辆报废回收服务"的供给侧改革,有效缓解了广大车主"报废无门"的尴尬境地。回收哥组建一批有组织、有纪律、有规模、有信誉、有尊严、有收益的专业回收团队,改变传统由"车贩子"的把持报废前端的市场乱象,利用互联网,让车辆报废更安全、环保、便利,且全程信息公开透明。一键呼叫,预约上门回收,专业客服团队,确保提供准确可靠的车务咨询和代办服务。方便快捷的回收模式、公平透明的交易价格、安全信赖的上门服务方式让居民足不出户即可坐享快速的指标更新速度。

经回收哥"汽车报废"回收平台所回收的报废车辆直送拆解厂,免除所有中间环节,车主均可享受车辆报废后的残值收益。拆解厂拥有世界一流、中国领先的报废汽车处理中心,首创"流程化、机械化、无害化、资源化、信息化、教育化"的报废汽车处理模式,保证淘汰车辆不会带来环境与安全隐患,真正实现车辆从拆解、破碎、综合分选到汽车零部件再造的全产业链处理。

(三)全民参与分类回收实践行动,促进循环产业发展

回收哥联合省、市供销社,开展数百次培训和推广活动,大力宣传普及"互联网+分类回收",在社会上取得了极大反响。"回收哥"正式发布上线之后,经新华网、新浪网、搜狐网、凤凰网、人民网、中国

网、中证网、大楚网等网络媒体和《湖北日报》、《长江日报》、《楚天都市报》等平面媒体以及湖北卫视、武汉电视台等电视媒体的争相报道。经过回收哥的大力推广宣传以及优质的上门服务,"互联网+分类回收"得到中央电视台《朝闻天下》栏目的关注和采访。2017年,湖北广播电视台电视经济频道《提案追踪》节目就"互联网+"分类回收提案进行了深度报道,无害化、减量化、资源化的垃圾分类管理理念被广泛传播,"互联网+"分类回收模式将会被全国更多的老百姓认可并付诸实际行动。

(四)致力环保事业,打造报废端的阿里巴巴

回收哥围绕废弃资源,通过"互联网+"线上和线下交易相结合的手段,打造"互联网+"分类回收的循环经济产业模式,促进城市矿产资源的循环流动,通过构造安全、有序、高效的市场机制,营造公开、公平、公正和诚信、透明的市场交易环境。未来五年,回收哥将以武汉为中心,采用"1+N"模式在全国布局,覆盖中国20个城市,APP用户超过1.0亿个,回收哥加盟会员100万名,日回收量3万吨,年回收量1000万吨以上,产值1000亿元以上。五年之内,回收哥力争实现在创业板上市的目标,真正成为废品回收业的领头羊。

第四节　"互联网+"重筑发展基础

案例16　腾讯公司:腾讯众创空间,构建"互联网+"创新创业服务体系

深圳市腾讯计算机有限公司

导读:深圳市腾讯计算机有限公司是目前中国服务用户最多的互联网综合服务提供商之一,也是"互联网+"发展的积极倡导者与实践者。腾讯以推进产业链合作共赢、助力互联网创业者发展、繁荣

互联网生态为目标,早在 2011 年就推出腾讯线上开放平台,2015 年又推出线上线下一体化的腾讯众创空间,一直深受创业者和产业链相关方的信赖和支持。截至目前,已在全国 30 个城市建立腾讯众创空间,构建了体现互联网思维的创业服务、孵化、投资、教育、文化等五大标准化、开放性"互联网+"创新创业服务体系,并与创业者和合作伙伴一道共同构建开放共赢的"互联网+"创新创业生态圈,打造经济社会发展新引擎。

一、基本情况

(一)腾讯公司介绍

腾讯公司成立于 1998 年 11 月,是中国服务用户最多的互联网企业之一。成立十九年来,腾讯一直秉承着一切以用户价值为依归的经营理念,保持稳健、高速发展的态势,公司现有员工 29000 人,公司市值已突破 4000 亿美元,位列全球市值前十,并在行业创新和知识产权领域位居行业前列。截至 2017 年第二季度末,QQ 月活跃账户数达到 8.50 亿,微信和 WeChat 的合并月活跃账户数达到9.63 亿。

(二)腾讯众创空间介绍

腾讯众创空间在互联网、移动互联网快速发展的背景下,以推进产业链合作共赢、助力互联网创业者发展、繁荣互联网生态为目标,以"大众创业、万众创新"为契机,将自身全平台资源开放给创业者。同时,根据创业者的需求,联合地方政府、金融机构、法律服务机构等合作伙伴以及多方社会资源,多方面打造更好的线上、线下创业环境,为 O2O、智能硬件、数字娱乐等领域的中小微企业和创业者提供全方位服务的立体孵化加速器。早在 2011 年腾讯就实施开放战略,率先为创业者、合作伙伴开放自身最优质的资源,为创业者提供了全流程、全方位、立体化的平台环境。随后在 2015 年启动众创空间计划,通过不断合作发展,带动整个创业生态的共生繁荣。

（三）腾讯众创空间发展成效

自 2011 年腾讯线上的开放平台到 2015 年推出的线上线下一体化的腾讯众创空间，项目发展迅猛并深受创业者和产业链相关方的信赖和支持。腾讯合作伙伴的总估值已突破 3000 亿元。开放至今，腾讯双创生态规模影响力最强，已经在 30 个城市落地众创空间，创业应用数量超过 450 万款，平台注册创业者超过 600 万户；创新经济价值最有效，腾讯平台孵化的上市公司超过 30 家；行业生态建设最突出，六年时间整合内外部资源力量，促进就业 2000 万人，实现经济价值 900 亿元。

腾讯众创空间在传统产业"互联网+"的进程中提供零件、工具和平台，与各地政府共同打造"孵化+投资+产业资源"的立体化全要素孵化加速平台，将为中国更多的互联网创业者提供服务，真正将"大众创业、万众创新"的战略举措落地。腾讯众创空间也为各地区发展注入新的活力。未来，线下实体众创空间将继续在全国各地选择开发者活跃的地区开展部署、落地生根、发展壮大，带动各地方的信息技术产业发展，实现地区高端人才聚集、优秀项目运转，推动产业转型升级、带动区域的可持续发展。

二、主要做法

腾讯公司根据针对创业者发展需求的长期分析，搭建了"互联网+"创新创业平台，汇聚内部的优质产品与能力，连接外部的合作伙伴资源，共同构成独具特色的线上线下一体化创业孵化生态系统，为创业者提供全要素立体化的服务。

腾讯公司的优质资源包括海量用户平台、移动分发平台（腾讯应用宝）、效果营销平台（腾讯广点通）、移动支付平台（微信、QQ 移动支付）、云端计算平台（腾讯云）、创新技术平台（VR、AI、无人驾驶、智能硬件）等。腾讯公司合作伙伴资源包括全国 30 个线下众创空间基地、全国知名创投机构、长江商学院等培训机构，以及人力资源、财务、法律咨询、税务服务等创业服务公司等。

为了更好地促进众创空间的良性发展,腾讯众创空间结合自身的实践经验,综合天津、北京、上海等全国 30 个众创空间的运营情况,构建了体现互联网思维的五大标准化、开放性"互联网+"创新创业服务体系,具体包括:

(一)打造开放性的创业服务体系

腾讯众创空间充分利用腾讯开放平台的优势资源,提供包括财、法、税等标准化需求和营销、设计等非标准化需求在内的全方位创业服务。截至 2016 年底,腾讯创业服务平台已入驻 300 家创业服务商、300 家服务商,涵盖 40 个城市。众创空间利用腾讯扶持、政府政策保障和当地资深运营方运营三合一的模式多维度扶持创业者,其中,腾讯给予资源和平台支持,地方政府给予政策与场地等支持,运营方负责日常众创空间的维护,同时也参投创业公司,各方都全心关注并全力助推创业团队的成长。

(二)建设生态型的创业孵化体系

众创空间借助腾讯及合作伙伴的互联网资源优势,充分和国际接轨,搭建融合了线上服务资源的线下优质孵化平台。线下创业园区内部整体设计和办公氛围都是轻松、自由、活跃的格调,让互联网创业团队能尽情发挥创新思路并通过自由开放的讨论和不定期的行业、高校研讨会进行思想的碰撞与交流,从而不断完善自身的产品建设。此外,正在推动的集创业办公服务、产业科技园区、居住生活于一体的腾讯"双创"基地建设,也将成为更有效的创业形态,使创业与生活不再是对立的存在。全国首个众创空间升级版"双创基地"试点——"腾讯互联网+生态村",总建筑面积 100 万平方米,绿地率占比高达45%,是一个集住所、教育、医疗等完善配套的创业生态部落联盟。

(三)构建全方位的创业投资体系

腾讯众创空间还为创业者提供风险投资等资金支持,以及早期的资源扶持。腾讯众创空间构建了由资源投资的"双百计划"与资本投资的"创投联盟"组成的全方位式的投资体系。其中,"双百计划"提供腾讯系的流量资源,拟3年内投入价值100亿元资源,扶持100家市值过亿元的创业企业,目前已成功孵化40家,5家公司在半年内成功上市;"创投联盟"由腾讯联合险峰华兴、今日资本、洪泰基金、经纬中国、软银中国等知名创投机构组成。

(四)建立多元化的创业教育体系

腾讯众创空间在企业管理、人力资源、知识产权、市场营销等方面开设多维度的培训课程,依据创业阶段与诉求匹配课程和资源,为"互联网+"领域的创业者提供从初级、中级到高级的培训和指导,帮助创业者快速成长。通过整合商学院与高校教育资源打造"青腾创业营",为创业者分享实战创业经验,提供系统化、专业化培训。2017年青腾创业营升级为青腾大学,一期学员项目总估值在半年间从280亿元飞跃到近1000亿元,二期学员中有40%的公司已经过了B轮融资,总估值目前已达700亿元,两期学员项目估值超过1700亿元,累计增长了3倍,其中包括10家上市公司和6家独角兽企业。此外,腾讯众创空间还与各地高校联合组织创业团队与大学生团队进行交流与沟通,将"互联网+"创新创业的思路和氛围带到大学校园中,充分激发大学生的创业热情。

(五)培育创新型的创业文化体系

腾讯众创空间借助网络与传统媒体的力量,帮助众多创业者和创业项目进行宣传报道和信息曝光,树立优秀品牌,加大"双创"的文化价值输出与经济价值输出,弘扬勇往直前的创业精神。创业造星体系整合卫视资源,联合浙江卫视、海南生态软件园共同打造的创业真人秀节目《我是创始人》,帮助创业者打造造星舞台,倡导传递创新创业精神,让创业项目有充分展示的机会并获得投资支持,也让创新创业成为全社会共同的价值追求和行为习惯。

经过努力,腾讯众创空间不仅收获了创业者和合作伙伴的好评,也获得了各级政府和主管机构的认可与支持。截至目前,腾讯众创空间(北京)已成为全国首个科技部授牌的"双创社区",腾讯众创空间(天津)是全国首个"双自一体"的众创空间,实现了双创社区与自贸试验区的政策统一与融合,腾讯众创空间(海南)是全国首个政务改革示范园区,实现创业企业工商税一条龙服务。

案例:腾讯众创空间(海南)

腾讯众创空间(海南)落户海南生态软件园,是腾讯以"互联网+生态村"为平台发力布局的首个"双创"基地。开创"互联网创业免费时代"的先例,2天之内招募了143家企业。

腾讯众创空间(海南)突破传统"孵化器"的概念,提供的不仅是政策和简单的办公载体,而是基于海南良好的自然生态环境和产业服务环境,聚合了"落地资源"、"政务资源"、"政策资源"三大资源优势及服务能力于一体,以企业服务为入口,提供从办公、生活到休闲娱乐、教育甚至未来将包含医疗、生态农庄、养生养老等的完整系统服务。

腾讯生态村总建筑面积为100万平方米,绿地率高达45%。区别于大城市物理空间建设,腾讯与海南园区都认可"微城市从心生活"的理念。

海南政府十分重视与腾讯合作,将从人才、创新创业、金融等多方面,给予入驻企业大力度扶持。作为全国唯一一个"多规合一"最大限度简化和取消行政审批试点,海南省已在园区开展"一站式"行政审批服务,企业注册最快3小时办结,后续入驻企业所享政策还将在园区企业服务超市直接、高效兑现落地。

三、经验效果

（一）平台开放聚集资源提升创业效率

腾讯众创空间面向融资、研发、测试、推广、售后等各环节，打造了线上线下结合、全要素、一体化的创新创业服务体系。一是共享创新创业数字资源，众创空间汇聚腾讯内部资源，开放分享给创业者；二是共享创新创业服务体系，众创空间配套提供日常管理、培训、公司注册、法务、金融等一体化服务，使其专注于创新研发。通过共享资源，众创空间为创业者节约大量人力和物力投入，有效降低了创业成本。

（二）多方合作共赢降低创新创业门槛

腾讯众创空间有利于降低创业门槛和成本，提升创业者的创新空间。一方面，帮助创业者解决资金难题。一是通过与政府合作，使创业者享受到政府提供的各种补贴、税收优惠及政策性信贷支持等，降低创新创业成本；二是联合第三方金融服务机构，成立创投联盟，为创业者提供融资对接，解决融资问题。另一方面，帮助创业者提升创业技能。众创空间联合清华大学、长江商学院推出青腾大学，为创业者提供创业培训与指导，打造属于创业者的黄埔军校。

（三）创业服务要兼顾标准化与个性化

通过几年的创业服务积累，腾讯众创空间根据全国 30 个实体创业空间及 5 年的开放平台经验，总结出一系列创业扶持的针对性体系与资源。对创业团队而言，需要的不仅是投资及场地支持，更需要一体化、全流程、伴随创业团队成长的资源支持。对创业基地而言，需要个性化与标准化相结合，个性化是指依据众创空间当地的区域经济与社会发展特色进行资源匹配，标准化则是指全国服务与运营要保持统一的标准和水平。对地方政府及产业而言，需要的是一个真正给地方带来发展和影响力的众创空间，是可以拉动地方经济、吸引人才以及助力产业转型升级的"互联网+"创新创业基地。基于此,腾讯众创空间将结合各地方的产业特色落地,联合各方优势资源,持续为创业者服务,共同构建我国"大众创业、万众创新"的新时代。

(四)加快建立国际化的协同创新机制

随着"一带一路"沿线国家数字经济交流与合作日益频繁,创新创业也全面走向国际化。腾讯众创空间联合高校资源、孵化器伙伴和政府资源,形成内外互联互通、全球资源协作的开放式创新创业格局,提升了众创空间的国际化水平。具体包括:Go Global 计划,为创业者提供一个联合出海平台。To China 计划,针对中国市场、技术、人才、政策感兴趣的创业群体,增强对海内外优秀创新创业团队及其项目的双向吸引能力。依托 WeStart 举办的全球创业大赛,扩大城市联动和海外赛区的互动规模。同时,海外的 TencetWeStart 将与国内的众创空间建立联动,如硅谷的众创空间与深圳众创空间,上海众创空间与日本众创空间等,在项目引进、渠道合作、资源拓展等方面形成多领域的合作。

案例17 创新工场:创新性创业平台,打造"互联网+"创新创业共赢生态圈

创新工场(北京)企业管理股份有限公司

导读:创立于2009年的创新工场,旨在用全方位的创业服务,帮助中国年轻创业者打造世界级企业。作为最顶尖的国际服务型创业投资机构之一,创新工场主要关注人工智能、教育、文化娱乐、消费升级、B2B& 企业服务等领域,专注投资早中期的高成长型科技企业。通过"互联网+",创新工场提升了服务效率,为创业企业节约了成本。通过成立人工智能工程院,致力于利用最前沿的 AI 技术为企业提供人工智能产品与解决方案,两相结合引领了独特的"VC+AI"风险投资模式,用"互联网+"和 AI 赋能创新创业。

一、基本情况

（一）创新工场介绍

创新工场由李开复博士于 2009 年 9 月创办,旨在用全方位的创业服务,帮助中国年轻创业者打造世界级企业。创新工场总部设于北京中关村,在上海、深圳拥有自营办公空间,在美国硅谷、西雅图也有投资和研发团队。创新工场曾开创了"投资+孵化"模式的先河,先后获得科技部授予的"国家级科技企业孵化器"及北京市科委授予的"北京市战略性新兴产业孵育基地"、"中关村国家自主创新示范区创新型孵化器"称号。

创新工场目前管理的基金总额超过 80 亿元人民币。截至 2017 年 10 月,创新工场投资项目逾 300 个,主要关注人工智能、教育、文化娱乐、消费升级、B2B& 企业服务等领域。创新工场在美国的投资项目超过 40 个,涉及人工智能、机器人、教育等领先领域。通过系统的投资布局,创新工场在上述诸多领域打造了完整的产业生态圈,投出了诸多独角兽项目。目前,创新工场的投资阶段已经从初期的种子轮、天使轮,延展到 A 轮、B 轮以及 C 轮。在投资之外,创新工场还充分发挥国际优势,通过与北美各大研发机构、著名大学以及创业企业间的紧密联系与合作,促进中外相关项目、科研、人才等各方面的合作。

（二）创新工场的专业投资服务

良性循环的创业和投资生态不仅仅需要资金,更需要专业性、有针对性的创业服务,为创业保驾护航。创新工场为被投企业提供的服务涵盖了创业和发展的方方面面,成为创业者选择创新工场的重要理由,包括战略制定和运营、技术平台与产品、市场拓展和用户获取、品牌传播、人才培养、专利设立与法律法规、财务规划与税收、工商与税务、政府关系与补助、融资与退出等优质的投后服务。2016年 2 月,创新工场凭借其独一无二的创业服务,成功登陆新三板,成为业界的标杆。

(三)创新工场人工智能工程院"VC+AI"风险投资模式

创新工场人工智能工程院成立于 2016 年 9 月,是专门面向人工智能的创业人才培养基地和创业项目孵化实验室。由李开复博士亲自领导带队,团队内不仅有大批投资专业人士,同时配备来自世界顶级机构的著名工程师和顶尖科学家,共同探索技术、产品、商业价值和数据的结合,致力于推进人工智能在科学研究与商业领域的发展,实现人工智能科研成果向产业实践的高效转化。

创新工场人工智能工程院为人工智能创业提供全方位支持,包括人才与技术、产品和商业经验、市场推广、软硬件平台、高质量大数据源等多个维度。对于垂直行业的领先企业,创新工场在金融、自动驾驶、运营商、文化娱乐、医疗及物流等行业都有深刻的理解及丰富的积累,可在定向分析后提供系统性的解决方案,通过 AI 赋能后提升其在行业的竞争力。对于人工智能领域的优秀人才和高水准创业团队,如果已经有了清晰的商业模式和成熟的产品规划,创新工场可直接提供投资支持;如果商业模式或产品规划尚未清晰,创新工场则可以孵化的方式,帮助创业者实现创业梦想。

二、主要做法

(一)全方位服务,为创业保驾护航

为响应"互联网+"行动,创新工场通过自身软硬件升级,极大提升了为被投企业提供的服务层级。目前,创新工场提供的服务涵盖了创业和发展的方方面面,包括产品设计和研发、战略制定和运营、技术平台与产品、市场拓展和用户获取、品牌建立与商务、人才招聘与培养、专利设立与法律法规、财务规划与税收、牌照获取与维护、工商与税务、政府关系与补助、融资与退出等。在服务具体实现形式上,又包括:

1. 使用在线视频课程直播的方式为孵化项目提供培训。创新工场会不定期组织一些法务、财务、市场以及技术方面的培训讲座课程,帮助创业公司更好的完成职能工作。在线视频课程直播让这些服务能够覆盖所有的创业公司,同时也为他们节约了时间和差旅费用。

2. 给所有的创业公司对接 IDC 云主机相关的资源。创新工场会与市场上主流的云主机、短信供应商、邮件供应商等 IT 资源公司合作对接,帮助创业公司谈好相关的技术资源,便于创业公司找到价格优惠和服务到位的 IT 相关资源。这些服务不但帮助创业公司解决了技术上的瓶颈,更为他们的初期创业节省了资金。

3. 公司内部使用的邮件及相关系统采用云端系统。创新工场办公室所使用的办公软件,如邮件,协作系统均为具有云端协作的 IT 系统,通过这样的方式提高工作效率和节约企业成本。

(二)中美资源联动,促进创业企业与国际连接

连接中国的中关村与美国的硅谷,能够有效促进中美两个最先进科技创新国家的创新创业交流,是创新工场的特殊优势与贡献之一。例如,创新工场美国团队每年会定期邀请美国硬件创业企业参访深圳制造企业,借此创造深度合作机会。

(三)兄弟会:为创业 CEO 量身打造的创业商学院

创新工场兄弟会创办于 2014 年,是专为获得 A 轮及 B 轮融资后的高成长型项目公司 CEO 打造的成长营,它旨在为创业者提供交流经验、互换和共享创业价值的平台,堪称创业 CEO 的迷你商学院。至今,兄弟会已成为创新工场创业生态体系不可或缺的强大力量。

创新工场兄弟会为创业 CEO 们提供极富实战价值的立体式教学课程,包括邀请众多知名风险投资机构负责人为学员分享行业投资动向与投资人观点;邀请成功创业者或业界精英分享创业实战经验与行业洞察;邀请专业领域人士为学员带来资本市场、企业管理等领域的专业知识储备。除定期课程外,兄弟会还组织学员进行交谊

拓展活动及草原行、沙漠行、硅谷行等封闭式旅行体验,为创业价值分享平台的搭建创造更真实紧密的场景。

（四）同学汇:针对项目公司投后服务的交流活动

创新工场同学汇是创新工场专门针对项目公司投后服务的系列活动,包含讲座、沙龙、培训、交流等形式,涵盖各个创业公司成长需求的模块(财务、法务、市场、人力、技术、运营、产品等)和垂直行业领域的知识、趋势等内容,也会有联谊、聚会、出游等各种丰富多彩的活动。

（五）新泡儿:聚集优秀创业者的社群平台

创新工场新泡儿是优秀创业者的聚集平台,致力于服务潜在独角兽企业。通过私密分享、沙龙、内部路演等高质量活动,对接资本、市场、财务、法务等资源,将最有价值、最有干货、最有温度、最有情感的优秀创业者社群"泡"在一起,旨在打造不一样的创投人脉矩阵。

三、经验效果

创新工场自创立以来就一直坚持以帮助中国年轻人成功创业为己任,通过全方位的创业服务,帮助创业者,推动中国的创新创业,促进中国的前沿科技应用。在过去近八年的实践中,创新工场根据中国的创业实际情况,创造了很多符合中国国情、适合中国创业者的孵化方法,积累了宝贵的中国创新创业经验。

（一）中美资源连接促进中国创业企业国际化

当前,中国和美国已经成为全世界规模最大,重要度最高的两个创新创业国家,只有理解中美两个市场,创新创业才能取得更高水平的成功。创新工场通过在中国与美国设立投资团队,开展中美两国的创新创业交流,有效促进了中国创新创业的国际视野,提升了中国创新创业的水平。

（二）"互联网+"提升创业企业效率降低创业成本

创新工场为创业企业提供各种便利的创业服务,节省了企业成本,提升了工作效率。同时,这些举措本身也提高了创新工场的创业服务效率,在孵化企业不断增加的背景下,创新工场可以依靠精英团队做好创业孵化服务。

(三)人工智能赋能创新创业

创新工场对人工智能现在和未来落地的主要应用场景,有着透彻的理解和深厚的经验积累,通过帮助所投资的企业积极引入人工智能技术、改进业务流程,提升了服务质量和效率。目前,创新工场已投资超过30家直接利用人工智能技术创造商业价值的创业公司。

(四)特色项目打造创业共赢生态圈

兄弟会、同学汇、新泡儿是创新工场打造的特殊创业服务项目,这些项目的共同特点是能够在为创业者提供创业真知的同时,促进创业者与投资者、创业者与创业者之间的经验交流,资源共享,价值共赢。一个形成良性互动的创业生态圈不仅可以促进创业者的成长,也有助于在更大的范围内形成一个健康、有序、持续发展的创新创业环境,促进中国创新创业的有机成长。

案例18　旷视科技:人工智能云计算平台, 开启人工智能新生态

北京旷视科技有限公司

导读:北京旷视科技有限公司(以下简称"旷视科技")以人工智能科学中的机器视觉为突破点,坚持利用原创技术和海量数据驱动企业成长,积极推进人工智能技术的商业化。旷视科技在"赋能机器之眼"的愿景下,以"构建城市大脑"为使命,通过搭建以"互联网+"为基础的 AI 云——Face++人工智能开放平台,用计算机视觉技术为智慧城市打下牢固的结构化数据基础,从而推动人工智能技术产业化发展。通过大数据、云计算和深度学习技术,使 Face++人工智能开放平台与智能终端紧密融合并协同交互,为不同行业和领

域的企业、机构和组织提供智能化的行业解决方案,针对现有业务实现数字化、智能化改造,进一步助力行业升级和产业转型。

一、基本情况

(一)旷视科技简介

北京旷视科技有限公司(以下简称"旷视科技")创办于2011年,是国内最具规模的创新型人工智能产品及解决方案提供商之一,也是国内通过自研深度学习引擎实现人工智能系统化研发的科技公司。2017年3月,旷视科技被科技部评为"独角兽"企业,位列人工智能企业首位。2017年5月,旷视科技的核心人脸识别技术被美国著名科技评论杂志《麻省理工科技评论》评定为2017全球十大突破技术,同时作为中国唯一一家人工智能企业入榜"全球最聪明公司"。2017年7月,旷视科技受邀在政府半年经济会议中做企业创新汇报。2017年10月,旷视科技完成由中国国有资本风险投资基金领投的4.6亿美金C轮融资。

旷视科技的核心团队由来自清华大学、美国哥伦比亚大学、微软亚洲研究院等国际顶级院校、科研机构的技术极客,以及来自谷歌、阿里巴巴、华为、微软等跨国企业的一流产品、商务人员组成。经过六年时间的迅速发展,现有员工已超过700人,其中科研人员占比65%。并在北京、南京和美国西雅图分别设立了独立研究院。

旷视科技以深度学习和物联传感技术为核心,致力于围绕用户核心需求为各行业提供全球领先的智能数据服务和安全易用的综合智能解决方案,核心合作伙伴包含公安部、国家身份证中心,以及阿里巴巴、蚂蚁金服、华为、联想、富士康、中信银行、招商银行、小米、vivo、万科、凯德等近千家企事业单位。

(二)Face++人工智能开放平台项目说明

Face++人工智能开放平台基于人工智能、云计算和大数据等关键技术,提供对机器学习研发过程端到端的技术支撑,从数据、模型、算法到应用程序接口,再到行业应用的完整生命周期自动化管理。平台目标是从根本上提高人工智能,尤其是人工神经网络、深度学习等前沿技术的服务化水平、应用化效率和创新速度,并为计算机视觉应用领域,如金融、安防、零售、企业管理、物业管理、自动驾驶、工业制造等行业,提供有针对性的更精准、更智能、更广泛的技术支撑。旷视的识别技术特别是人脸识别技术,受到众多行业、企业的青睐并逐渐形成商业化落地项目,也成为在 Face++人工智能开放平台上主要研发的核心技术。

目前,旷视科技 Face++团队累计获得国际人工智能技术评测冠军 10 余项,并在 2017 年的 MS COCO 和 Places 两项全球顶级计算机视觉竞赛中击败微软、谷歌和 Facebook 夺得三项世界冠军,此外,旷视技术团队共揽获世界级奥林匹克金牌超过 70 枚。作为中国拥有人工智能技术自主知识产权最多的企业之一,旷视科技的国内外在申及授权专利已超过 500 件,并代表行业领先技术提供方参与了 15 项人工智能国家及行业标准制定,是国内最大原创人工智能企业之一。

(三)社会价值

随着大数据和深度学习能力的提升,人工智能技术正在逐步成为经济发展的新引擎,成为第四次工业革命的核心力量。在"互联网+"的基础上,旷视正在推动"人工智能+"通过打造 Face++人工智能开放平台和系列解决方案推动生物识别、计算机视觉商业化,进而推动行业有序发展和社会信用体系的建设,引领人们生产生活和思维模式转变。未来,在"互联网+"人工智能的大背景下,人工智能将在金融体系、社会治理、公共安防、交通物流等产业中发挥最大的效能,推动社会生产力变革,释放更多的人力物力,从而改善人们的生活质量。

二、主要做法

（一）核心技术创新性

基于Face++人工智能开放平台的人脸识别技术，突破了人工建模局限，通过海量数据的训练与学习，更好地适应了各种光照、姿态、表情、饰品、年龄等因素的变化影响，使这项技术的大规模行业应用成为可能。该技术还创造性地将动作活体、屏幕主动光活体、3D结构光活体技术应用在终端设备上，结合后台深度学习训练系统，可以有效抵御照片攻击、视频攻击、CG合成攻击等各种攻击方式，最大程度地保障识别过程的安全性。

基于Face++人工智能开放平台的人脸识别技术从四个技术层面为大规模行业应用提供了强有力的保障：

1.活体检测判别照片攻击等低级伪装。用平面照片伪装是刷脸支付最常见的攻击，旷视可以利用活体检测算法进行检测，鉴别信息是否由活体产生和发出，系统可以通过25秒/帧的高帧率检测用户的动作连续性，以及不断扩大的动作范围进行特征移动来判断支付发起人是否为活体。

2.屏幕翻拍检测击败视频、合成脸的冒充。合成脸是通过若干照片合成的3D人脸，并能够通过指挥软件使其完成活体动作的检测，但是合成脸还是要通过屏幕显示来完成。在旷视的屏幕翻拍检测和活体检测技术面前，通过视频录制、合成脸翻拍和视频聊天等方式都无法通过框体检测和对翻拍的图形特征分析检测。

3.高精度人脸比对引擎刷新识别力。人脸识别技术由高精度人脸识别比对引擎支撑，对系统来说每一张人脸都是独特的序列，并不会因为女性化妆而改变。

4.人像数据脱敏保护信息安全。对于人脸等敏感信息，旷视通过脱敏规则进行数据变形，从而实现对敏感隐私数据的保护。

（二）主要产品和创新商业模式

在"互联网+"的大背景下，依托于核心的深度学习和计算机视觉技术，旷视正在推进"AI+行业"的融合，并通过技术赋能帮助企业用户在行业的竞速中进入"快车道"。在与行业结合的过程中，旷视从人脸识别技术切入垂直行业，推出了以智能云和智能互联为核心的行业解决方案，并通过产品和方案在金融、安防、地产等关键领域的落地，推进研发与应用结合、促发技术和产品螺旋式升级。

1.金融领域。基于Face++人工智能开放平台的人脸识别技术，旷视开发出身份核验产品FaceID，能为用户提供从端到云的丰富身份验证服务，包含客户端APP的活体检测SDK、FaceID服务端的人脸验证、证照验证、多重数据交叉验证等多重风控验证方式。对于传统金融、交运等强身份认证需求，提供了线上身份核验系统、线下人证一体机硬件设备，最大限度地进行风险管控；对于互联网金融行业，旷视提供的在线身份验证服务可以将用户ID与互联网流量、用户行为数据等精准绑定，实现智能数据价值最大化。

2.安防领域。基于Face++人工智能开放平台的人脸识别技术，旷视推出智慧安防解决方案，可以广泛应用于视频监控、入侵警告、出入口控制、门禁、电子巡更、联网警告等主要安防领域，有效解决公安、海关、"三站一场"等政府相关安全机构对人员身份确认、实名认证、人脸电子围栏、重点人员布控等诉求，快速准确地完成人证合一以及超大库的人脸搜索比对。

3.地产领域。旷视"智能地产解决方案"致力于静态、动态人脸识别技术在商业领域当中的应用，通过真实的应用场景及各行业领域，实现端到端的整体解决方案输出。智能地产产品线包括智慧楼宇、智能企业、智能商超、智能生活、智能会议等行业解决方案。

4.智能商超领域。基于Face++人工智能开放平台的行人检测、轨迹分析等功能，旷视在2017年初，为北京龙湖长楹天街的一家咖啡店试点上线了智能会员识别系统。当消费者一步入门店,旷视的智能摄像头和智能感知技术便会自动抓捕消费者的面部图像,随后回传至会员人像数据库中进行比对,并准确识别出会员的身份信息。当会员进行消费或二次到店的时候,智能零售系统能快速地识别出来并提醒商家。为顾客提供精准化、个性化定制服务。

5. 智能终端领域。2017 年 9 月—11 月,旷视分别与中国领先的智能手机厂商小米、vivo、锤子手机合作,将人脸识别解锁技术应用于手机当中。在解锁时,利用 AI 人脸识别算法,手机系统可自动检测面部特征并进行高精度智能匹配,屏幕点亮时仅需用户看一眼即可瞬间完成解锁。为确保用户设备的安全,旷视 Face++ 采用了活体检测技术使人脸识别解锁具备金融级别防风险能力,可以有效防止他人通过翻拍照片、翻拍视频、打印照片等方式盗用用户设备。

三、经验效果

依托"互联网+"和人工智能的政策背景,旷视的"AI+行业"创新商业很好地将技术与市场进行结合,根据不同行业特点,将人工智能人脸识别技术垂直深入到行业中,用卓越的技术提升行业水平;同时,大量的行业数据也在不断对技术进行反哺,更新着 Face++ 人工智能开放平台的算法训练库,促使技术更新迭代。

(一)致力于自主技术创新,实现平台跨越发展

旷视始终将原创技术放在首位,旷视团队累计获得国际人工智能技术评测冠军 10 余项;获得国家、国际级信息学金奖人员超过 70人次;产出国家、国际级专利超过 500 件,是中国拥有人工智能技术自主知识产权最多的企业之一。对技术极致的追求,使旷视在近两年的技术成果市场应用中始终位于行业前列,在行业内开创了多个第一:全球五十大聪明公司初创企业排名第一;第一个拿下 COCO、Places 世界图像识别大赛三项冠军的中国公司;科技部独角兽榜单人工智能榜排名第一;推出迄今为止世界最大的人脸识别云平台

Face++;推出全球首个人脸身份认证平台 FaceID;领先苹果,率先在为中国厂商提供刷脸解锁技术;实现世界范围刷脸支付首次落地;推出全球范围唯一一款全帧级别智能人脸抓拍机。

(二)打造行业应用,推动平台获得市场认可

立足自有原创深度学习算法引擎 Brain++,旷视科技围绕金融安全,城市安防,商业物联,手机智能及机器智能五大核心行业推出了 Face++人工智能开放平台、互联网线上核身平台和系列智能行业解决方案。

在金融安全领域,旷视科技旗下的 FaceID 平台已为全球 2.5 亿人完成远程实名身份验证,是支付宝、今日头条、滴滴出行等大型互联网企业重要的人工智能服务提供商。FaceID 广泛应用于中信、招商、平安等银行领域,人寿保险等保险领域,小贷、蚂蚁金服等互联网金融领域。此外,旷视也为支付宝提供了从端到云的 FaceID 远程身份验证服务。2017 年 9 月 1 日,旷视和支付宝联手,实现了全球首个刷脸支付商用试点——杭州万象城肯德基,颠覆了现有的支付方式,让人们可以摆脱钱包、银行卡和手机等介质实现真正的智能支付。

在城市安防领域,旷视科技的智能安防系列解决方案已在全国 26 个省市上线并被中国公安部列入重点技术推广目录,作为公安部重大活动智能安保方案主要提供商,旷视科技在 G20 杭州峰会、厦门金砖峰会、海南博鳌论坛、上海劳力士大师赛等众多国际级峰会、赛事的安保工作中发挥了积极作用。2016 年 9 月,旷视作为唯一智能安防提供商,为 G20 杭州峰会建立国际首个智能监控网络,帮助警方定位危险人员,累计提供超过 80 亿次基于人的识别、画像、追踪数据服务,跨摄像头串联用户数据。峰会期间,协助杭州警方抓获在逃犯超 1000 名,极大维护了社会治安和会议安全。旷视目前提供安防服务的城市有北京、杭州、成都、武汉等地,覆盖共计 26 个省份。

在手机智能领域,旷视科技与 vivo、小米等国内一线手机厂商合

作,领先苹果率先发布人脸解锁手机。在商业物联领域,旷视科技先后与阿里巴巴、小麦铺、缤果盒子等新零售企业联手,为中国前十的智能零售概念品牌输出了全面的视觉和感知技术。FaceID还被应用于滴滴出行司机实时验证、今日头条作者实名验证等领域,为2.5亿人完成了远程实名身份验证,成为世界最大的人脸身份验证平台之一。

在地产领域,旷视已为352个园区、楼宇建筑实现了智能化改造,每日为智慧楼宇和企业管理提供涉及出入管理、人证核查、人流统计、人群属性画像在内的数据服务超过124.9万次。

旷视科技相信,未来人工智能将会像电力、网络一样成为社会基础设施渗透到各行各业。人工智能就像人类的大脑一样需要通过认知、感知、分析并做出决策,其中感知是一切行为的前提,即使是智能机器人、无人机、自动驾驶汽车,都需要拥有一双机器之眼,Face++人工智能开放平台就是开启智能终端的智慧之眼。

Face++人工智能开放平台将以"互联网+"为脉络,更好地探索人脸识别与不同行业的契合点,形成人工智能生态系统,构建真正意义上的人工智能城市。Face++人工智能开放平台未来也会以城市大脑的角色,为各个行业提供智能支持。

案例19 科大讯飞:"互联网+"语音云开放平台,推动智能人机交互应用创新

科大讯飞股份有限公司

导读:科大讯飞股份有限公司是亚太地区最大的智能语音及人工智能上市公司,作为中国智能语音与人工智能产业领导者,科大讯飞在语音合成、语音识别、口语评测、自然语言处理等多项技术上拥有国际领先的成果。自2010年推出全球首个智能语音交互的语音云开放平台以来,平台技术创新能力和产业集聚效应得到显著加强,

人工智能产业生态进一步凸显。"互联网+"语音及人工智能产业生态圈进一步构建。

一、基本情况

科大讯飞语音云平台起始于2010年,是全球首个智能语音交互的语音云开放平台,旨在为各类移动互联网创业者和创新性企业提供低门槛高质量的语音交互服务,提升我国在智能语音产业的市场主导地位。为发展民族智能语音和人工智能产业,建设和打造健康可持续的人工智能产业生态系统,科大讯飞一方面投入巨资进行源头技术研发,确保在行业内的全球技术领先优势;另一方面以开放共赢的心态规划建设语音云开放平台,将公司拥有自主知识产权、在业界领先的智能语音技术及人工智能技术(包括在线/离线语音合成、语音识别、语音听写、语音转写、语音评测、声纹识别、大数据分析等)免费开放给全国各地的开发者团队使用。开发者团队可以使用科大讯飞开放的技术,结合自己的开发能力以及对市场和用户需求的理解,自行开发诸如手机 APP、智能机器人、智能家居、智能家电、穿戴式设备、智能汽车应用等软硬件产品和服务。科大讯飞的使命是让人工智能像水和电一样,成为即插即用的资源,支持千万创业者以极低的成本和较高的起点开始自己的双创事业,让民间的创新创业源泉充分融汇,打造健康、优美、可持续的人工智能生态。

科大讯飞语音云开放平台经过连续多年的建设和升级,目前规划存储容量64PB,处理能力约为58万亿次/秒,是全球最大规模的人工智能公有云之一。截至2017年10月,讯飞云平台日处理交互约40亿次,每日新增数据量超过130TB,总用户数超12亿;注册开发者团队已突破45万,带动超百万人围绕人工智能技术和产业进行双创活动;上线各种应用产品突破35万套,为通信、金融、教育、社交、电商、游戏、新媒体等数十个行业提供了海量的优质智能语音和人工智能核心处理技术、资源和服务,以科大讯飞为中心的人工智能产业生态正在逐步形成并持续完善。

二、主要做法

(一)持续提升企业技术创新能力,强化行业领先地位

科大讯飞先后成立了讯飞研究院和大数据研究院,公司对研究院的扶持不遗余力,广聘英才、重金投入。多年来,科大讯飞的研发投入始终保持占全部营收 25%的高位,远超同行业平均水平。科大讯飞采取对骨干人才实行股权激励政策、员工购房贴息、设置伯乐奖鼓励员工内推举荐优秀人才等手段,加强人才引进力度,为提升技术创新能力打下坚实基础。2016 年公司引进核心技术及行业领先人才 254 人,核心岗位优先人才 1016 人;公司每年定期举行两次内部人才流动,引入科学人才测评方法,做到所有管理岗位全部竞聘上岗;与中科大联办软件工程硕士班,每年选拔 60 名优秀员工攻读硕士,公司全额承担学习费用;深入实践"721"培养模式(70%工作历练,20%人际反馈,10%培训教育),积极培育创客文化,激发员工创造力。2016 年共开展培训 600 多场,培训 44817 人次;每年邀请微软亚洲研究院、南洋理工大学等知名单位专家组织高水平学术报告会,截至 2016 年年底,已组织 22 期,听众近万人次。科大讯飞与美国加州大学伯克利分校、加拿大约克大学、清华大学、中国科学技术大学、哈尔滨工业大学等十余家国内外知名高校和科研机构合作建立联合实验室,共同打造智能语音和人工智能领域产学研结合的创新平台,不断提升企业技术创新能力。

(二)线上线下多措并举,扶持开发者团队高速成长

为了给全国的开发者团队提供全方位服务,扶持他们健康高速成长,科大讯飞专门成立了云平台事业部,负责讯飞云平台的规划、建设和运维,确保智能语音和人工智能技术资源的高可用性;同时针对开发者团队的需求和成长,采取线上线下并举、多措同时推进的办

法,为平台上更多的创业团队提供细致周到的服务,全力建设和维护人工智能产业生态。科大讯飞自建了品牌科技沙龙:《胡郁有约》、《山哥下午茶》,定期在全国主要城市举办,免费向开发者团队和人工智能生态圈企业开放,贯通上下游,深入行业领域,解决用户痛点;举办线上+线下全国技术巡讲,受众达数十万人,仅2016年全年就成功帮助近10万开发者;积极参与承办和协办行业品牌活动,组织、支持和参加"1024全球开发者节"和"世界人工智能大会"等具有全球影响力的大会,累计曝光9000万次,扩大了科大讯飞语音云开放平台的知名度。

（三）用AI技术资源改造升级传统产业

在家电行业,科大讯飞支持海尔、长虹、美的、海信等中国家电产业巨头不断创新技术,用人工智能技术升级改造传统家电行业,在很短的时间内实现了传统家电向"能听会说会判断"的智能家电升级转变;在汽车行业,科大讯飞支持长安、奇瑞、吉利、比亚迪、宝马、奔驰等数十家国内外知名汽车厂商和配套厂家实施汽车智能化升级工程,用人工智能技术改造完善汽车产品;在医疗行业,科大讯飞研发的人工智能CT读片辅助诊断系统可以准确辨识肉眼无法准确分辨的微小结节,大大提升了早期肿瘤的准确诊断率,为千万患者带来了福音;在金融行业,科大讯飞的智能客服机器人、人脸和声纹识别技术已在多家银行应用推广,大幅节约了人工成本,缩短了办理时间,提升了客户满意度;在便民服务行业,科大讯飞利用大数据和人工智能技术打通了公安、社保、教育等58个部门781大类数据,构建电子证照文库,一站式服务实现便民、便企权力清单全覆盖,窗口服务人员减少了70%,服务效率提升了90%以上。为深入服务传统行业转型升级,在不断进行技术和理念创新的基础上,科大讯飞先后孵化出讯飞智元、讯飞皆成、科讯嘉联、讯飞启明等十多家公司,专门从事细分市场的产品研发和服务。

（四）建设线下孵化平台，扶持创业团队落地发展

为了更有效地扶持开放平台上的创业团队，科大讯飞致力于线下孵化平台的建设和运营，在地方政府的支持下建设人工智能孵化平台，让人工智能行业的开发团队能够就近落地，充分对接孵化、加速、培训、投资、市场等资源。现已在合肥、长春、洛阳、重庆等地先后打造多个创业孵化基地，总面积超过五万平方米，引进落地开发者团队和创业公司三百余家；目前在全国还有十余家孵化基地正在洽谈和筹建之中。科大讯飞还和优客工场、AA 加速器等国内知名孵化器、加速器单位以及多家产业投资基金保持密切合作，共同推进对语音云平台创业项目的深度孵化。

三、经验效果

语音云开放平台助力语音及人工智能技术的成果转化及产业应用，在移动互联网、教育、智能车载、智能家电、公共安全的各行业领域形成了蓬勃发展的态势。

（一）加强企业自主技术创新能力，行业领先地位不断强化

科大讯飞拥有我国唯一以语音及人工智能技术为产业化方向的"语音及语言信息处理国家工程实验室"和"国家 863 计划成果产业化基地"。自 90 年代中期以来，科大讯飞在历次的国内外语音合成评测中，各项关键指标均名列第一。2008 年至今，科大讯飞连续在国际说话人、语种识别评测大赛中名列前茅。在 2016 年的国际语音识别大赛（CHiME）中，科大讯飞取得全部指标第一，并相继获得国际认知智能测试全球第一和国际知识图谱构建大赛核心任务全球第一。2017 年 8 月，国际医学影像权威评测机构 LUNA 官网最新公布，科大讯飞获得国际医学影像识别大赛第一并刷新世界纪录。同年 10 月，科大讯飞在国际自动驾驶领域权威评测集 Cityscapes 获得平均 81.4% 的精度，取得了该项评测的第一名，刷新世界纪录。

（二）孵化典型人工智能生态企业，生态圈初步建成

科大讯飞语音云开放平台先后扶持了优必选、云迹、云适配、咪咕爱唱、掌中英语等数百家优秀创业团队，合计估值达数百亿元，创造了一大批优秀的产品和应用。2016年2月，工信部正式批复"中国声谷"为首个国家级智能语音产业集聚区。目前，"中国声谷"已入驻新华三、浪潮、华米科技等130家企业，形成了从基础研究、技术研发、平台支撑到产业发展与应用的人工智能产业链。"中国声谷"已经在全国乃至全世界形成一定的产业影响力和品牌知名度，成为安徽经济社会发展中的一张新名片。

（三）打造人工智能创业孵化基地，为产业升级提供有力支撑

在河南洛阳，科大讯飞与当地装备制造主导产业标杆企业中信重工合作设立了研发中心，利用科大讯飞智能语音核心技术优势，帮助企业产品转型升级。针对中信重工球磨机设备，进行基于声音的设备运行状态检测和故障自动诊断的核心技术研究，目前已经取得关键突破，填补了国内磨机自控领域的技术空白。同时，科大讯飞积极推进智能语音技术应用于特种机器人研发，通过将语音唤醒和语音识别技术应用到中信重工消防特种机器人，实现语音操控单个或同时多个消防特种机器人完成复杂动作、精准动作的指令操作。首批样机已在中信重工特种机器人产业基地成功生产，该款机器人也是国内首款基于语音操控的消防机器人。在吉林长春，喜成科技等十余家大学生创业的科技型公司入驻讯飞人工智能创业基地，开始高速成长；艾希科技和科大讯飞服务机器人北方生产基地达成合作意向；北京康力优蓝、京东智能、深圳优必选等国内著名人工智能企业已签约入驻，将为振兴东北带来新的增长活力。在安徽合肥，讯飞自有双创基地已经孵化出"晓曼"智能客服机器人、合肥淘云、咪鼠科技等优秀团队，估值达近百亿元。

未来，科大讯飞语音云开放平台将深入支持线上开发团队，线上

线下并举,多措同时推进,建立健全人工智能产业生态圈,同时,科大讯飞将以语音云开放平台为基础大力推进人工智能创业孵化基地在全国的布局和落地,集聚优质创新创业资源,大力推进我国人工智能产业蓬勃健康发展。

第六章　开创"互联网+"新局面

2018年是贯彻党的十九大精神的开局之年,是改革开放40周年,是决胜全面建成小康社会、实施"十三五"规划承上启下的关键一年。我们要以习近平新时代中国特色社会主义思想为指导,全面贯彻党的十九大精神,坚持新发展理念,以供给侧结构性改革为主线,紧紧抓住大有可为的历史机遇期,明确新时期深入推进"互联网+"行动的重点方向,努力营造良好发展环境,推动互联网、大数据、人工智能和实体经济深度融合,促进"互联网+"发展迈上新台阶。

第一节　"互联网+"发展新要求

党的十九大明确提出,贯彻新发展理念,推动互联网、大数据、人工智能和实体经济深度融合。这为进一步推进"互联网+"行动深入发展提出了更高的新要求。

要求"互联网+"行动更加平衡。"互联网+"在不同领域、行业、地区、企业发展差异较大,发展不平衡问题突出。我国互联网在消费领域应用处于世界领先水平,电子商务、移动支付、共享经济成为引领全球的"新名片",但在"互联网+"先进制造领域,包括数字工厂、智能制造、工业互联网等与发达国家有显著差距,美、德等发达国家的龙头企业始终引领工业互联网创新浪潮。国内缺乏龙头企业带动,平台生态系统构建能力不足,中小企业信息化基础较弱,生存发展任务艰巨,企业转型往往"有心无力"。总体看,"互联网+"服务发展较快,而"互联网+"工业和农业发展较慢;东部发达地区发展较快,中西部地区发展较慢。因此必须贯彻协调发展的要求,促进"互联网+"均衡发展,促进"互联网+"经济、政治、社会、文化和生态、生产与消费共同发展;东部与中西部加强共融;大企业与中小企业相互带动;国内与国际的协同互动,不断增强发展整体性,在协调发展中拓宽发展空间,在加强薄弱领域中增强发展后劲。

要求"互联网+"行动更加充分。"互联网+"总体上处于初期阶段,发展不充分,质量和效益还不高。首先,是思想认识不够充分,仍有一些地方和企业缺乏对"互联网+"内涵和作用的准确把握,简单的认为"互联网+"是互联网企业"+",对于互联网在改造提升传统产业、培育新业态、加快新旧动能转换的作用理解不透彻,认识有偏差。还有一些地方和企业对"互联网+"的认识较为盲目,认为"互联网+"无所不能,个别地方出现一哄而上的苗头。有的则是"新瓶装旧酒",以"互联网+"创新之名,行老旧落后之实。其次,是发展能力和基础不充分,信息基础设施、核心网络信息技术难以满足高水平"互联网+"发展需求,融合基础仍然有待加强。再次,是"互联网+"应用尚不充分,信息技术与经济社会各领域融合的广度、深度,特别是关键生产领域的应用还处于比较初级的水平,大多数企业仍以简单的信息化改造为主,智能化水平较低。据有关机构测算,"互联网+"在服务业、工业、农业领域渗透率分别仅为 18.3%、4.1% 和 1.6%。深入推进"互联网+"行动,要坚持质量第一,效益优先,突出抓重点、补短板、强弱项,普遍提高全社会对"互联网+"的认识,全面准确把握"互联网+"发展特征和趋势,结合我国经济社会发展实际情况,充分发挥网络信息技术辐射带动作用强的优势,推动"互联网+"在更广范围、更深程度,以更高效率实现更充分发展。

要求"互联网+"行动更加普惠。增进民生福祉是发展的根本目的,也是"互联网+"行动的根本目的。"互联网+"在促进普惠共享方面发挥了显著作用,但不平等和不公平问题仍然突出。贫困地区和农村地区信息基础设施建设滞后,针对留守儿童、残障人士等特殊人群的信息服务供给薄弱,数字鸿沟有扩大风险。民生领域还有不少短板,脱贫攻坚任务艰巨,城乡区域发展和收入分配差距依然较大。社会文明水平尚需提高,国家治理体系和治理能力有待加强。教育、医疗、养老、交通等公共服务仍然不够均等。必须坚持新发展理念,坚持以人民为中心,更好地利用云计算、大数据和人工智能等新一代信息技术,增加公共服务供给,提高公共服务共建能力和共享水平。支持精准扶贫、精准脱贫,提高教育质量,推动义务教育均衡发展,促进就业创业,加强对灵活就业、新就业形态的支持,建立更加公平、更可持续的社会保障制度。推进健康中国建设,保证全体人民在共建共享发展中有更多获得感,不断促进人的全面发展、全体人民共同富裕。

　　要求"互联网+"行动更加开放。开放是互联网与生俱来的根本属性,也是"互联网+"深入发展的重要前提。当前,推进"互联网+"面临诸多开放不足的问题。在数据共享方面,数据共享交换机制不健全,标准不统一,集中汇聚的互联网大数据尚未构成,数据资源量与实际应用价值之间存在较大差距。在准入方面,存在市场开放程度不够、进入门槛较高等问题。在监管方面,存在监管方式落后、协同机制不健全,以及跨市场新型业务的监管主体不明确、难以简单归类于原有监管体制等问题。在法律方面,存在立法滞后等问题。在国际化发展方面,海外合作仍需拓展,"走出去"能力亟待增强。必须坚持开放共享的基本原则,积极营造开放包容的发展环境,加快完善市场监管和法律法规,探索"包容审慎监管",对看得准的要量身定制监管模式,对一时看不准的先观察,不要一上来就管死。加快完善互联网立法,尽快补足我国网络立法短板。鼓励企业抱团出海,鼓励"互联网+"企业面向全球市场提供应用平台和服务,充分发挥政府、产业联盟、行业协会及相关中介机构作用,形成"互联网+"企业走出去的合力,推动大规模、深层次、多领域走出去。

要求"互联网+"行动更加安全。安全是发展的前提,发展是安全的保障,安全和发展要同步推进。"互联网+"越是深入推进,安全隐患可能带来的损失和影响越严重,对安全保障的要求就越高。当前,随着"互联网+"快速发展和深入推进,网络安全威胁和风险日益突出,并加速向政治、经济、文化、社会、生态、国防等领域传导渗透,特别是国家关键信息基础设施面临较大风险隐患。例如,随着两化融合发展进程不断深入,工业信息系统逐步从单机走向互联、从封闭走向开放,为网络安全威胁向其加速渗透创造了可能,工业领域面临的信息安全形势日益紧迫。总体看,一方面,我国信息网络安全管控体系、标准、法律法规等尚不健全,另一方面,关键信息技术和核心产品对外依存度高,产业支撑能力比较薄弱,安全攻防能力不足,难以有效抵御外部风险,网络信息安全形势尤为严峻。我们必须坚持总体国家安全观,统筹发展和安全,要树立正确的网络安全观,立足基本国情,立足开放环境,加强对外交流、合作、互动,树立动态、综合的防护理念,政府、企业、社会组织、广大网民共同参与,共筑网络安全防线。要加强核心关键技术攻关,壮大信息安全产业,加强信息网络基础设施安全防护,健全法律法规、标准和管控体系,加强个人信息保护,不断增强"互联网+"安全保障能力。

第二节　"互联网+"发展新机遇

中国特色社会主义进入新时代,我国经济已由高速增长阶段转向高质量发展阶段,正处在转变发展方式、优化经济结构、转换增长动力的攻关期,"互联网+"将迎来更广泛、更深入、更高效发展的重大机遇。

统筹推进"五位一体"总体布局的机遇。"互联网+"未知远大于已知,未来空间无限。"五位一体"总体布局的深入推进,一系列国家战略的加快实施,为"互联网+"发展指明了方向。党的十九大报告指出,中国特色社会主义进入新时代,从现在到二〇二〇年,是全面建成小康社会决胜期。要统筹推进经济建设、政治建设、文化建设、社会建设、生态文明建设,坚定实施科教兴国战略、人才强国战略、创新驱动发展战略、乡村振兴战略、区域协调发展战略、可持续发展战略、军民融合发展战略。在党的十九大确立的基本方略、总体布局和重大战略实施指引下,随着互联网、大数据、人工智能等与经济社会发展进一步加快融合,"互联网+"未来空间将进一步拓展。例如,"互联网+"现代农业可以加强与乡村振兴战略的衔接,进一步为"三农"发展提供更好的支撑,拓展农业农村发展空间。"互联网+"健康养老服务可以结合健康中国战略进一步升级,拓展民生服务空间。按照建立健全绿色低碳循环发展经济体系的要求,深化"互联网+"绿色生态行动,拓展生态环境空间。以"一带一路"建设为重点,推进"互联网+"贸易强国建设,拓展国际发展空间。

技术融合创新的机遇。全球新一代信息技术创新正在进入新一轮加速期,移动互联网、物联网、云计算、大数据等融合技术的高速发展正在重塑信息技术产业体系,人工智能、区块链、增强现实/虚拟现实、边缘计算孕育兴起,互联网日益成为创新驱动发展的先导力量。网络信息技术的加速突破,以及创新驱动战略的部署实施将为"互联网+"提供更强大的发展动力。互联网核心技术是我们最大的"命门",核心元器件、核心技术、供应链等受制于人,成为深入推进"互联网+"行动的最大隐患。我国关键领域的技术积累依然存在短板,对外依存度高达50%以上,如集成电路领域的中高端FPGA、DSP、高速AD/DA、光器件、高速滤波器等芯片主要依赖进口。在核心技术和供应链受制于人的情况下,一旦外部形势发生重大变化,会使我们陷入极大困境。党的十九大提出,加快建设创新型国家。要瞄准世界科技前沿,实现前瞻性基础研究、引领性原创成果重大突破。加强应用基础研究,拓展实施国家重大科技项目,突出关键共性技术、前沿引领技术、现代工程技术、颠覆性技术创新。加强国家创新体系建设,强化战略科技力量。通过国家创新驱动战略的实施,充分保障研发投入,加强统筹协调,完善体制机制,培养造就一大批具有国际水平的战略科技人才、科技领军人才、青年科技人才和高水平创新团队,加快网络信息技术与其他先进技术创新步伐,促进信息技术与生物技术、新能源技术、新材料技术等交叉融合,形成技术创新的协同效应和聚合效应,引发以绿色、智能、泛在为特征的群体性技术突破,推动解决核心技术受制于人问题,有效解决科技成果转化问题,为"互联网+"行动持续深入推进提供有力支撑。

政策红利不断释放的机遇。营造宽松环境是实施"互联网+"的关键举措和必然要求,我国互联网产业和"互联网+"蓬勃发展,在很大程度上得益于深化改革释放制度红利。党的十九大提出,加快完善社会主义市场经济体制,深化国有企业改革,发展混合所有制经济,全面实施市场准入负面清单制度,清理废除妨碍统一市场和公平竞争的各种规定和做法,支持民营企业发展,激发各类市场主体活力。深化商事制度改革,打破行政性垄断,防止市场垄断,加快要素价格市场化改革,放宽服务业准入限制,完善市场监管体制。加快建立现代财政制度,深化金融体制改革。完善以宪法为核心的中国特色社会主义法律体系,深化依法治国实践。这些要求和举措有利于放宽融合性产品和服务的市场准入限制、破除行业壁垒、最大限度减少事前准入限制、加快民营资本进入,有利于加大财税支持和金融服务,有利于加强法律法规建设,针对互联网与各行业融合发展的新特点,加快"互联网+"相关立法工作,加快推动制定电子商务、个人信息保护、互联网信息服务管理等法律法规,完善反垄断法配套制度。有利于构建开放包容公平规范的"互联网+"发展环境,充分释放各类主体创新创业活力,保障"互联网+"持续健康高质量发展。

更好满足人民美好生活需要的机遇。新矛盾促进新发展,新目标促进新成果,提高保障和改善民生水平,更好满足人民在经济、政治、文化、社会、生态等方面日益增长的需要,将更加凸显"互联网+"的效果。党的十九大报告指出,中国特色社会主义进入新时代,我国社会主要矛盾已经转化为人民日益增长的美好生活需要和不平衡不充分的发展之间的矛盾。我国稳定解决了十几亿人的温饱问题,总体上实现小康,不久将全面建成小康社会。人民美好生活需要日益广泛,不仅对物质文化生活提出了更高要求,而且在民主、法治、公平、正义、安全、环境等方面的要求日益增长。从现在到二○二○年,是全面建成小康社会决胜期,到二○三五年,基本实现社会主义现代化,到本世纪中叶,把我国建成富强民主文明和谐美丽的社会主义现代化强国。"互联网+"是变革经济社会发展形态、推动经济社会发展进步的重要力量,其影响和效果是深刻的、全面的。党的十九大关于我国社会主要矛盾的新判断,关于新时代中国特色社会主义发展的战略安排,为"互联网+"提出更高要求和更强挑战,为更全面显现"互联网+"实施效果提供了新舞台新机遇。"互联网+"的作用不但体现在促进经济发展和物质文明,而且体现在促进政治文明、精神文明、社会文明和生态文明,不但表现为企业效率的提升,而且表现为全方位保障和改善民生,满足人民日益增长的美好生活需要。在新时代,"互联网+"将为全面建成小康社会和加快建设社会主义现代化强国做出更加显著的贡献。

第三节 "互联网+"发展新思路

我国经济已由高速增长阶段转向高质量发展阶段,为推动"互联网+"深入发展,更好地发挥"互联网+"在经济社会发展中的"主力军"作用,促进新动能挑起大梁、旧动能焕发生机,各地方、各部门、社会各界要深入贯彻党的十九大精神,坚持新发展理念,围绕建设现代化经济体系的战略目标,从"互联网+"认识、环境、应用、平台、合作、支撑等方面系统推进,着力提升我国"互联网+"发展水平,推动"互联网+"发展迈向新阶段。

持续提升"互联网+"认识。贯彻落实党中央、国务院决策部署,深化供给侧结构性改革,推动互联网和实体经济深度融合。加强舆论引导,坚持"不畏浮云遮望眼",为"互联网+"正本清源,为持续推进"互联网+"健康发展营造良好的舆论环境。研究建立"互联网+"行动实施效果评估机制,科学、准确、客观、全面地反映"互联网+"行动实施效果。进一步梳理、总结和推广各地区、各企业的成功做法、典型经验。充分利用好"互联网+"官方网站、微信平台等媒介,推动各部门持续做好"互联网+"相关领域新出台政策文件的宣传和解读。

不断优化"互联网+"环境。全面实施市场准入负面清单制度,加快放宽"互联网+"领域的市场准入,打破"玻璃门"、"旋转门",更大程度激发各类市场主体的潜力与活力。加快制定出台《电信法》、《电子商务法》等法律法规,积极推动个人信息保护立法工作,完善用户个人信息和网络数据保护工作机制和手段。强化地方政策举措与党中央、国务院文件之间的衔接,组织开展专项督查,杜绝政策"跑偏"。

大力拓展"互联网+"应用。按照统筹推进"五位一体"总体布局的要求,大力拓展"互联网+"发展新空间。实施乡村振兴战略,推进"互联网+"现代农业,促进农村一二三产业融合发展,加快实现农业农村现代化。深入实施信息进村入户工程,大力推进农民收集应用技能培训,扩大农业物联网试验示范范围,构建基于互联网的农产品质量安全追溯体系,积极推进农村电子商务发展。深化"互联网+先进制造业",推动制造业与互联网融合发展,建设一批工业互联网平台,实施百万企业上云工程,大力发展工业软件,促进软件技术与工业技术深度融合。深化"互联网+"绿色生态行动,推进绿色发展。进一步推动互联网在交通、医疗、能源等领域的推广应用,完善智慧城市、智能电网等"互联网+"融合领域的标准体系,开展一批"互联网+"示范项目建设。开展"互联网+"文化行动,推动社会主义文化繁荣兴盛。拓展"互联网+"民生服务,提高就业质量,实现精准扶贫、精准脱贫,加强和创新社会治理。

积极培育"互联网+"平台。面向研发、生产、运营、销售等环节的发展需求,再支持一批"互联网+"协同制造、现代农业、人工智能等服务平台建设,支撑产业链各环节信息互联共享,促进创新资源、生产能力、市场需求的集聚与对接,推动产业转型升级。围绕支撑实体经济发展,在生产设备、实验仪器设备、云计算和大数据平台能力、物流设施能力等重点领域,支持和引导骨干企业和重点科研机构建设一批共享经济示范平台,推动我国共享经济健康良性发展。

着力推进"互联网+"合作。鼓励有实力、有条件、发展战略清晰、主业突出的"互联网+"企业积极参与全球竞争,在"一带一路"沿线国家增设海外机构和业务网点,构建跨境产业体系,开展全方位合作,推进国际化运营。支持"互联网+"企业与国际领先的企业、高校、科研院所加强交流与合作,联合建设国际合作基地、研发中心,推进"互联网+"国际合作机制化、系统化和实心化。大力培育国际化第三方服务机构,积极引导相关行业协会、联盟及服务机构提供跨国服务,助力具有竞争优势的"互联网+"企业走出去。

深入巩固"互联网+"支撑。深入实施"宽带中国"战略,加强信息基础设施网络建设,持续提升农村信息服务水平,进一步降低互联网专线接入资费,扩大惠及企业范围,实施 IPv6 规模部署行动计划,加快 5G 试商用步伐。推进云计算、物联网等新型信息基础设施建设,全面实施人工智能创新发展工程,推动我国人工智能产业快速发展。瞄准大数据技术创新最前沿,加快大数据基础理论和核心技术创新。加快突破操作系统、大规模集成电路、高端数控机床、高端工业软件、能源互联网等一批关键核心技术。加快推进政务信息系统整合共享工作,实现跨层级、跨地域、跨系统、跨部门、跨业务信息数据共享。

后　　记

为分享"互联网+"行动实施三年来的典型经验,国家发展改革委组织编写了《中国"互联网+"行动发展报告》。整个报告由总论和六个章节构成,总论部分概要介绍了"互联网+"行动的基本情况,第一章至第六章分别就"互联网+"重大意义、发展环境、发展成效、推进举措、探索实践和发展展望等情况进行了阐述。

国家发展改革委高技术司和中国信息通信研究院负责具体组织编写工作。在本书编写过程中,有关部门为本报告的编写提供了许多宝贵资料和数据,积极拥抱"互联网+"的先行企业提供了丰富的研究素材。我们在此表示衷心感谢。

"互联网+"未知远大于已知,未来空间无限。目前,政产学研用各界认识、运用、创新"互联网+"的广度和深度仍然在不断拓展,而我们对"互联网+"的认知和研究也还有限,书中难免有疏漏和不当之处,敬请读者批评指正。

编写组
2018 年 7 月

附表 1：中央有关部门推进"互联网+" 行动重点政策文件目录

发布日期	文件名称	发文字号
国务院文件		
2015.7.4	国务院关于积极推进"互联网+"行动的指导意见	国发〔2015〕40号
2015.9.4	国务院办公厅关于印发三网融合推广方案的通知	国办发〔2015〕65号
2015.9.5	国务院关于印发促进大数据发展行动纲要的通知	国发〔2015〕50号
2015.9.29	国务院办公厅关于推进线上线下互动加快商贸流通创新发展转型升级的意见	国办发〔2015〕72号
2015.10.26	国务院关于促进快递业发展的若干意见	国发〔2015〕61号
2015.11.7	国务院办公厅关于加强互联网领域侵权假冒行为治理的意见	国办发〔2015〕77号
2016.1.15	国务院关于印发推进普惠金融发展规划（2016—2020年）的通知	国发〔2015〕74号
2016.4.21	国务院办公厅关于深入实施"互联网+流通"行动计划的意见	国办发〔2016〕24号
2016.4.26	国务院办公厅关于转发国家发展改革委等部门推进"互联网+政务服务"开展信息惠民试点实施方案的通知	国办发〔2016〕23号
2016.5.13	国务院关于深化制造业与互联网融合发展的指导意见	国发〔2016〕28号
2016.6.21	国务院办公厅关于促进和规范健康医疗大数据应用发展的指导意见	国办发〔2016〕47号
2016.7.27	国家信息化发展战略纲要	—
2016.9.29	国务院关于加快推进"互联网+政务服务"工作的指导意见	国发〔2016〕55号
2016.11.11	国务院办公厅关于推动实体零售创新转型的意见	国办发〔2016〕78号
2016.12.27	国务院关于印发"十三五"国家信息化规划的通知	国发〔2016〕73号

发布日期	文件名称	发文字号
2017.1.12	国务院关于印发"十三五"市场监管规划的通知	国发〔2017〕6号
2017.2.28	国务院关于印发"十三五"现代综合交通运输体系发展规划的通知	国发〔2017〕11号
2017.3.1	国务院关于印发"十三五"推进基本公共服务均等化规划的通知	国发〔2017〕9号
2017.3.23	国务院办公厅关于印发2017年政务公开工作要点的通知	国办发〔2017〕24号
2017.4.19	国务院关于做好当前和今后一段时期就业创业工作的意见	国发〔2017〕28号
2017.4.21	国务院办公厅关于加快发展冷链物流保障食品安全促进消费升级的意见	国办发〔2017〕29号
2017.5.12	国务院办公厅关于加快推进"多证合一"改革的指导意见	国办发〔2017〕41号
2017.5.18	国务院办公厅关于印发政务信息系统整合共享实施方案的通知	国办发〔2017〕39号
2017.6.21	国务院办公厅关于建设第二批大众创业万众创新示范基地的实施意见	国办发〔2017〕54号
2017.7.20	国务院关于印发新一代人工智能发展规划的通知	国发〔2017〕35号
2017.7.27	国务院关于强化实施创新驱动发展战略进一步推进大众创业万众创新深入发展的意见	国发〔2017〕37号
2018.1.23	国务院办公厅关于推进电子商务与快递物流协同发展的意见	国办发〔2018〕1号
国家发展改革委文件		
2016.1.11	国家发展改革委办公厅关于印发《"互联网+"绿色生态三年行动实施方案》的通知	发改办环资〔2016〕70号
2016.2.24	关于推进"互联网+"智慧能源发展的指导意见	发改能源〔2016〕392号
2016.2.29	关于加强物流短板建设促进有效投资和居民消费的若干意见	发改经贸〔2016〕433号
2016.4.8	国家发展改革委办公厅关于组织申报2016年"互联网+"重大工程中央预算内投资项目的通知	发改办高技〔2016〕907号
2016.5.18	"互联网+"人工智能三年行动实施方案	发改高技〔2016〕1078号
2016.7.29	关于印发《"互联网+"高效物流实施意见》的通知	发改经贸〔2016〕1647号

发布日期	文件名称	发文字号
2016.7.30	关于印发《推进"互联网+"便捷交通促进智能交通发展的实施方案》的通知	发改基础〔2016〕1681号
2016.8.26	关于请组织申报"互联网+"领域创新能力建设专项的通知	发改办高技〔2016〕1919号
2016.10.8	关于印发推进"互联网+政务服务"开展信息惠民试点实施方案重点任务分工的通知	发改办高技〔2016〕2145号
2016.10.25	关于印发《网络交易价格举报管辖规定(试行)》的通知	发改价监规〔2016〕2245号
2016.11.10	印发《关于对电子商务及分享经济领域炒信行为相关失信主体实施联合惩戒的行动计划》的通知	发改财金〔2016〕2370号
2016.12.16	关于同意大连市等17个城市创建国家电子商务示范城市的通知	发改高技〔2016〕2654号
2016.12.18	关于同意江西等7个省区市开展网络扶贫试点工作的复函	发改办高技〔2016〕2714号
2016.12.26	关于组织实施2017年新一代信息基础设施建设工程和"互联网+"重大工程的通知	发改办高技〔2016〕2710号
2016.12.26	关于印发能源发展"十三五"规划的通知	发改能源〔2016〕2744号
2016.12.29	关于印发《能源生产和消费革命战略(2016—2030)》的通知	发改基础〔2016〕2795号
2016.12.30	关于全面加强电子商务领域诚信建设的指导意见	发改财金〔2016〕2794号
2017.2.23	关于印发《"互联网+"招标采购行动方案(2017—2019年)》的通知	发改法规〔2017〕357号
2017.3.3	关于印发《粮食物流业"十三五"发展规划》的通知	发改经贸〔2017〕432号
2017.6.23	关于做好第二批大众创业万众创新示范基地建设工作的通知	发改办高技〔2017〕1111号
2017.7.3	印发《关于促进共享经济发展的指导性意见》的通知	发改高技〔2017〕1245号
2017.9.22	关于促进储能技术与产业发展的指导意见	发改能源〔2017〕1701号
2018.5.22	关于做好引导和规范共享经济健康良性发展有关工作的通知	发改办高技〔2018〕586号

发布日期	文件名称	发文字号
工业和信息化部文件		
2015.11.25	工业和信息化部关于贯彻落实《国务院关于积极推进"互联网+"行动的指导意见》的行动计划(2015—2018年)	工业和信息化部信软〔2015〕440号
2016.7.18	关于印发工业绿色发展规划(2016—2020年)的通知	工业和信息化部规〔2016〕225号
2016.7.26	关于印发《发展服务型制造专项行动指南》的通知	工业和信息化部联产业〔2016〕231号
2016.8.19	关于完善制造业创新体系,推进制造业创新中心建设的指导意见	工业和信息化部科〔2016〕273号
2016.9.21	关于印发《智能硬件产业创新发展专项行动(2016—2018年)》的通知	工业和信息化部联电子〔2016〕302号
2016.11.3	关于印发信息化和工业化融合发展规划(2016—2020年)的通知	工业和信息化部规〔2016〕333号
2016.11.4	关于印发《智慧家庭综合标准化体系建设指南》的通知	工业和信息化部联科〔2016〕375号
2016.12.8	关于印发智能制造发展规划(2016—2020年)的通知	工业和信息化部联规〔2016〕349号
2016.12.14	关于推动小型微型企业创业创新基地发展的指导意见	工业和信息化部联企业〔2016〕394号
2016.12.29	三部门关于促进机器人产业健康发展的通知	工信厅联装〔2016〕169号
2017.2.16	关于印发《智慧健康养老产业发展行动计划(2017—2020年)》的通知	工业和信息化部联电子〔2017〕25号
2017.2.16	关于组织开展2017年制造业与互联网融合发展试点示范工作的通知	工信厅信软函〔2017〕92号
2017.4.10	印发《云计算发展三年行动计划(2017—2019年)》的通知	工业和信息化部信软〔2017〕49号
2017.5.16	关于实施深入推进提速降费、促进实体经济发展2017专项行动的意见	工业和信息化部联通信〔2017〕82号
2017.5.26	关于组织开展2017年中德智能制造合作试点示范工作的通知	工信厅信软函〔2017〕304号
2017.6.16	关于全面推进移动物联网(NB-IoT)建设发展的通知	工信厅通信函〔2017〕351号
2017.6.27	关于组织开展2017年制造业"双创"平台试点示范项目申报工作的通知	工信厅信软函〔2017〕366号

发布日期	文件名称	发文字号
2017.7.5	关于印发《国家中小企业公共服务示范平台认定管理办法》的通知	工业和信息化部企业〔2017〕156号
2017.7.7	关于深入推进信息化和工业化融合管理体系的指导意见	工业和信息化部联信软〔2017〕155号
2017.7.13	关于印发《工业机器人行业规范管理实施办法》的通知	工业和信息化部装〔2017〕161号
2017.8.3	关于推动中小企业公共服务平台网络有效运营的指导意见	工业和信息化部联企业〔2017〕187号
2017.8.4	关于开展智慧健康养老应用试点示范的通知	工信厅联电子〔2017〕75号
其他部委文件		
2015.5.13	商务部办公厅关于印发"互联网+流通"行动计划的通知	—
2015.7.7	商务部办公厅关于智慧物流配送体系建设实施方案的通知	商办流通函〔2015〕548号
2015.7.18	关于促进互联网金融健康发展的指导意见	银发〔2015〕221号
2015.9.18	国家旅游局关于实施"旅游+互联网"行动计划的通知	旅发〔2015〕210号
2015.9.28	关于印发《"互联网+税务"行动计划》的通知	税总发〔2015〕113号
2016.1.18	关于深化电子商务领域专利执法维权协作机制的通知	国知办发管字〔2016〕2号
2016.3.22	国家林业局关于印发《"互联网+"林业行动计划——全国林业信息化"十三五"发展规划》的通知	林规发〔2016〕39号
2016.5.12	"互联网+"现代农业三年行动实施方案	农市发〔2016〕2号
2016.6.7	关于印发《教育信息化"十三五"规划》的通知	教技〔2016〕2号
2016.7.26	关于组织实施"互联网+"智慧能源(能源互联网)示范项目的通知	国能科技〔2016〕200号
2016.8.21	关于推进供给侧结构性改革促进物流业"降本增效"的若干意见	交规划发〔2016〕147号
2016.10.13	关于印发《通过互联网开展资产管理及跨界从事金融业务风险专项整治工作实施方案》的通知	银发〔2016〕113号
2016.11.1	关于印发"互联网+人社"2020行动计划的通知	人社部发〔2016〕105号
2016.11.29	关于印发《"互联网+中华文明"三年行动计划》的通知	文物博函〔2016〕1944号

发布日期	文件名称	发文字号
2016.12.3	关于进一步推进"互联网+公安政务服务"工作的实施意见	公通字〔2016〕28号
2017.1.3	海关总署办公厅关于印发《海关总署推进"互联网+海关"建设工作方案》的通知	署办发〔2017〕1号
2017.1.4	关于印发《关于加快推进"互联网+农业政务服务"工作方案》的通知	农办发〔2017〕1号
2017.1.22	关于印发推进智慧交通发展行动计划（2017—2020年）的通知	交办规划〔2017〕11号
2017.2.8	关于印发《商贸物流发展"十三五"规划》的通知	—
2017.2.15	快递业发展"十三五"规划	—
2017.6.28	关于首批"互联网+"智慧能源(能源互联网)示范项目的通知	国能发科技〔2017〕20号
2017.8.3	关于鼓励和规范互联网租赁自行车发展的指导意见	交运发〔2017〕109号
2017.8.8	关于促进小微型客车租赁健康发展的指导意见	交运发〔2017〕110号
2017.10.1	民政部关于统筹推进民政信息化建设的指导意见	民发〔2017〕161号
2017.11.23	工商总局关于贯彻落实国务院《"十三五"市场监管规划》的通知	工商综字〔2017〕224号
2017.12.22	教育部关于数字教育资源公共服务体系建设与应用的指导意见	教技〔2017〕7号

附表 2：各地方政府推进“互联网+”行动重点政策文件目录

地区	时间	相关政策
北京	2016.1	关于积极推进“互联网+”行动的实施意见
	2017.4	关于印发《北京市 2017 年政务公开工作要点》的通知
	2017.9	北京市推进两化深度融合推动制造业与互联网融合发展行动计划
	2017.10	关于印发《进一步加强北京地区互联网+健康医疗信息便民服务实施方案》的通知
天津	2016.3	关于深化区县行政审批制度改革若干意见的通知
	2016.8	关于积极推进“互联网+”行动的实施意见
	2017.1	关于印发天津市加快推进“互联网+政务服务”工作实施方案的通知
	2017.1	关于全面推进政务公开工作的实施意见
	2017.8	关于深化简政放权放管结合优化服务改革工作的实施
	2017.9	关于鼓励规范发展互联网租赁自行车的指导意见（试行）
河北	2015.12	关于推进“互联网+”行动的实施意见
	2016.2	河北省“互联网+”制造业试点示范管理办法（试行）
	2016.3	关于加快推进“互联网+”产业集群建设的实施意见
	2016.5	河北省简化优化公共服务流程方便基层群众办事创业工作方案
	2016.6	关于深入推进“互联网+流通”行动计划的实施意见
	2017.2	关于加快推进“互联网+政务服务”工作的实施意见
	2017.5	关于推进“互联网+”现代农业行动的实施意见
	2017.7	关于印发河北省全面推进政务公开工作实施细则的通知

地区	时间	相关政策
山西	2015.12	关于积极推进"互联网+"行动的实施意见
	2016.3	关于印发山西省简化优化公共服务流程方便基层群众办事创业工作方案的通知
	2016.4	关于印发《山西省中小企业局简化优化公共服务流程方便基层群众办事创业工作方案》的通知
	2016.10	关于印发山西省深入实施"互联网+流通"行动计划方案的通知
	2016.11	关于印发山西省支持快递业发展若干措施的通知
	2016.12	关于印发山西省深化制造业与互联网融合发展实施方案的通知
	2017.3	贯彻落实烟草行业"互联网+政务服务"工作方案的意见
	2017.5	关于加快推进"互联网+政务服务"工作的实施意见
	2017.5	关于印发山西省全面推进政务公开工作实施方案暨2017年政务公开工作要点的通知
	2017.6	关于印发山西省贯彻落实国家改革完善药品生产流通使用政策工作方案的通知
内蒙古	2015.6	关于加快推进"互联网+"工作的指导意见
	2016.3	内蒙古·互联网+养老智慧养老信息化服务平台建设规划
	2016.8	关于印发深入实施"互联网+流通"行动计划工作方案的通知
	2016.10	关于印发深化制造业与互联网融合发展实施方案的通知
	2017.2	关于推进公共就业服务信息化建设和应用工作方案
	2017.3	关于加快推进"互联网+政务服务"工作的实施意见
辽宁	2015.12	关于积极推进"互联网+"行动的实施方案
	2016.11	关于印发辽宁省深化制造业与互联网融合发展实施方案的通知
	2017.3	关于推进农业现代化建设的实施意见
	2017.4	关于取消互联网药品交易服务企业(第三方平台除外)审批加强事中事后监管的通知
吉林	2016.3	关于促进互联网金融规范健康发展的若干意见
	2016.3	关于大力发展电子商务加快培育经济新动力的实施意见
	2016.4	关于积极推进"互联网+"行动的实施意见
	2016.4	关于推进内贸流通现代化建设法治化营商环境的实施意见
	2016.4	关于促进快递业发展的实施意见
	2016.8	关于深入推进"互联网+流通"行动计划的实施意见
	2017.3	关于深入推进"互联网+政务服务"工作的实施意见

地区	时间	相关政策
黑龙江	2015.8	黑龙江省商务厅"互联网+对俄贸易"专项工作方案
	2015.9	关于印发黑龙江省"互联网+农业"行动计划的通知
	2015.11	关于印发黑龙江省"互联网+工业"行动计划的通知
	2015.11	关于印发黑龙江省"互联网+流通"行动计划的通知
	2015.11	黑龙江省发展改革委"互联网+"行动计划
	2015.11	黑龙江省国土资源系统"互联网+"行动计划
	2015.11	关于在住建领域加快推进"互联网+城市生活"行动的指导意见
	2015.11	"互联网+人社"三年行动计划
	2016.7	关于印发《黑龙江省"互联网+市场监督管理"2016年行动计划》的通知
	2016.7	省发展改革委"互联网+"行动计划(修订稿)
	2016.8	"互联网+精准扶贫"行动计划
	2016.9	关于加快推进"互联网+"行动指导意见(2016年版)
	2016.11	黑龙江省"互联网+地理信息"服务行动计划
	2016.12	《黑龙江省"互联网+农业"行动计划》(2016年)
	2016.12	黑龙江省"互联网+医疗健康"行动计划(2016版)
	2016.12	黑龙江省"互联网+能源"行动计划(修订稿)
	2016.12	黑龙江省"互联网+法律服务"行动计划
	2017.2	黑龙江省加快推进"互联网+政务服务"工作方案
	2017.4	关于印发2017年全省政务公开工作要点的通知
	2017.5	黑龙江省工商行政管理局2017年"互联网+政务服务"工作实施方案
上海	2016.2	关于推进"互联网+"行动的实施意见
	2017.8	关于印发本市开展基层政务公开标准化规范化试点工作实施方案的通知
江苏	2016.1	全省运管系统安全监管工作指导意见和2016年主要工作安排
	2016.3	关于加快推进"互联网+"行动的实施意见
	2016.6	关于印发《江苏省推进"互联网+小微企业"行动计划》的通知
	2016.11	关于深化行政审批制度改革加快简政放权激发市场活力的实施意见
	2017.8	关于开展基层政务公开标准化规范化试点工作的实施意见

地区	时间	相关政策
浙江	2015.7	浙江省公共图书馆"互联网+"行动计划
	2016.1	关于印发浙江省"互联网+"行动计划的通知
	2016.4	关于进一步降低企业成本优化发展环境的若干意见
	2016.8	关于印发加快推进"一转四创"建设"互联网+"世界科技创新高地行动计划的通知
	2017.4	关于深化制造业与互联网融合发展的实施意见
	2017.5	关于印发浙江省全面推进政务公开工作实施细则的通知
安徽	2015.12	关于加快推进"互联网+"行动的实施方案
	2016.3	关于推进商贸流通创新发展转型升级的实施意见
	2016.8	关于印发安徽省"互联网+"现代农业行动实施方案的通知
	2016.8	关于推进"互联网+政务服务"做好信息惠民工作的通知
	2016.12	安徽省"互联网+"高效物流实施方案
	2017.1	关于深化制造业与互联网融合发展的实施意见
	2017.2	关于印发加快推进"互联网+政务服务"工作方案的通知
	2017.2	安徽省"十三五"电子政务发展规划
	2017.7	关于印发安徽省网上政务服务平台总体建设方案的通知
福建	2016.2	关于积极推进"互联网+"行动的实施方案
	2016.3	关于印发福建省"十三五"旅游业发展专项规划的通知
	2016.4	关于印发《福建省农产品安全与监管专项资金管理办法》的通知
	2016.4	关于印发福建省"十三五"民政事业发展专项规划的通知
	2016.9	关于印发"互联网+流通"行动计划实施方案的通知
	2016.12	关于印发加快推进"互联网+政务服务"工作方案的通知
	2017.3	关于印发2017年数字福建工作要点的通知
	2017.7	关于深化投融资体制改革的实施意见
江西	2015.8	关于加快推进"互联网+"行动的实施方案
	2016.8	江西省道路运输"互联网+"行动指南
	2016.9	关于印发《开展"互联网+"行动大力推进智慧林业建设实施方案》通知
	2016.12	关于推进普惠金融发展的实施意见
	2016.12	江西省推进落实"互联网+"高效物流工作方案
	2017.2	关于印发《省林业厅加快推进"互联网+政务服务"工作实施方案》的通知

地区	时间	相关政策
山东	2015.6	关于印发山东省"互联网+"发展意见的通知
	2015.9	关于加快推进"互联网+民政"工作的意见
	2016.2	关于印发山东省"互联网+文化产业"行动方案的通知
	2016.3	关于印发山东省养老服务业转型升级实施方案的通知
	2016.4	关于印发2016年推进简政放权放管结合优化服务转变政府职能工作方案的通知
	2016.6	关于印发山东省"互联网+"行动计划(2016—2018年)的通知
	2017.3	关于印发山东省加快推进"互联网+政务服务"工作方案的通知
	2017.5	关于印发2017年山东省政务公开工作要点的通知
	2017.7	关于贯彻国发〔2016〕28号文件深化制造业与互联网融合发展的实施意见
河南	2015.10	关于印发河南省"互联网+"行动实施方案的通知
	2016.5	关于在全省中小学校食堂推进"互联网+明厨亮灶"工程建设的通知
	2016.12	关于印发河南省深化制造业与互联网融合发展实施方案的通知
	2017.3	关于深入实施"互联网+流通"行动计划的意见
湖北	2015.12	关于加快推进"互联网+"行动的实施意见
	2016.12	关于加快推进"互联网+政务服务"工作的实施意见
	2017.1	关于深入推进"互联网+流通"行动计划的实施意见
	2017.5	关于深化制造业与互联网融合发展的实施意见
	2017.5	关于印发湖北省推进"互联网+放管服"改革实施方案的通知
湖南	2015.10	关于实施"互联网+"三年行动计划
	2016.2	关于印发2016年全省城乡居民基本养老保险经办管理服务工作要点的通知
	2016.3	湖南省简化优化公共服务流程方便基层群众办事创业工作方案
	2016.4	关于引导和促进电商扶贫的实施意见
	2017.3	湖南省电子政务"十三五"规划(2016—2020年)
	2017.5	湖南省加快推进"互联网+政务服务"工作实施方案
	2017.8	开展基层政务公开标准化规范化试点工作实施方案

地区	时间	相关政策
广东	2015.9	关于印发广东省"互联网+"行动计划(2015—2020年)的通知
	2016.3	"互联网+食品药品监管"行动计划方案(2015—2020年)
	2016.7	关于印发广东省"互联网+"现代农业行动计划(2016—2018年)的通知
	2016.9	关于印发广东省深入推进"互联网+流通"行动计划实施方案的通知
	2016.12	关于印发广东省加快推进"互联网+政务服务"工作方案的通知
	2017.2	关于促进和规范健康医疗大数据应用发展的实施意见
	2017.2	关于印发广东省"互联网+现代水利"行动计划的通知
广西	2016.3	关于积极推进"互联网+"行动的实施方案
	2016.11	关于印发《广西"互联网+"高效物流实施方案》的通知
	2017.1	关于印发广西深化制造业与互联网融合发展实施方案的通知
海南	2015.12	海南发布"旅游+互联网"行动计划
	2016.4	关于印发海南省促进快递业发展实施方案的通知
	2016.10	关于印发海南省深化互联网+政务服务模式推进电子证照应用实施意见的通知
	2016.10	关于深入推进"互联网+流通"行动计划的实施意见
	2016.12	关于印发海南省加快推进"互联网+政务服务"工作方案的通知
	2017.4	关于加快推进"互联网+"行动的实施方案
	2017.8	海南省贯彻落实国家三部门《电子商务"十三五"发展规划》的实施方案
重庆	2016.1	关于印发重庆市"互联网+"行动计划的通知
	2016.8	关于积极推进"互联网+流通"行动计划的实施意见
	2016.12	关于印发重庆市健康医疗大数据应用发展行动方案(2016—2020年)的通知
	2016.12	关于印发重庆市加快推进"互联网+政务服务"工作方案的通知

地区	时间	相关政策
四川	2015.6	关于 2015 年"互联网+"重点工作方案
	2015.12	关于印发"互联网+四川制造"实施方案的通知
	2016.4	关于印发 2016 年四川省科技服务业发展重点工作安排的通知
	2016.8	关于加快推进医疗卫生与养老服务相结合实施意见的通知
	2016.10	关于加快推进互联网+医疗健康服务的指导意见
	2016.11	关于印发四川省推进"互联网+政务服务"开展信息惠民试点实施方案的通知
	2017.2	"互联网+中心"建设总体方案
	2017.5	关于印发四川省 2017 年政务公开工作要点的通知
	2017.6	关于印发四川省深化制造业与互联网融合发展实施方案的通知
	2017.9	关于印发四川省加快推进"互联网+政务服务"工作方案的通知
贵州	2015.11	关于推进"互联网+"行动的实施意见
	2016.12	关于深入推进"互联网+政务服务"工作的实施意见
	2017.3	加快推进多彩宝"互联网+"益民服务平台跨越发展的工作方案
	2017.6	关于印发《贵州省"互联网+"招标采购工作方案（2017—2019 年）》的通知
	2017.7	关于印发《贵州省实体政务大厅建设与服务标准》《贵州省网上办事大厅建设与服务标准》的通知
	2017.8	关于印发贵州省深化制造业与互联网融合发展实施意见的通知
云南	2015.12	关于加快推进"互联网+"行动的实施意见
	2016.1	关于印发云南省"互联网+健康医疗"行动计划（2016—2020 年）的通知
	2017.1	关于加快推进"互联网+政务服务"工作的实施意见
	2017.2	关于印发云南省深化制造业与互联网融合发展实施方案的通知
	2017.4	关于全面落实"互联网+政务服务"技术体系建设指南要求的通知

地区	时间	相关政策
西藏	2018.1	西藏自治区推进"互联网+政务服务"实施方案
陕西	2016.2	陕西省简化优化公共服务流程方便基层群众办事创业工作方案
	2016.3	关于积极推进"互联网+"行动的实施意见
	2016.9	关于加快构建全省综合交通运输体系的意见
	2016.11	关于推进"互联网+流通"行动计划的实施意见
	2016.12	关于加快网络经济发展的意见
	2017.1	关于加快推进全省"互联网+政务服务"工作的实施意见
	2017.1	关于印发《陕西省推进普惠金融发展规划（2016—2020年）实施方案》的通知
	2017.2	关于深化制造业与互联网融合发展的实施意见
	2017.3	关于做好2017年全省专业技术人员继续教育（知识更新工程）工作的通知
	2017.4	陕西测绘地理信息局"互联网+政务服务"工作实施方案
	2017.8	陕西省开展基层政务公开标准化规范化试点工作实施方案
甘肃	2015.12	关于深入推进"互联网+"行动实施方案
	2016.3	关于加快推进医疗卫生与养老服务相结合的实施意见
	2016.4	关于印发《甘肃省"互联网+交通"行动推进方案》的通知
	2016.7	关于印发甘肃省"互联网+"现代物流五年行动计划（2016—2020年）的通知
	2016.9	关于印发甘肃省深入实施"互联网+流通"行动计划方案的通知
	2016.12	关于深化制造业与互联网融合发展的实施意见
	2017.1	关于印发甘肃省深入推进"互联网+政务服务"工作方案的通知
青海	2017.2	关于积极推进"互联网+"行动的实施意见
	2017.4	青海工会"互联网+"行动计划（2017—2019年）
	2017.6	青海省"互联网+"高原特色智慧农牧业实施方案（2016—2020年）
宁夏	2016.12	关于深入推进"互联网+流通"行动计划的实施意见
	2017.5	宁夏回族自治区加快推进"互联网+政务服务"工作方案
	2017.8	关于印发全区推行不见面审批服务改革工作方案的通知
新疆	2016.8	关于积极推进"互联网+"行动的实施意见

责任编辑：池　溢
装帧设计：汪　阳

图书在版编目（CIP）数据

中国"互联网+"行动发展报告/国家发展和改革委员会 编著. —北京：
　人民出版社,2018.10
ISBN 978 - 7 - 01 - 019809 - 5

Ⅰ.①中…　Ⅱ.①国…　Ⅲ.①网络经济-经济发展-研究报告-中国
Ⅳ.①F426.67

中国版本图书馆 CIP 数据核字（2018）第 217552 号

中国"互联网+"行动发展报告

ZHONGGUO HULIANWANG+ XINGDONG FAZHAN BAOGAO

国家发展和改革委员会　编著

人民出版社 出版发行
（100706　北京市东城区隆福寺街 99 号）

北京新华印刷有限公司印刷　新华书店经销

2018 年 10 月第 1 版　2018 年 10 月北京第 1 次印刷
开本:710 毫米×1000 毫米 1/16　印张:16.5
字数:207 千字

ISBN 978 - 7 - 01 - 019809 - 5　定价:35.00 元

邮购地址 100706　北京市东城区隆福寺街 99 号
人民东方图书销售中心　电话（010）65250042　65289539